北京·中关村
民营科技大事记
（上卷）

1980—1990

纪世瀛 齐忠 著

团结出版社

图书在版编目（CIP）数据

北京·中关村民营科技大事记. 上卷. 1980—1990 / 纪世瀛，齐忠著. -- 北京：团结出版社，2020.9
　ISBN 978-7-5126-7972-6

　Ⅰ. ①北… Ⅱ. ①纪… ②齐… Ⅲ. ①民营企业－高技术企业－大事记－海淀区－1980-1990　Ⅳ.
① F279.245

中国版本图书馆CIP数据核字(2020)第095740号

出　　版：	团结出版社
	（北京市东城区东皇城根南街84号　邮编：100006）
电　　话：	（010）65228880　65244790（出版社）
	（010）65238766　85113874　65133603（发行部）
	（010）65133603（邮购）
网　　址：	http://www.tjpress.com
E-mail：	zb65244790@vip.163.com
	fx65133603@163.com（发行部邮购）
经　　销：	全国新华书店
印　　装：	天津盛辉印刷有限公司
开　　本：	170mm×240mm　16开
印　　张：	29
字　　数：	395千字
版　　次：	2020年9月　第1版
印　　次：	2020年9月　第1次印刷
书　　号：	978-7-5126-7972-6
定　　价：	68.00元

（版权所属，盗版必究）

本书谨献给

北京及中关村电子一条街民营科技企业创办四十周年

（1980年10月23日—2020年10月23日）

目 录

主编的话 　　　　　　　　　　　　　　　　　　　　　　　　001
前　言　　　　　　　　　　　　　　　　　　　　　　　　　004

1980 年　　　　　　　　　　　　　　　　　　　　　　　001

1980 年 10 月 23 日——北京及中关村首家民营科技企业成立　　002
历史资料：中国民办科技实业与中国民营科技企业一词的更换　　010
历史资料：北京等离子体学会第一届理事会成员　　　　　　　　011
历史资料：1947 年北平市地图显示的中关村地名　　　　　　　　012

1981 年　　　　　　　　　　　　　　　　　　　　　　　015

1981 年 1 月 17 日——海淀人大代表提出把海淀建成旅游科技文化特区提案 016
1981 年 2 月 23 日——党中央、国务院转发国家科委党组汇报提纲　　016
1981 年 4 月 3 日——海淀新技术试验厂成立　　　　　　　　　　016
1981 年 9 月 26 日——海淀区科委发布《关于对我区科学技术成果进步奖励的意见》　　018

1982 年 　　　　　　　　　　　　　　　　　　　　　　　021

　　1982 年 1 月 11 日——中科院物理所所长管惟炎指责服务部　　022
　　1982 年 3 月 16 日——管惟炎点名批评陈春先　　022
　　1982 年 4 月 5 日——张大中初创大中电器　　022
　　1982 年 6 月 7 日——王永民研究完成五笔字型计算机汉字输入法初型　　026
　　1982 年 10 月 3 日——赵东升创办北京丰台区首家民营科技企业　　029
　　1982 年 11 月 2 日——新华社派记者采访陈春先与服务部　　032
　　1982 年 11 月 27 日——中科院举办科技成果展　　033
　　1982 年 12 月 22 日——王洪德创办京海公司　　034

1983 年 　　　　　　　　　　　　　　　　　　　　　　　039

　　历史资料：民营科技企业的"两不、四自"运行机制　　040
　　1983 年 1 月 6 日——新华社发出报道陈春先与服务部内参　　040
　　1983 年 1 月 7 日——方毅批示支持陈春先　　042
　　1983 年 1 月 13 日——赵东宛批示支持陈春先　　042
　　1983 年 1 月 25 日——中央人民广播电台对外报道中央领导人对服务部支持的批示　　043
　　1983 年 1 月 29 日——《经济日报》推出系列报道支持陈春先与服务部　　044
　　1983 年 4 月 15 日——华夏所成立　　046
　　1983 年 4 月 28 日——中科院科技咨询开发部成立　　048
　　1983 年 5 月 4 日——科海公司成立　　050
　　1983 年 6 月 1 日——华美公司成立　　051
　　1983 年 6 月 8 日——华联机械技术公司成立　　052
　　1983 年 7 月 13 日——国务院颁布《关于科技人员合理流动的若干规定》　　052
　　1983 年 7 月 18 日——北京科技协作中心成立　　052
　　1983 年 8 月 15 日——京海公司建立党支部　　053

1983年8月17日——北京华夏电器厂成立	053
1983年12月31日——海淀农工商联合总公司成立	055
1983年海淀区对科技企业的支持举措	057
1983年北京及海淀区民营科技企业概况	068

1984年   071

历史资料：国有民营运行机制解释	072
1984年1月7日——中科院拨款成立科海中间试验厂	072
1984年2月24日——大地公司成立	073
1984年4月6日——科海中心研制出中国第一块汉卡	073
1984年4月8日——中科院副院长周光召决定每年投资3000万元创办中科院科技公司，中科院用12年时间共3.3亿元投资创办科技公司	074
1984年4月26日——海淀区召开科学技术工作大会	076
1984年4月30日——北京市科委召开北京民办科技实业家座谈会	076
1984年5月3日——王永民来到北京参加"计算机进入中南海工程"普及五笔字型	077
1984年5月4日——北京华夏电器技术服务公司成立	081
1984年5月5日——科海中心正式注册为科海公司	082
1984年5月11日——四通公司成立	082
1984年5月14日——北京民办科技机构正在蓬勃发展调研报告正式发表	082
1984年5月16日——四通公司召开正式成立大会	083
1984年5月20日——京海公司创办内刊《京海之声》	090
1984年6月8日——北京市科协召开北京民办科技企业座谈会	091
1984年6月10日——北京博达技术研究所成立	091
1984年6月15日——东升公司推出光亮退火罩式炉第一代产品	091
1984年6月19日——信通公司成立	091
1984年6月20日——北京市科协提交支持民办科技机构报告	095

1984年6月23日——华夏所与中科院北京器材站签订320万元合同，因合同执行纠纷致使华夏所破产　　095

1984年6月28日——信通公司与倪光南合作研制联想汉卡　　097

1984年7月5日——海淀区人民政府正式批准（红头文件）同意华夏新技术开发研究所列为正式建制　　099

1984年7月14日——北京市科委提出《关于改革本市科技管理体制的请示》报告　　099

1984年7月27日——倪振伟创办中国首家高校知识分子创办的民营科技企业海华新技术开发中心　　100

1984年8月11日——北京市政府批准北京市科委《关于改革本市科技管理体制的请示》　　102

1984年8月15日——京海公司总裁王洪德当选海淀区政协委员　　103

1984年8月23日——老红军徐可倬创办民营科技企业"北京未来科学技术研究所"　　103

1984年9月8日——北京长峰工业公司成立　　107

1984年9月10日——海声公司成立　　106

1984年9月11日——张伦创办东方仪器设备公司　　106

1984年9月11日——《海淀建设新型经济区的调查》发表　　107

1984年9月18日——王晓辉创办京海计算机机房装备公司　　108

1984年10月6日——中科院鹭岛公司成立与被四通公司承包事件　　109

1984年10月7日——时代公司前身中国机械工程协会工业技术咨询服务公司成立　　109

1984年10月10日——北京海通传热技术公司成立　　111

1984年10月12日——北京科电高技术公司成立　　112

1984年10月17日——中科院电气高技术公司成立　　113

1984年10月18日——中科院物理研究所研究开发公司成立　　113

1984年10月24日——北方电脑公司成立　　114

1984年11月3日——王缉志被冶金部自动化所开除　　115

1984年11月5日——北大成立北京大学科技开发部	116
1984年11月5日——赵绮秋和纪世瀛在天津全国科协城市工作会议上介绍办华夏所经验和体会中首次提出"两不、四自"民营机制的雏形"两不、三自"	117
1984年11月7日——中科院《关于改革问题的汇报提纲》呈送党中央、国务院	118
1984年11月9日——联想前身计算所公司成立	118
1984年11月15日——科理高公司成立 经理屠焰提出建立"上地产业基地"	121
1984年11月18日——华夏信息公司成立	124
1984年11月19日——北京首家高校科技企业钟声公司成立	124
1984年11月19日——中关村首家生物科技企业百泰公司成立	125
1984年11月22日——中共中央、国务院同意中科院《关于改革问题的汇报提纲》	125
1984年12月23日——赵东升开创中国无氧化热处理工业产业	127
1984年12月26日——中国科学院（京区）工程师协会成立	127
1984年12月30日——信远公司成立	127
1984年北京及中关村民营科技企业概况	128

1985 年 *129*

1985年1月4日——海淀区政府发布《关于建立北京四通总公司的批复》	130
1985年1月8日——希望公司成立	130
1985年1月8日——北京海淀华海技术开发公司成立	133
1985年2月2日——中科院计算机权威蒋士骕加入京海公司	134
1985年2月15日——中科院成立中国科学院新技术开发局	136

条目	页码
1985年3月1日——中国自动化技术公司成立	137
1985年3月13日——《人民日报》发表中央颁布科学技术体制改革决定	139
1985年3月15日——四通与日本三井合作研发四通打字机	140
1985年3月16日——杨旭清教授创办北京市兴大科学系统公司推出抗癌新药双环铂	141
1985年4月28日——应怀樵创办北京东方振动和噪声研究所	143
1985年4月30日——国家科委向中央财经领导小组上报《关于支持发展新兴技术新兴产业的请示》	143
1985年5月18日——蒋淑云创办北京及中关村首家民营科技大学	144
1985年5月31日——北京市调查组完成《关于部分科研人员致信领导同志反映四通等四公司问题的调查报告》	146
1985年6月7日——海华推出激光模拟演习遥测遥控系统	164
1985年6月7日——北京首家个体民营科技机构成立	165
1985年7月17日——中关村首家军队开办的科技企业成立	165
1985年8月1日——中科院三环新材料研究开发公司成立	165
1985年8月20日——全国首次清理整顿公司	167
1985年9月1日——北京海淀北阳爆炸及安全技术联合开发公司成立	169
1985年9月10日——北京市海淀区祥云实业技术公司成立	170
1985年9月18日——北京市长安无损检测科技公司成立	170
1985年10月15日——北大方正前身北大新技术总公司成立	171
1985年10月28日——王殿儒创办长城钛金公司	175
1985年12月17日——陆宇澄批示快速推出北京民办科技机构条例	184
1985年1月至12月——北京市科协完成北京地区民办科技机构调查研究	185
1985年北京及中关村民营科技企业概况	185

1986 年   187

- 1986 年 1 月 11 日——中国新技术创业投资公司成立   188
- 1986 年 1 月 12 日——海威公司成立与震惊中关村的海威股份制改造事件   188
- 1986 年 2 月 28 日——中科院软件研究所技术开发公司成立   190
- 1986 年 3 月 3 日——"863"计划启动   191
- 1986 年 4 月 21 日——纪世瀛创办北京市理化应用技术研究所   191
- 1986 年 4 月 28 日——张光华创办北京博达技术研究所   194
- 1986 年 5 月 10 日——北京四通集团公司成立   194
- 1986 年 5 月 15 日——四通公司推出四通 MS-2400 中文电子打字机   194
- 1986 年 6 月 7 日——国家科委副主任吴明瑜称赞中关村科技企业   195
- 1986 年 6 月 9 日——《四通人》创刊   196
- 1986 年 6 月 10 日——国家科委成立课题组探索实施火炬计划   198
- 1986 年 7 月 9 日——国务院发出《关于促进科技人员合理流动的通知》   198
- 1986 年 8 月 17 日——科海公司携手中科院微生物所与天津河北制药厂联合攻关,首次成功研制出国产"硫酸妥布霉素"   199
- 1986 年 8 月 20 日——中央和国务院领导批示同意国家科委《关于明确对技术成果转让政策界限的请示》报告   199
- 1986 年 8 月 21 日——理科公司成立   200
- 1986 年 8 月 29 日——石景山区首家民营科技企业成立   201
- 1986 年 9 月 4 日——北京市人民政府颁发《关于北京市集体、个体科技机构管理暂行规定》   201
- 1986 年 10 月 9 日——李强创办北京三友专利事务所   205
- 1986 年 11 月 5 日——中关村首家个体科技企业成立   210
- 1986 年 11 月 6 日——中科院颁布开办公司等两项规定   210
- 1986 年 12 月 10 日——《人民日报》的报道首次把中关村称为中国"硅谷"   211
- 1986 年 12 月 20 日——北京市昌平县首家民营科技企业成立   212

| 1986年北京丰台区出台多种支持民营科技企业规定 | 212 |
| 1986年北京及中关村民营科技企业概况 | 213 |

1987 年   *215*

1987年1月3日——四达技术开发中心成立	216
1987年1月5日——华科公司成立	217
1987年1月6日——中科院启动光学研究所改革筹办中国大恒集团公司	217
1987年1月7日——亚都研究所成立	218
1987年1月22日——周光召出任中科院院长	221
1987年1月24日——北京召开民办企业家座谈会	221
1987年2月3日——吕克健创办丰台天安研究所	222
1987年2月10日——宋健委托中国科协召开全国民办科技实业家座谈会	224
1987年2月12日——国务院副总理万里、国务委员方毅等在中南海怀仁堂会见全国民办科技实业家座谈会代表	225
1987年2月13日——国务委员宋健指出民办科技实业"贵在民办"	226
1987年2月13日——北京民协、中国民协筹备组成立	226
1987年2月14日——王洪德举办电子一条街科技沙龙会	228
1987年2月20日——中顾委副主任薄一波在中南海接见京海公司王洪德并为京海公司题词	228
1987年3月7日——北京西城区科委成立西城区民办科技实业工作者协会	229
1987年3月11日——国务委员方毅在中南海接见京海公司王洪德并举行座谈会	229
1987年3月13日——对中关村民营科技企业四通公司姓"社"、姓"资"的调查	230
1987年3月18日——王选院士获得EP0095536欧洲专利与中国"748工程"	233

目 录

1987年3月28日——中国最早、最大的地区民营科技企业协会北京民办科技实业家协会成立	237
1987年3月28日——北京未来所所长、老红军徐可倬自费创办杂志《民间科技文摘》	239
1987年4月3日——中国科学院科仪厂推出ACT监测仪	240
1987年4月7日——陈春先创办华夏硅谷公司	241
1987年4月11日——宣武区民办科技企业家要求对民办企业政策放宽	241
1987年4月15日——北京市政府颁布文件推动北京民营科技企业的发展	241
1987年5月3日——中国民协正式成立	242
1987年5月16日——四通公司推出2401打字机荣登该年中国计算机行业前20大企业营业额排行榜榜首	245
1987年5月18日——徐荣祥创办北京光明中医烧伤创疡研究所	246
1987年5月22日——北京海淀星河科技开发公司成立	248
1987年5月24日——王缉志当选海淀人大常委 蒋士骦当选人大代表	248
1987年5月26日——宣武区民办科技工作者协会成立	248
1987年5月27日——四通公司与日本三井合资成立北京四通办公设备有限公司	249
1987年7月15日——宣武区科委颁布《集体与个体科技机构的审批办法》	250
1987年7月21日——北达服务部成立	250
1987年8月15日——北京市颁布《关于解决科技人员流动中擅自离职问题的通知》	251
1987年8月24日——宣武区科委推出宣武区民办科技机构现状调研报告	253
1987年8月27日——中国大恒公司成立	253
1987年9月2日——夏俊生采访中关村写出内参，引发某部门负责人批示，开启创办海淀新技术试验区	254
1987年10月10日——太极计算机公司成立	269
1987年10月18日——中关村标志DNA雕塑竣工	269

1987年10月19日——华海公司产品获尤里卡发明银奖	271
1987年10月20日——昌平科委解决民营科技企业筹建问题	271
1987年10月21日——京科公司成立	272
1987年11月2日——北京首家以农业生物为主的民营科技企业"北京四海农村技术研究所"成立	272
1987年11月17日——东欧五国驻华大使参观中关村科技企业	272
1987年12月5日——全国民办科技实业首次成果展示会在京举行	273
1987年12月14日——七部委联合调查组对中关村电子一条街调研计划正式启动，与中央创建中国首家科技园海淀试验区的决策过程	274
1987年12月15日——芮杏文视察中关村电子一条街	287
1987年12月24日——中国首家民营金融机构四通集团财务公司成立	288
1987年北京及中关村民营科技企业概况	288

1988年 *291*

1988年1月3日——温家宝视察中关村民营科技企业	292
1988年1月6日——联合调查组在中南海举行中关村企业家座谈会	292
1988年1月15日——温家宝视察中关村计算所公司	293
1988年1月24日——北京及海淀区政府启动北京新技术产业开发试验区的组建	293
1988年1月30日——京海总裁王洪德当选北京市第九届人大代表	307
1988年3月5日——中科院院长周光召推出"一院两制"	307
1988年3月16日——石羽章创办通州区首家民营科技企业通州新技术开发所	309
1988年4月30日——五笔字型发明人王永民获得国务院直接授予的全国劳动模范	310
1988年5月3日——国务院发布《关于深化科技体制改革若干问题的决定》	310
1988年5月3日——北京市朝阳区民办科技实业联合会成立	310

1988年5月4日——北京市自然应用科学设计研究院正式成立	311
1988年5月21日——中国高校首家中日合资企业北佳公司成立	313
1988年5月18日——王洪德作为北京民营科技企业代表访问美国	317
1988年5月25日——昌平区颁布《关于民办科研机构若干问题的决定》	318
1988年6月23日——香港联想电脑有限公司在香港成立	318
1988年6月25日——中国"军转民"科技企业的旗帜康拓公司成立	319
1988年6月28日——刘长兴创办龙兴公司	329
1988年7月1日——北京市新技术产业开发试验区筹备与启动资金和对外正式宣布办公的全面过程	332
1988年7月1日——清华总公司成立与改组为紫光集团公司的历史过程	334
1988年8月8日——姜云创办智凯公司	337
1988年8月9日——祁魁元创办北京市海淀生命源卫生保健品研究所	339
1988年8月31日——信通公司推出公司个人股份制改造实施方案	342
1988年9月8日——试验区首次认定118家新技术企业	345
1988年9月14日——北京及中关村科技企业家获首届全国科技实业家创业奖金奖、银奖	346
1988年9月16日——北京海淀牡丹电子工程公司成立	347
1988年10月1日——北京市政府颁布《关于集体、个体科技机构管理的补充规定》	347
1988年10月15日——王文京创办私营科技企业用友公司	349
1988年10月27日——张征创办北京市顺义节能耐火材料应用技术研究所	353
1988年11月28日——戴晓钟创办北京天然香妆品研究所	357
1988年12月15日——北大新技术公司首次推出"北大华光电子出版系统"	363
1988年北京及中关村民营科技企业概况	364

1989 年   *367*

1989 年 1 月 7 日——石景山科委召开民办科技企业家座谈会	368
1989 年 4 月 12 日——试验区工商所正式对外办公	368
1989 年 5 月 10 日——宋健听取试验区汇报　肯定新技术企业"四自"模式	368
1989 年 5 月 10 日——郑建国创办私营高科技企业北京利国电子技术有限公司	369
1989 年 5 月 24 日——姜鹏明博士创办绿创公司前身"北京市科华环境科学新技术公司"	369
1989 年 6 月 3 日——长城钛金公司产品等离子镀膜机首次出口美国	373
1989 年 6 月 24 日——华讯公司创办北京首家民营 BB 机寻呼业务	373
1989 年 9 月 10 日——求伯君推出计算机中文文字处理系统软件 WPS1.0 版	375
1989 年 9 月 25 日——北京民协举办庆祝新中国成立四十周年献礼大会	377
1989 年 11 月 8 日——海淀区清理整顿公司过程与结果	380
1989 年 12 月 14 日——中科院计算所新技术发展公司更名为联想公司	384
1989 年 12 月 28 日——试验区制定"八五规划"	386
1989 年北京及中关村民营科技企业概况	387

1990 年   *389*

1990 年 1 月 10 日——华海大楼建成使华海公司成为首家拥有房地产的北京民营科技企业	390
1990 年 3 月 5 日——联想公司推出 286 微机	390
1990 年 3 月 9 日——宋健写信给京海公司总裁王洪德支持和鼓励民营科技企业	390
1990 年 4 月 20 日——纪世瀛任北京民协会长，成为我国首位出任民协会长的民营科技企业家	391

1990年5月17日——试验区召开表彰大会颁布60项新技术企业拳头产品　394
1990年6月1日——北京民协创办会刊《科技之光》　395
1990年6月15日——北京市科委、市科协、试验区、北京民协四家联合举办纪念北京民办科技实业创业十周年暨"科技之光"奖评选活动的全部过程　401
1990年11月2日——北京民协撰写《北京民办科技实业大事记》　411
1990年11月16日——郑福双创办北京市海淀区新奥特电子技术公司　413
1990年12月12日——中关村柳传志等人获第二届全国科技实业家创业奖　415
1990年12月26日——四通公司召开"庆祝四通公司打字机销售十万台大会"　415
1990年北京及中关村民营科技企业概况　416

附件一　光彩的十年　光明的前程　418
——庆祝北京民办科技实业创业十周年暨首届"科技之光"奖颁奖大会上的报告

北京市科学技术委员会主任邹祖烨

一、在改革的大潮中搏进，为现代化事业作贡献　418
二、探索中的可贵启示　423
三、坚持社会主义方向，发扬艰苦创业精神，把民办科技实业提高到一个新水平　426

附件二　《北京·中关村民营科技大事记》若干问题考证　430

一、北京及中关村首家民营科技公司考证　430
二、联想最初名称与成立日期考证　433
三、联想汉卡与联想公司名称考证　435
四、张大中成为一次性缴纳个人所得税中国第一人考证　437

主编的话

2020年10月23日,是北京及中关村民营科技企业创业四十周年的大喜日子。为此,推出《北京·中关村民营科技大事记(上卷)1980—1990》一书,以表示庆祝!

(注:还将出版中卷1991—2000年、下卷2001—2004年)

该书在编撰过程中,受到社会各界人士的重视与关注,得到了北京市科协老领导赵绮秋,北京市海淀区政府的老领导、北京市新技术产业试验区的老领导胡定淮、王思红女士、邵欣平,北京及中关村电子一条街老一代民营科技企业家王洪德、柳传志、段永基、沈国钧、张大中、陈庆振、王殿儒、王永民、王缉志、周明陶、王文京、戴焕忠、姜云、李强女士、张征等,以及已故徐可倬、秦革、赵东升、倪振伟的家属,信通公司员工董超英、杜维等民营科技企业员工的支持,他们为本书提供了诸多珍贵的历史资料与图片,使这本大事记资料丰富,精准翔实,内容生动,也使得本书首次独家披露了许多北京及中关村民营科技企业1980—1990年的珍贵历史资料及200多张珍贵历史照片,清晰、真实地还原和展示了北京及中关村电子一条街民营科技企业从起源到发展的历史,感人的风雨历程,成为国内外研究北京及中关村民营科技企业历史不可多得的文献,可谓弥足珍贵。

有位领导评价该书时,他说:"你们把一盘'冷饭'炒热了,炒香了!"使我们感到万分荣幸和鼓舞!

我作为该书的主编,向他们表示崇高的敬意,并致以最衷心的感谢!

我已是年近八十岁高龄的耄耋之人,为什么还要费尽心血,出钱、出力编写"大事记"，因为我与中关村民营科技有着不可解脱的情缘，我曾经立志，用我的一生写好"中关村民营科技"七个字，为弘扬中关村精神奋斗不已。

我本来是科研战线上一个普通的默默无闻的科技人员，一不小心参与和见证了一个不平凡的历史进程。

1980年10月23日，陈春先带领我和崔文栋创办的"北京等离子体学会先进技术发展服务部"，成为北京及中关村的第一家民营科技企业，在中国的改革开放史上成为引人注目的重要篇章。从那天起，我也就被卷入了北京及中关村改革的浪潮之中，经历了各种的磨难和风雨，亲身经历了一系列重大事件和在改革中遇到的障碍和困难。

1990年4月20日，在北京民营科技企业处于极低潮的情况下，我被推举担任了北京民办科技实业家协会的会长。

1992年2月，我作为民营科技企业的代表当选为北京市第八届政协委员。此后连续三届十五年担任市政协委员，后来又当选北京市科学技术协会的常委，也就把我推向了改革大潮的风口浪尖，这种职位和身份要求我必须履行职责，为民营科技奔走呼号、摇旗呐喊。作为中关村民营科技的创业者、实践者、呐喊者、推动者和见证者，有机会掌握大量的第一手资料，现在回顾起来都是非常珍贵的史料，所以我有责任、有义务把它们整理出来，奉献给大家，对于研究北京乃至全国的科技体制改革的历史，应该具有一定的意义和参考价值。一种强烈的社会责任感，一种强烈的责任心，驱使我把亲身经历和见证的历史与大家分享，促使我必须不顾一切地勇敢地承担起回忆、记录这些中关村的创业英雄们惊天地、泣鬼神的创业故事，这段中国改革历史大潮中科技改革的历程。这是我义不容辞的社会责任，如果现在我们不去做，恐怕也许没有人、没有机会去做这种劳心费力还要自己出资的公益劳动，那也许会留下一段历史空白。那将会成为北京及中关村民营科技历史的一大遗憾。

为此，我找到志同道合的齐忠，他从1990年4月开始，跟着我一直在为民营科技事业奔走呼号、摇旗呐喊的路上共同奋斗。我担任北京民协会长期间，齐忠连续十四年担任我的亲密助手——民协的常务副秘书长、《科技之光报》的主编，可以说我所到之处都有他的身影。当我找到齐忠谈了我的想法之后，我们一拍即合，毫不犹豫地启动了这项工程。说实话，我只是逢山开路、遇水搭桥，出策划、出思路、出资料、出资金而已。大量艰苦的调查研究、核实取证、搜集材料、撰写修改、征求建议、联系出版印刷等烦琐的劳作都是齐忠进行的，大事记的字字句句都浸透着齐忠的心血！

历史赋予了我们责任，我们不能也没有理由辜负历史的重托，现在终于完成了大事记的上卷，奉献给中关村的创业英雄们、中国改革的勇士们、那些改革开放中最早最坚定的支持者——"开明婆婆""开明公公"等各级领导以及关心、支持中关村的所有朋友！献给北京民营科技企业和中关村电子一条街创办四十周年！

我们还要继续编写中卷、下卷。希望得到所有朋友的支持和关注！

主编　纪世瀛

2020 年 5 月 20 日

前 言

执笔人 齐忠

唐太宗李世民曰："以铜为镜，可以正衣冠；以史为镜，可以知兴替。"

《北京·中关村民营科技大事记》上卷，记录了在中国改革开放大潮的推动下，1980—1990年北京及中关村电子一条街民营科技企业的创办、发展、壮大历史过程中的重大事件。（注：以下简称大事记）

为了经得起历史推敲，向人们真实地还原北京及中关村电子一条街民营科技公司，十年来创业、发展、壮大历史过程中发生的重大历史事件，大事记上卷采用史、志、传、考证、有关资料索引、图片等写作手法，全面、准确、真实地再现北京及中关村电子一条街民营科技公司1980—1990年的重大历史事件。

史：在叙述大事记相关历史时，采用详细描述历史横断面的方式，讲解当年"民办企业""民营企业""国有民营企业""科技企业""知青社""校办企业""社办企业""大院大所公司""街道联办企业"以及"两不、四自"运行机制、"三减、三免"优惠政策等历史起源，向读者展现当年的历史原貌。

志：大事记准确地记录北京及中关村电子一条街民营科技企业历史中大事件的起源、名称、人员、公司结构、资金来源、公司成立的日期等，并且准确到年、月、日等。

传：大事记对北京及中关村电子一条街民营科技企业、重要人物，用简介、传记等各种方式，刻画出民营科技企业家的个性与特征，增强阅读感与欣赏性。

注：为了保证大事记的准确性与真实性，在各篇章中注明来源出处、有关资料索引等。

图片：大事记首次披露大量历史珍贵图片，反映早期北京及中关村民营科技公司的创业历史。

考证：大事记参考了两千多万字的相关资料，并用大量的人力、物力、资金向社会方方面面以及北京市、中关村相关人士征集相关资料。对大事记内容进行考证，向人们清晰地展现北京及中关村电子一条街民营科技企业的发展历程。

随着北京民营科技实业、中关村电子一条街民营科技企业老一代创业者渐渐隐去，记录北京及中关村电子一条街民营科技企业历史成为紧迫的事情，是一项重大"抢救"工程，希望当年参与北京及中关村电子一条街民营科技企业创业的老一代企业家、相关人士，拿起笔把历史记录下来，使北京民营科技实业、中关村电子一条街民营科技企业的历史永远流传。

北京及中关村电子一条街民营科技企业最伟大的成就是，为中国、世界各国提供了一种伟大的创新模式，在不发达的国家没有证券市场、没有风险投资、没有私募基金支持的环境下，如何打造出高科技产业群体，使之成为不发达国家抗衡发达国家的利器。今天的中国民营科技企业，已成为中国走向繁荣富强，永久屹立在世界民族之林的一股巨大的推动力量，如同天上的日月，永照中华大地！

1980 年

北京·中关村民营科技大事记(上卷)1980—1990

1980年10月23日——北京及中关村首家民营科技企业成立

1980年10月23日,北京市等离子体学会扩大常务理事会,在海淀区二里沟北京市科学技术研究院小会议室召开,中科院力学所著名科学家、中科院院士谈镐生(已故),时任北京市科学技术协会科技咨询部副部长赵绮秋,中科院物理所研究员、北京市等离子体学会副理事长陈春先(已故),中科院物理所工程师纪世瀛、崔文栋,中科院力学所科研人员、北京市等离子体学会秘书长、后任长城钛金公司董事长王殿儒,中科院物理所科研人员、北京市等离子体学会副秘书长汪诗金等人参加了会议。(注:北京市等离子体学会后来被注销,见《北京市科学技术协会志》)

陈春先在会上宣读题为《技术扩散与新兴产业》的访美报告,向大家介绍美国硅谷和128号公路新技术扩散区的情况;随后他宣布"北京等离子体学会先进技术发展服务部"(注:以下简称服务部)正式成立。

这是北京及中关村电子一条街首家民营科技企业。

服务部的董事长由谈镐生出任,陈春先任副董事长。谈镐生在美国留学时期接触过公司,他在会议上介绍了公司的运行模式和管理架构,使在座的科研人员首次接触公司有关知识。

服务部当时的管理架构为由管理小组管理全部工作,为了增加管理小组的权威性,并相对超脱于科学院一些,由北京市科学技术协会科技咨询部派来的陈庆国出任组长。服务部日常工作由中科院物理所工程师纪世瀛主持。

随后在中科院物理所一个废旧的仓库里,举行服务部成立正式开业仪式,参加仪式的人员有:

陈春先:中科院物理所一室主任,研究员,北京等离子体协会副理事长。

纪世瀛:中科院物理所工程师,北京等离子体学会核聚变工程分会秘书长,被聘为管理小组常务副组长,主持常务工作。

1980年

右起纪世瀛、陈春先（已故）、崔文栋。

崔文栋：中科院物理所高压电气技师，被聘为管理小组副组长。

曹永仙：中科院力学所等离子体冶金工程师，被聘为管理小组副组长。

陈首燊（已故）：中科院电工所研究员、室主任，被聘为管理小组成员。

吴德顺：中科院电子所工程师，被聘为管理小组成员。

罗承沐：清华大学讲师，被聘为管理小组成员。

刘春城：中科院物理所一室技师，被聘为出纳。

潘英：中科院物理所会计，被聘为会计。

汪诗金：中科院物理所科研人员，北京等离子体协会副秘书长。

以上人员是服务部初创时期骨干成员。

北京市科协咨询部副部长赵绮秋，代表北京市科协参加了该次开业仪式，她是参加大会的最高官方领导。赵绮秋是服务部最坚定的支持者，她在开业仪式上说："我愿意和大家一块儿干、一块儿探索、一块儿试验。出了什么问题我和你们一起承担责任，要想改革就别前怕狼后怕虎。"

北京市科协党组书记田夫、副主席孙洪是服务部强有力的支持者。

服务部的成员为什么还有物理所以外的人？因为陈春先在为研制北京托卡马克6号成立课题组时，中科院各所和大学都派人到该组参加研制工作，这些人自然也成为积极的参加者。

在赵绮秋的支持下，北京市科协借出500元支票，作为服务部的开办费，为服务部在中国工商银行海淀区支行东升分理处开设了账户。（注：当年开办银行账户不能用现金）

左起，长城钛金公司董事长王殿儒、汪诗金、陈庆国。照片由纪世瀛先生提供。

陈春先简介

陈春先,男,1934年8月6日生于四川成都一个知识分子家庭,父亲陈之长、母亲黄端方为清华大学学生和留美学生。

1951年,陈春先考入四川大学物理系。

1952年,陈春先加入中国共产党。

1953年,陈春先赴苏联斯维尔德洛夫斯克矿业学院学习。

1956年,陈春先转入乌拉尔大学物理系。

1957年,陈春先考入莫斯科大学物理系。

1959年初,陈春先毕业回国在中科院物理所工作,历任室主任、合肥等离子体研究所副所长。

1974年,陈春先研制出我国首台北京托卡马克6号,成为中科院在1974年唯一的科研成果。

1978年3月18日,全国科学大会在北京召开,陈春先与中科院电工所严陆光院士参加了大会,北京托卡马克6号荣获重大成果奖一等奖。

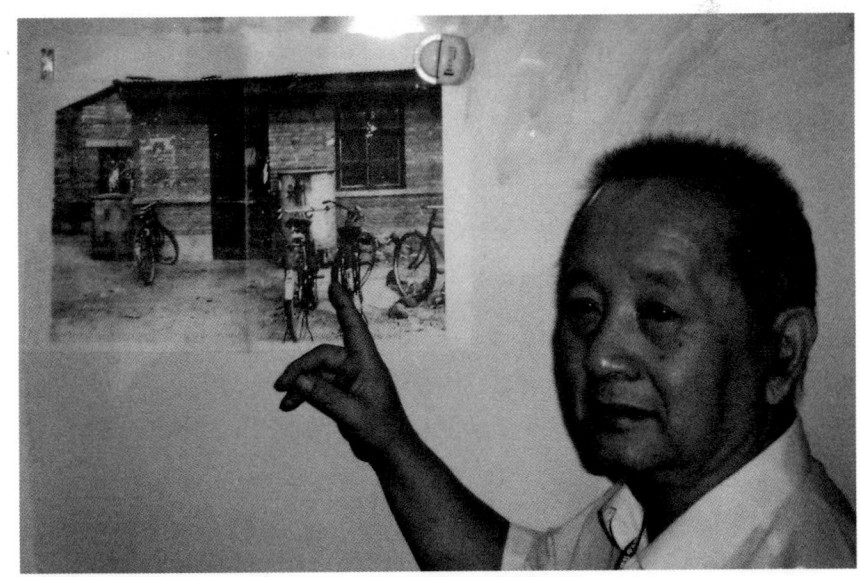

陈春先(已故)在讲述当年服务部办公地点——废旧的仓库。齐忠摄影。

（注：见2006年中科院官方网站，中科院1974年大事记）

1978年，陈春先被破格提拔为正研究员。

1981年，陈春先任中国科技大学等离子体专业研究生导师。

1980年10月23日，带头创办了中关村第一家公司"北京等离子体学会先进技术发展服务部"。

1990年11月23日，荣获首届"科技之光优秀企业奖"。曾任海淀区政协委员、北京民营科技实业家协会常务理事。

2004年8月9日，陈春先因病在北京逝世，享年70岁。

纪世瀛简介

纪世瀛，男，1942年出生于北京市昌平区纪家窑村。

1962年，考入中国科学技术大学原子核工程专业，毕业后在中国科学院物理所工作，任中科院物理所高级工程师，从事核聚变研究。

1980年10月23日，纪世瀛与陈春先共同创办北京及中关村第一家民营科技企业——"北京等离子体学会先进技术发展服务部"。

1990年4月20日，纪世瀛出任北京民办科技实业家协会第二届会长，他是中国民营科技企业商会中，首个民营科技企业家商会会长。

（注：以下简称北京民协）

1990年4月20日—2004年4月20日，纪世瀛连续三届担任北京民协会长14年。

1990年，经过两次"清理整顿"公司，北京及全国民营科技企业进入低潮。

纪世瀛出任北京民协会长后，策划、筹备了"纪念北京民办科技实业协会创业十周年暨首届'科技之光'奖颁奖大会"。

1990年11月23日，北京民协成功地在北京人民大会堂举办"纪念北京民办科技实业协会创业十周年暨首届'科技之光'奖颁奖大会"。纪世瀛主持该大会并致辞。时任全国人大常委会副委员长严济慈出席了大会，并为"科技之光"亲笔题字。原北京市科委主任邹祖烨在大

纪世瀛。照片由纪世瀛先生提供。

会上作了"光彩的十年 光明的前程"主题报告。原国家科委主任宋健为该报告作出批示,转发全国各省、市科委。这次大会为宣传和推动北京、全国民营科技企业走出低潮、发展壮大起了重大作用。

纪世瀛出任北京民协会长期间,忠于职守,坚决保护会员单位、民营企业家合法权益,全力保护会员合法权益不受侵犯,为中关村和民营科技事业奔走呼号,摇旗呐喊,为北京民营科技企业扩展生存环境,健康成长作出了重要的贡献。

(注:"北京民办科技实业家协会"后更名为"北京民营科技实业家协会",现在更名为"中关村民营科技实业家协会")

纪世瀛曾任北京市第八、九、十届政协委员,先后提出100多项有关北京民营科技企业和中关村提案。还曾任北京市科协第四、五、六届常委,中国民营科技实业家协会副理事长,《科技之光报》总编。

1990年11月23日,荣获首届"科技之光优秀企业奖"。

纪世瀛现任北京市应用科学研究院院长、北京市理化应用技术研究所所长、北京市科协荣誉委员。

1994年4月,以笔名季然,出版自传《风云乍起》。

1994年4月,编辑出版《北京民办科技实业大事记》。

2009年9月,出版《悟性管理》。

2010年9月,出版《创业实战》。

赵绮秋简介

赵绮秋,女,1938年8月26日出生于上海。

1960年11月,赵绮秋提前毕业于吉林大学物理系,留校任教。

赵绮秋。

1963年8月，调入中国科学院。

1972年，任北京日报社工商部副主任。

1980年，调入北京市科协组建北京第一个科技咨询服务部。后任北京市科协副主席、党组成员，又任北京科技协作中心副理事长兼秘书长、北京民办科技实业家协会理事长。筹建并成立北京市技术合同仲裁委员会，任副主任。

1980年，她率先组织科技人员开展有偿技术服务，支持中科院物理所陈春先、纪世瀛等人创办中关村首家民营科技公司"北京等离子体学会先进技术发展服务部"，这也是中国大陆第一家民营科技公司。当有些人认为服务部"搞乱了科研秩序"，"搅乱了科技人员的思想"，"腐蚀了科技队伍"并打击陈春先、纪世瀛等人时，赵绮秋公开支持服务部，极力为之抗争，与中科院和物理所领导据理力争，保护创业者。她还通过新华社内参向中央领导反映情况，使服务部终于得到了中央领导的支持和重视。她被称为"开明婆婆"。

1987年2月19日，《科技日报》在头版头条刊登文章《"开明婆婆"赞》，并加评论员文章《为"开明婆婆"赞》。

1990年，北京市成立北京技术市场管理办公室，赵绮秋任常务副主任，主管北京地区技术市场。她主持开展了数百次科技交易活动，组织数千名科技人员深入生产一线，培训了近万名技术市场经营管理人员，同时在北京大学为研究生开设了技术市场课。

1998年3月，赵绮秋退休后，出任中国技术市场协会副会长、金桥奖执委会主任，并荣获中国技术市场金桥奖突出贡献奖。

赵绮秋还荣获国务院颁发的政府特殊津贴。

赵绮秋著有《技术市场》《技术市场导论》《中国技术市场拾零》等书籍，为我国技术市场的开拓和发展，促使数万项科技成果转化，从实践到理论作出巨大贡献。

1987年2月19日,《科技日报》头版头条刊登的文章《"开明婆婆"赞》。

赵绮秋著《中国技术市场拾零》。

历史资料：中国民办科技实业与中国民营科技企业一词的更换

1980—1993年，北京及中关村民营科技企业称为"民办科技实业"。"民办"两字来自于1984年4月30日北京市科委召开的民办科技企业家座谈会上，华夏所所做的经验介绍中明确提出"我们是民办的"，"民办研究所是个全新的概念"。后来，1987年2月10日，原国科委主任宋健为"全国民办科技实业家座谈会"题词"贵在民办"。在今天看来"民办科技"四字很普通，在当年却有十分深远的意义，成为知识分子开公司的保护伞。"实业家"是公司老板的另一个名称，当年很多人对"老板"这个名称抱着歧视的态度，认为老板是剥削者，所以用"实业家"代替"老板"。

1993年，在筹备全国第一届民办科技工作会议期间，宋健召开筹备会议，对于"民办科技"的称谓进行讨论，为了更准确地表达民间科技企业的含义，更有利于科学院所、大专院校创办的科技公司共同发展，宋健提出改为"民营"更好，并提出"国民民营"的新概念。自此，联想等公司也纳入了民营科技企业的行列。

1993年6月12日，国家科委与国家体改委发布《关于大力发展民营科技型企业若干问题的决定》，文件将民办科技企业称为民营科技型企业。

1993年12月14日，中国民办科技实业家协会二届四次常务会议上，决定将协会更名为"中国民营科技实业家协会"。从此"民营科技企业"代替了"民办科技企业"。

历史资料：北京等离子体学会第一届理事会成员

1980年8月8日，北京等离子体学会召开第一届理事会。

1980年8月8日，北京等离子体学会第一届理事会合影，第一排右五为中科院院士谈镐生。第二排右四为陈春先、右五为中科院电工所所长杨昌琦。第三排左起吴兴运、汪诗金、金佑民、王殿儒（学会秘书长、常务理事、学会创办人之一）。照片由王殿儒提供。

北京·中关村民营科技大事记（上卷）1980—1990

历史资料：1947 年北平市地图显示的中关村地名

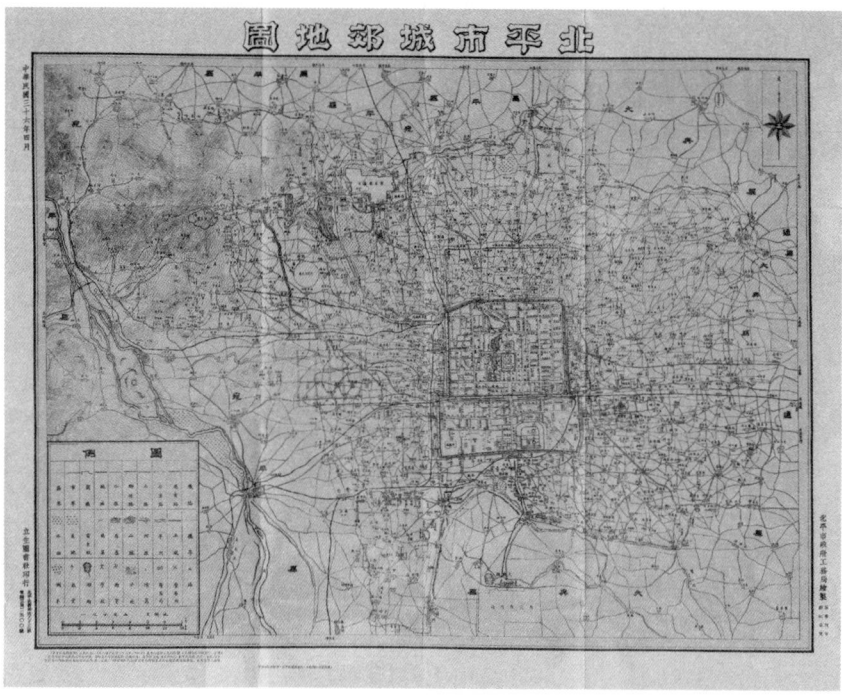

1947 年出版的北平市城郊地图。齐忠摄影。

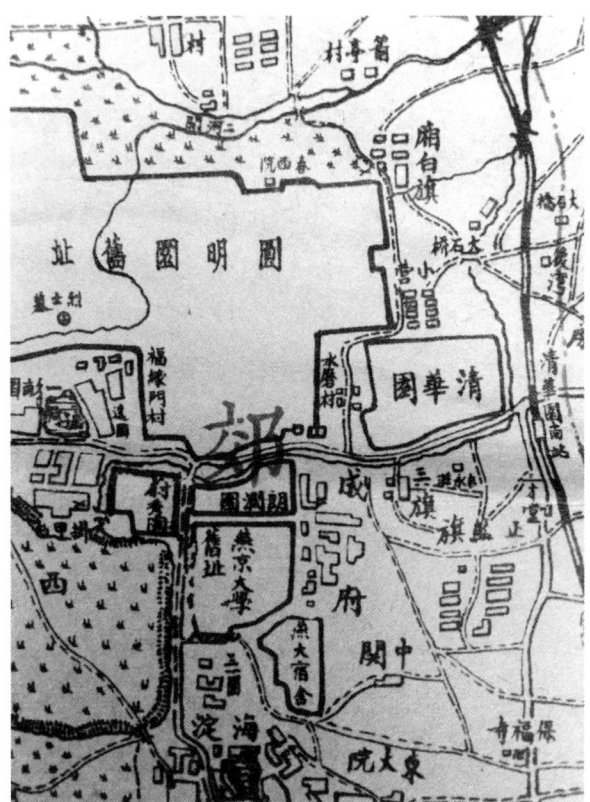

1947年出版的北平市城郊地图中显示的"中关"地名。齐忠摄影并收藏该地图。

相关资料索引：

《北京市科学技术协会志》《希望的火光》《北京民办科技大事记1980—1990年》《风云乍起》《中国技术市场拾零》《齐忠中关村电子一条街历史档案库"陈春先追悼会及生平资料"》。

1981年

北京·中关村民营科技大事记(上卷) 1980—1990

1981年1月17日——海淀人大代表提出把海淀建成旅游科技文化特区提案

1981年1月17日,海淀区召开第七届第一次人大代表会议,中国科学院计算所人大代表卫振盛、北京航空学院人大代表吴守伦等人,联名提出"要求把海淀区建成旅游科技文化特区"的提案。

1981年2月23日——党中央、国务院转发国家科委党组汇报提纲

1981年2月23日,中共中央、国务院转发了国家科委党组《关于我国科学技术发展方针的汇报提纲》。

《提纲》明确提出:"科学技术与经济、社会应当协调发展,并把促进经济发展作为首要任务。"(注:见中发〔1981〕14号)

该《提纲》加快推动了我国科技体制改革的步伐。

1981年4月3日——海淀新技术试验厂成立

1981年4月3日,北京等离子体学会先进技术发展服务部与海淀区劳动服务公司经理王连珂达成合作协议,由海淀区劳动服务公司提供场地,服务部出技术人员,成立"海淀新技术试验厂"。

这是中科院科学家首次与海淀区结合扩散新技术的科技试验基地。

双方在北京大学东门和西门附近,开办了"西颐电子技术服务部",及海淀区劳动服务公司电子电工培训班,为中关村电子一条街的发展培养了大量的人才。

中科院力学所谈镐生院士、中科院电工所严陆光院士、中科院电子

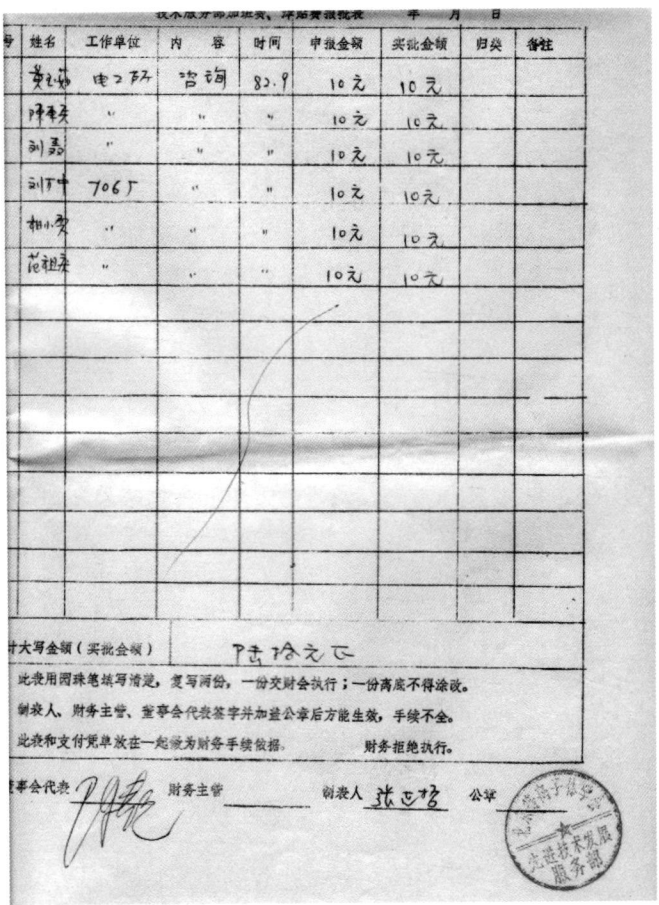

当年服务部按照中国科协规定为工作人员发放的津贴领取表,上面有陈春先亲笔签名。照片由纪世瀛先生提供。

所郭和忠教授、清华大学杨津基教授成为服务部的顾问或项目负责人。

1981年,服务部盈利3万元人民币左右,相当于中科院一般科研人员20年的工资,服务部相关人员每月发放7—10元人民币的津贴,陈春先为15元人民币,相当于他两级工资,但是他没有领取。

1981年9月26日——海淀区科委发布《关于对我区科学技术成果进步奖励的意见》

1981年9月26日,海淀区科委发布《关于对我区科学技术成果进步奖励的意见》,极大地调动了海淀区科研人员对科技成果开发的积极性。

相关资料索引:

《北京市科学技术协会志》《希望的火光》《北京民办科技大事记1980—1990年》《风云乍起》《中国技术市场拾零》。

1981 年

1982 年 2 月 17 日，服务部与海淀区劳动服务公司联合举办的培训中心电子班结业留念合影。第二排左六为陈春先。照片由纪世瀛先生提供。

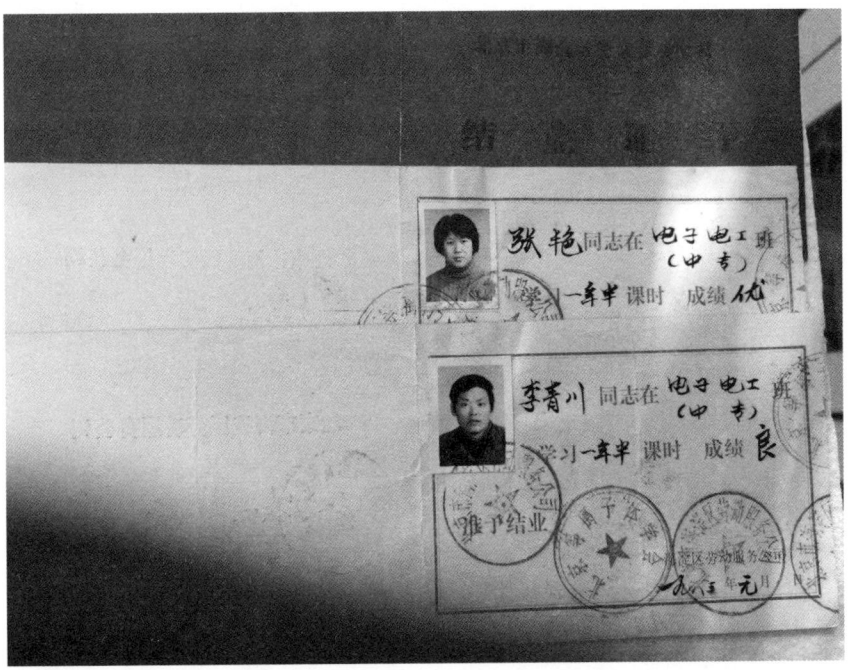

1982 年，服务部与海淀区劳动服务公司联合举办的培训中心电子班结业证书。照片由纪世瀛先生提供。

1982 年

北京·中关村民营科技大事记(上卷) 1980—1990

1982年1月11日——中科院物理所所长管惟炎指责服务部

1982年1月11日,北京市科协召开全体委员大会,时任北京市科协委员、中科院物理所所长管惟炎,在会上发言攻击陈春先和服务部。他说:"陈春先在市科协的支持下,创办服务部另搞一套,打乱物理所的科研秩序。每月还从服务部拿15元津贴,给自己涨两级工资,据我们了解服务部还有其他经济问题。"管惟炎的发言对参会人员影响很大,部分委员也纷纷发言,指责北京市科协支持陈春先创办服务部的做法不妥。

1982年3月16日——管惟炎点名批评陈春先

1982年3月16日,管惟炎召开物理所全体员工大会,他说:"陈春先办服务部移植硅谷经验扩散新技术,实际上跟大街上卖菜、卖肉的'二道贩子'差不多,把国家几十年积累的科研成果贩卖出去,是'科技二道贩子'。服务部每月还给干私活的人发津贴,是鼓励科研人员不务正业,腐蚀科研队伍搞歪门邪道。"

管惟炎还对服务部所有账目进行清查,并将服务部情况上报北京市有关部门,要求中科院纪委立案调查。

1982年4月5日——张大中初创大中电器

张大中是中国及北京、中关村第一代著名民营科技企业家,为推动北京及中关村民营科技事业的发展作出巨大贡献。

2008年5月,张大中纳税7.2亿元,其中一次性交纳个人所得税5.6亿元,成为中国一次性交纳个人所得税第一人,这项纪录至今无人打

1982年

大中电器连锁店之一中央电视塔店。照片来自大中公司。

破,是北京、中关村民营科技企业的骄傲!

1982年4月5日,张大中用母亲王佩英平反后所获补偿款500元创办"张记电器加工铺",企业性质为个体工商户,从事扩音板工、贸业务。

1985年9月,张大中开设第一家门市部,位于西城区灵境胡同西口,营业面积10㎡。

至1992年12月,公司拥有员工100名,年营业额突破1000万元。

1993年,张大中在北京市海淀区玉泉路,创建了大中音响城,成为北京市最大的音响设备销售服务集散地。

2001年,大中电器连锁店总数达到12家,年营业额达9亿元,员工超过1200人。

2003年，大中电器荣获国家工商行政管理局授予的"全国守合同·重信用企业"荣誉称号。

2005年，大中电器全国连锁店总量达百家，居北京市电器销售商之首，荣膺"北京十大商业品牌"，年销售额近100亿元。

2006年7月，大中电器被中国电子商会认定2006年度品牌价值为24.12亿元，被评为2006—2007年度中国电子企业最有价值品牌。

2007年12月，国美电器举行收购大中电器的新闻发布会，国美电器正式宣布："国美电器获得了对张大中的大中电器股权的独家收购。"张大中获得36亿元人民币，创办大中投资公司，开启资本运作领域新篇章。

张大中简介

张大中，男。1948年9月出生于北京。北京及中关村第一代著名民营科技企业家。

现任北京大中投资有限公司董事长，国美零售控股有限公司董事局主席。曾任第八届北京市政协委员，第九届、第十届北京市政协常委，第十三届北京市人大常委，北京市工商联副会长，北京民协常务理事等。

张大中先后获得"中国优秀民营企业家"及"优秀中国特色社会主义事业建设者"等荣誉称号。

1970年，张大中高中毕业后被分配到北京近郊区插队。

1972年，张大中被分配到海淀区供销社工作。

1982年4月5日，张大中创办"张记电器加工铺"。

1987年，张大中成为北京民协会员，后任北京民协常务理事。

1993年1月，张大中当选中国人民政治协商会议北京市第八届委员会委员。

1995年12月，中华全国工商业联合会授予张大中"中国优秀民营

张大中。照片来自大中公司。

企业家"荣誉称号。

1996年1月,张大中被北京市个体私营经济协会评为1995年先进私营企业者,后连续获评。

1998年1月,张大中当选中国人民政治协商会议北京市第九届委员会委员。

2003年1月,张大中当选中国人民政治协商会议北京市第十届委员会委员。

2004年12月,中共中央五部委授予张大中"优秀中国特色社会主义建设者"荣誉称号。

2007年,张大中当选北京市工商联合会副会长。

2008年1月,张大中当选北京市第十三届人大常委会委员。

2008年5月,张大中一次性纳税7.2亿元,被北京市地方税务局授予"特别杰出贡献纳税人"荣誉称号。

1982年6月7日——王永民研究完成五笔字型计算机汉字输入法初型

1982年6月7日，在河南南阳科委工作的王永民完成研究五笔字型计算机汉字输入法初型《五笔字型汉字编码方案》，并得到河南省副省长兼省科委主任罗干的支持，批给王永民五万元科研经费。

1983年8月29日，王永民五笔字型计算机汉字输入法研制成功，并通过40多名专家鉴定，专家们认为五笔字型计算机汉字输入法解决了中文进入计算机时代的世界性难题。

1993年9月27日，《光明日报》头版头条报道了我国五笔字型重大科研成果。

五笔字型不仅是中国民营科技企业最伟大的科技发明之一，也是20世纪影响中国最伟大的科技发明之一。

1980年7月16日，王永民研究五笔字型的记录。齐忠摄影。

1982年

1993年9月27日,《光明日报》头版头条报道了我国五笔字型重大科研成果。照片由王永民先生提供。

王永民简介

王永民,男,汉族,1943年12月15日出生在河南省南阳市南召乡鸭河工区一个贫农家庭。教授级高级工程师,现任北京王码创新网络技术有限公司董事长。

1962年,毕业于南阳一中。在南阳一中举行的高中毕业典礼上,品学兼优的王永民代表毕业生上台讲话。他大声疾呼:"翻开我们学过的物理、化学课本,上面印的都是外国人的头像。我们中国人为什么不能有伟大的发明创造,把头像也印在课本上?"

1962年,他以南阳地区高考第一名,考入中国科技大学无线电电子

1994年4月15日，王永民在北京海淀区中关村原试验区大楼7层王码公司办公室，拿出1978年以来他研究五笔字型的原始记录，讲述当年研究的艰苦经历。（注：该大楼已拆除，现为海龙大厦）齐忠摄影。

学系。因家庭贫困，王永民在大学期间一共只拿过家里10元钱，他完全靠助学金应付日常的学习、生活开支，度过了大学六个春秋。

1968年，王永民毕业于中国科技大学，分配到四川永川国防科委某军事部门，因水土不服患上肝炎和肾结石。

1977年10月，王永民离开待了八年、病了六年的四川永川国防科委某军事部门，回到家乡河南南阳，在河南南阳科委任办事员。

1978年，南阳科委拨给王永民3000元，让他搞计算机汉字输入试验。当年王永民还找到主编《英华大辞典》的郑易里先生，郑易里先生研究多年的"188键汉字编码方案"给了王永民很大启发。

1983年，王永民研究并发明"王码五笔字型"汉字输入法，又称26键五笔数输入法，首创"汉字字根周期表"，有效解决了信息时代的计算机汉字输入难题，在世界上首次突破计算机汉字输入每分钟100字大关，并获美、英、中三国专利。

五笔字型输入法的"五笔"之名，来源于王永民将其字型按第一笔笔画"横、竖、撇、捺、折"分为5种,并在26个字母键上划分了5个区域。五笔字型输入法最大的优点是重码率低,几乎不需要选词,就可以直接实现盲打。

1983年,王永民又对五笔字型进行推广普及,使五笔字型覆盖国内90%以上的计算机用户。他曾五次应邀赴联合国讲学,以"五笔字型"在全世界的广泛影响和应用,为祖国赢得了荣誉。

1984年,荣获"五一劳动奖章""国家级专家""全国优秀科技工作者"等称号。

1988年4月,成为国务院特别命名的十名"全国劳动模范"之一。

2003年,国家邮政总局发行了纪念邮票"当代毕昇——王永民"。

2008年1月8日,王永民的王码五笔字型荣获2007年度"国家技术发明奖二等奖"。

2018年12月18日,党中央、国务院授予王永民同志改革先锋称号,颁授改革先锋奖章;王永民获评"推动汉字信息化的'王码五笔字型'发明者"。

相关资料索引:

《大潮澎湃》中"王永民小传"。

1982年10月3日——赵东升创办北京丰台区首家民营科技企业

1982年10月3日,科研人员赵东升丢掉"铁饭碗",辞去北京有色金属机械厂副总工程师职务,在北京市丰台区创办企业"北京市丰台区金属结构厂",并在该厂的基础上创办北京市丰台区首家民营科技企业"北京东升热处理工业炉公司",现在更名为"北京北方东升工业炉有限公司"。

赵东升是北京民营科技企业第一代创业者。

1980年初,自行车是热销产品,我国各地纷纷开办自行车制造工厂,但是自行车辊辘的电镀技术问题解决不了,成为令这些自行车制造工厂头疼的问题。

赵东升毕业于北京钢铁学院,他为了解决这个问题,自行研制一套自行车辊辘电镀设备"强循环光亮电热罩式炉设备"。为了解决关键技术难题,赵东升还亲自骑自行车把北京钢铁学院教过自己的老师拉到设备现场,进行技术指导。

这套设备研制完成后,进行试验时可能发生爆炸,赵东升心中很是害怕,因为自己要是出了事,一家老小怎么生活?

从这件事不难看出,北京民营科技企业家们当年创业的艰难。

赵东升。照片来自赵东升家属。

1982 年

赵东升是北京市郊区早期民营科技企业的一面旗帜,曾任北京民协副会长、国家级专家、北京市劳动模范,他主导研制的产品"强循环光亮电热罩式炉设备",经国家科委、国家计委、国家经贸委组织的联合鉴定,被冶金部定为推广型产品。

1990 年 11 月 23 日,赵东升荣获首届"科技之光优秀企业奖"及国家火炬奖、北京市星火奖、北京市科技进步二等奖等荣誉称号。曾任北京民协副会长。

赵东升研制的"强循环光亮电热罩式炉设备"。照片由齐忠提供。

2019年2月9日，赵东升逝世于北京，享年80岁。

1982年11月2日——新华社派记者采访陈春先与服务部

1982年11月2日，赵绮秋的丈夫、时任新华社北京分社副社长周鸿书派记者潘善棠两次采访陈春先，还亲自对采访文章进行审阅和修改，使文章更加有说服力。最后他把文章的题目定为《研究员陈春先搞"新技术扩散"试验初见成效》，发往新华社"内部动态清样"，也称"内参"。新华社内参是新华社记者针对各种突发事件，通过采访写成的新闻稿件，专供党中央、国务院领导阅读。

赵绮秋与丈夫周鸿书。照片由赵绮秋女士提供。

周鸿书简介

周鸿书,男,1933年10月2日生于吉林省敦化市。1954年入党,1956年考入北京大学中文系新闻专业,历任新华社北京分社记者、副社长、西藏分社社长和党委书记、北京分社党委负责人、主持工作的副社长。1985年调到中国新闻学院,任党委书记兼副院长、常务副院长,教授。2006年9月20日在北京逝世,享年74岁。

1982年11月27日——中科院举办科技成果展

1982年11月27日,中科院在北京民族文化宫举办"中国科学院科技成果展览交流会",共展出主要成果2002项。这是继1958年举行科

1982年11月27日,中科院在北京民族文化宫召开"中国科学院科技成果展览会交流会"。中科院院士、中国声学奠基人、中科院声学所所长、新浪原董事长汪延的爷爷汪德昭院士(注:执教鞭者),亲自在展会上讲解声学所科研成果。前排,中科院院长卢嘉锡(右一)、倪志福(右二)、胡启立(右四);后排,钟琪女士(右三)。照片由钟琪女士提供。

研成果展览以来，又一次较大规模的展览会。（注：见中科院官方网站1982年院史、所史）

中科院为此次展览会投入100多万元，中科院在全国各地的分院、在北京的各大研究所全部参加该展览会，并展出自己的科研成果。

这次展览会是中科院科技体制改革迈出的第一步，也是实施"一院两制"的序曲。国家相关领导人，全国各地省、市相关负责人，全国著名劳动模范吴吉昌、申纪兰等各方面的代表50多万人参观了这次展览会，中科院计划局干部钟琪（女）任这次展览会主展馆的馆长。

1982年12月22日——王洪德创办京海公司

1982年12月22日，北京及中关村第一代著名民营科技企业家、中科院计算技术研究所第四室王洪德等八名工程师，借调到"北京市城市生产服务合作总社"下属的"北京市海淀区海淀街道生产服务合作联

京海公司创业时的办公地。照片由京海公司总裁王洪德提供。

1982年

京海集团办公总部。照片由京海集团总裁王洪德提供。

社"（注：以下简称联社）工作，并与联社一起向工商局申请正式注册，创办"北京京海计算机机房技术开发公司"（注：以下简称京海公司）。

王洪德简介

王洪德为北京及中关村第一代著名民营科技企业家，为推动中国民营科技事业作出巨大贡献。

王洪德，男，1935年1月出生于辽宁省昌图县宝力镇。

1956年6月，毕业于哈尔滨电机工业学校。（注：1958年，该校更名为哈尔滨电工学院；1995年4月，更名为哈尔滨理工大学）

1956年6月，王洪德被分配到中科院计算所工作。

1979年，王洪德出任计算所第四研究室供电空调系统组长，负责计算所计算机机房研究工作。

1979年底，王洪德出任计算所"知青服务社"顾问，指导三百多名"知青社"职工做计算所机房工程。

1982年12月22日，中科院计算所王洪德等八名工程师与联社共同向工商局申请正式注册创办"北京京海计算机机房技术开发公司"（注：以下简称京海公司），王洪德出任该公司总经理。

1985年，京海公司更名为"京海计算机集团公司"，王洪德出任公司党委书记、董事长兼总裁。

1987年3月28日，任北京民办科技实业家协会第一任常务副理事长。

1989—2004年，任中国民营科技实业家协会常务副会长。

1995年，王洪德以拥有4亿元人民币资产，名列福布斯胡润"中国大陆富豪排行榜第47名"。

2008年，王洪德在浙江义乌二次创业，推出小商品市场大楼。

2002年12月22日，王洪德出任陆洲集团董事长，占陆洲集团25%的股份。

王洪德曾任：

北京市人大代表，海淀区人大代表、政协委员，泰山集团总裁，北京民办科技实业家协会首届常务副理事长，中国民办科技实业家协会常务副会长。（注：泰山集团现更名为"泰山会"。北京民办科技实业家协会现更名为"中关村民营实业家协会"。中国民办科技实业家协会现更名为"中国民营科技实业家协会"）1988—2004年北京市工商联合会副主席。

王洪德曾荣获：全国五一劳动奖章、全国劳动模范、全国科技实业创业金奖、首届"科技之光优秀企业奖"、中科院计算所757大型计算机系统重大科技奖三等奖、北京市科技进步奖、2000年两岸三地"紫金花杯企业家奖"等多个奖项。

1982年

1992年12月18日，京海公司总裁王洪德。照片由王洪德先生提供。

相关资料索引：

《北京市科学技术协会志》《希望的火光》《北京民办科技大事记1980—1990年》《风云乍起》《中国技术市场拾零》，"中科院官方网站1982年院史、所史"，王洪德回忆录《励炼人生》《王洪德小传》。

1983年

北京·中关村民营科技大事记（上卷）1980—1990

历史资料：民营科技企业的"两不、四自"运行机制

1983年底，北京市与中关村共诞生11家民营科技企业，并推出"两不、四自"企业运行机制。"两不"即"不要国家投资、不要国家编制"。因为当年在北京市办企业全部由国家投资，还要有国家编制机构批准的人员数量。"四自"即"自由组合、自筹资金、自主经营、自负盈亏"。

民营科技企业推出的"两不、四自"企业运行机制，是中国改革开放最伟大的创新之一、带领中国企业走向市场经济的火炬，永载史册。

1983年1月6日——新华社发出报道陈春先与服务部内参

1983年1月6日，新华社北京分社副社长周鸿书把题为《研究员陈春先搞"新技术扩散"试验初见成效》的文章，发往新华社"内部动态清样"，也称"内参"。新华社内参是新华社记者针对各种突发事件，通过采访写成的新闻稿件，专供党中央、国务院领导阅读。

以下是1983年1月6日新华社"内部动态清样"全文。

研究员陈春先搞"新技术扩散"试验初见成效

新华社北京社记者潘善棠　中国科学院物理所等离子体物理研究室主任、研究员陈春先（共产党员），从1980年开始在北京市海淀区进行科技成果和知识向附近地方扩散的试验，近两年来，这个试验已经取得了一定的成果，一个类似国外的"新技术扩散区"开始在北京市海淀区出现。

所谓"技术扩散"，就是把集中在一个地区的科学技术和人才，扩散到缺少科学技术和人才的地区去。在美国，在集成电路微电子学、先进科学仪器闻名于世的旧金山附近的"硅谷"和波士顿附近"128号公路"地区，就是由麻省理工学院等著名大学、研究中心把新技术、新的

科研成果扩散到那里的小工厂群的。这些小工厂（有的是科学家或教授们办的）由于接受了科研单位或大学的最新技术和成果，以极低的能源和材料消耗，生产"技术密集型"小批量新产品，行销全世界，在有的重要领域里起到了技术革命的带头作用。这些产品的价值，主要是"物化的"专门科学技术知识。

北京市海淀区是我国科学技术和各种自然科学人才最集中的地区。著名的清华、北大和中国科学院的许多研究所以及许多著名科学家，都集中在这一地区。许多科学论文、科研成果，也出自这里。但是，这些大专院校和科研单位与社会上的各种生产活动的联系很少，使大量的科学技术、科研成果和技术知识，长期停留在论文、样品、展品阶段，处于"潜在财富"状态，不能迅速生产，取得经济效益。

在海淀区中关村居住和工作了20多年的陈春先通过几次短期国外考察，了解到国外"技术扩散区"的积极作用，便决心在自己力所能及的范围内，探索一条在我国扩散新技术、新的科研成果到生产中去的路子。陈春先同志的这个想法，得到了北京市科协的大力支持。1980年10月23日，陈春先与其他一些科研人员合作，建立了"先进技术发展服务部"，并开展有经济活动的科技推广、咨询和新产品发展工作。近两年来，这个"服务部"先后与有关单位签订了27个合同，目前已完成一半以上，与海淀区四个集体所有制的小工厂建立了技术协作、帮助开发和移植新产品的关系，帮助海淀区创建了海淀区新技术实验厂和三个新技术服务机构。

扩散新技术和科研成果的一些机构建立后，陈春先又与海淀区培训中心合作，办起了行业知识青年技术专修班，培养为扩散新技术和科研成果所必需的人才。第一期电子技术培训班于1981年10月开学，学员60人，学制一年半（全日制）。第二期专修班于1982年10月招生开学，学制三年，分工业与民用建筑、科学仪器设备和电子计算机应用三个班，每班50余人。教学由清华、北大和科学院各研究所的教师、研究人员担任。这些高中毕业的社会待业青年，经过专修培训后，一部分将安置在他们创建的新技术实验工厂和新技术服务部，一部分将按合同给科学院有关研究所和一些大学，提供技术服务。

陈春先与有关科研人员、教授，在海淀区将高新技术和科研成果转化为直接生产力的"扩散"试验，已初见成效。在有关科研人员、专家、教授的指导和帮助下，新技术实验工厂已经生产出了一些供科研单位、大学试验用的仪器和设备；新技术服务机构为海淀区的一些工厂传授技术，解决了一批生产技术问题；还为科学院一些单位承担了过去主要由中高级科研人员担负的若干技术服务工作；一批待业青年学到了一定的专业技术，得到了安置。此外，一些科研单位、大专院校的科研和教学人员，也能把自己的知识、技术和科研成果从本单位、从论文上、从实验室里逐步扩散到社会上，用于发展生产。

但陈春先的高科技成果、新技术扩散试验，却受到本部门一些领导人的反对，如科学院物理所个别领导人就认为，陈春先他们是搞歪门邪道，不务正业，并进行阻挠，使该所进行这项试验的人员思想负担很重，严重地影响了他们继续试验的积极性。（注：全文完）

1983年1月7日——方毅批示支持陈春先

1983年1月7日，国务院副总理方毅，在"内部动态清样"有关陈春先的报道上批示，表示支持。

1983年1月13日——赵东宛批示支持陈春先

1983年1月13日，国家科委（注：现为科技部）副主任赵东宛批示，表示支持陈春先。（注：以上资料来自中关村电子一条街调查报告《希望的火光》）

1987年12月5日,方毅(居中)视察全国民办科技实业首次成果展示会,参观京海公司展台。照片由齐忠提供。

1983年1月25日——中央人民广播电台对外报道中央领导人对服务部支持的批示

1983年1月25日早晨6点,中央人民广播电台《新闻和首都报纸摘要》栏目对外新闻广播中,报道了有关中央领导人对服务部支持的批示"陈春先同志带头开创新局面,可能走出一条新路子"。

该广播报道给中科院、海淀区领导,中科院和中关村知识分子带来极大的震动。

1983年1月29日——《经济日报》推出系列报道支持陈春先与服务部

1983年1月29日,《经济日报》以中央领导人的批示和《研究员陈春先扩散新技术竟遭到阻挠》的主题文章,在1版显著位置发表,公开支持陈春先,还推出以下系列报道:

1983年1月31日

《陈春先从事新技术扩散未取分文　先进技术发展服务部账目没问题》

1983年2月2日

《给"科学上的二道贩子"摘帽子》

1983年2月3日

《科技人员能量远远没有发挥》

1983年2月7日

1983年1月29日,《经济日报》支持陈春先的报道。照片来自纪世瀛先生。

1983年

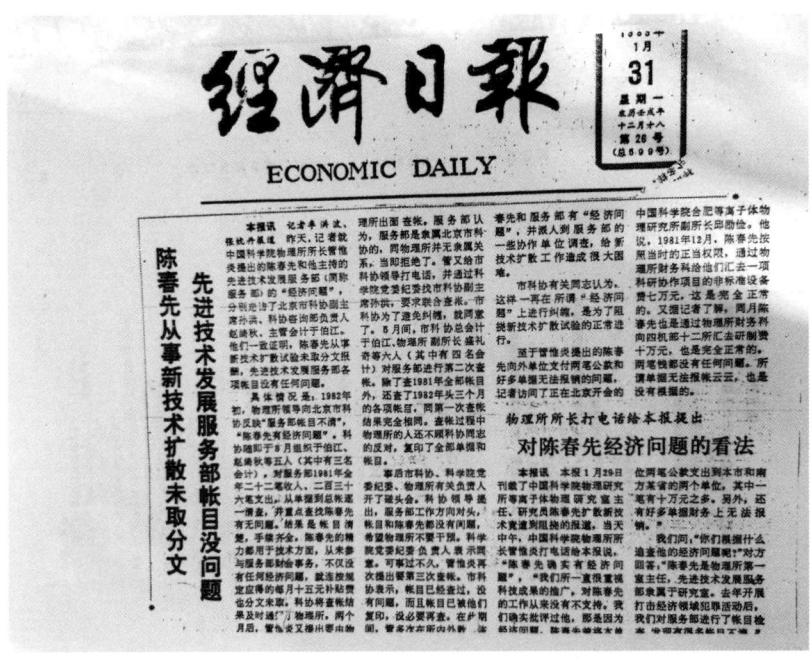

1983年1月31日,《经济日报》文章《陈春先从事新技术扩散未取分文　先进技术发展服务部账目没问题》。照片来自纪世瀛先生。

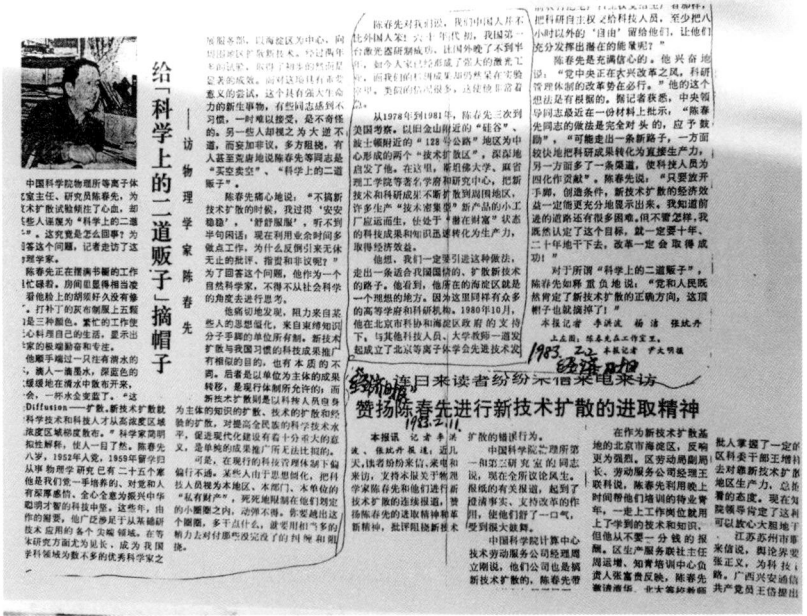

1983年2月2日,《经济日报》文章《给"科学上的二道贩子"摘帽子》。照片来自纪世瀛先生。

1983年2月7日,《经济日报》文章《不做改革的旁观者》。照片来自纪世瀛先生。

1983年2月16日,《经济日报》文章《奋斗不息的人》。照片来自纪世瀛先生。

《不做改革的旁观者》

1983年2月16日

《奋斗不息的人》

中央领导人对陈春先的批示和《经济日报》系列报道,在中科院和中关村引起很大震动,科技人员争相传阅。他们说:"这些报道搅动了科技界的一潭死水。"

1983年4月15日——华夏所成立

1983年4月15日,北京华夏新技术研究所正式成立。(注:以下简称华夏所)

海淀区科委主任胡定淮任华夏所理事长,赵绮秋、海淀工业公司丑

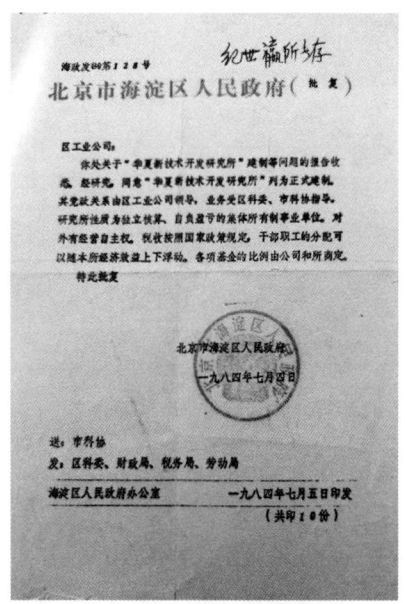

1983年5月16日，北京市科学技术协会对成立华夏所的批复文件。照片来自纪世瀛先生。

1984年7月5日，北京市海淀区政府对成立华夏所的批复文件。照片来自纪世瀛先生。

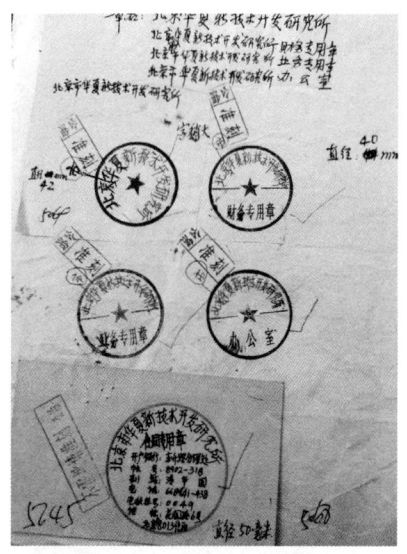

华夏所办公用章。照片来自纪世瀛先生。

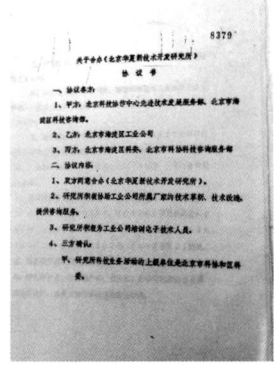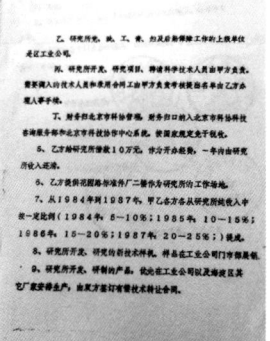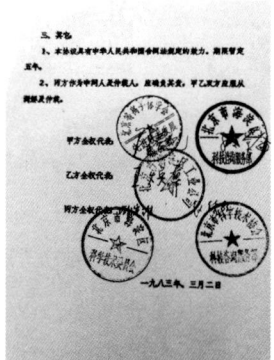

华夏所成立协议书。照片来自纪世瀛先生。

续任副理事长。

陈春先任所长，纪世瀛、崔云栋任副所长。海淀工业公司借给华夏所启动资金 10 万元人民币。

华夏所还下设一个电器技术服务公司和华夏电器厂，这种做法在当时工商部门看来完全是无章可循的，但在"摸着石头过河"的统一指导思想下也同意试行了。

1983 年 4 月 28 日——中科院科技咨询开发部成立

1983 年 4 月 28 日，中科院成立"中国科学院科技咨询开发服务部"。（注：见《中国科学院促进高技术产业大事记》）

任命中科院计划局成果处钟琪女士为中科院开发服务部主任。中科院开发服务部最初的工作，是针对中科院各个研究所、各分院制定《中国科学院科技咨询开发服务部暂行章程》（注：以下简称《章程》）。中科院开发服务部制定的《章程》当年非常走红，中央各大部委、各大专院校纷纷上门索要。

《章程》正式实施以后，推动中科院在北京的各研究所、全国各地分院的中科院开发服务部分部成立，也就是和原来的各研究所、全国各地分院的科技处一个机构两块牌子，对中科院在北京的各研究所、全国各地分院开办公司起到很大推动作用。

钟琪简介

钟琪，女，1960年毕业于上海同济大学。她为人诚恳、工作能力强，亲自参与过中科院科海、希望、三环等多家公司的发起、筹备工作。任命钟琪负责中科院科技咨询部的全面工作，还有一个原因是她参加过大连中美合作的经理人培训班。钟琪后来任中科院新技术开发局副局长、中科院高技术企业局总工程师、中科院信息咨询中心常务副主任、中科院老科学家科普演讲团团长等职务，她为中科院开办科技公司作出巨大贡献。

钟琪女士。齐忠摄影。

1983年5月4日——科海公司成立

1983年5月4日，中科院与海淀区政府在四季青乡礼堂签订协议，仪式搞得非常隆重和热闹。中科院副院长叶笃正，计划局副局长林文成，计划局成果处副处长、咨询部主任钟琪（女）以及各局委办的负责人，中科院在中关村地区8个研究所和研究所科技处的负责人全部到场。海淀区委书记贾春旺，海淀区长史定潮（女），常务副区长邵干坤，海淀区科委主任胡定淮，科委副主任孙景仑，以及海淀区各局委办、各公社的负责人也全部到场。

中科院副院长叶笃正，海淀区委书记贾春旺在协议上签字，联合成立"中国科学院科技咨询开发服务部北京海淀区新技术联合开发中心"，对外简称"科海新技术联合开发中心"或"科海公司"，这是科学院最早参与组建的科技开发公司，也是科海公司的前身。（注：科海公司最初的名称来自"中科院官方网站编年史1983年"）

科海中心后来成为中关村早期四大公司之一的科海公司。

从此中科院在中关村创办的首家科技公司诞生了，开启了中科院在中关村创办科技公司的"大门"，也标志着中科院科技体制改革的启动。

中科院物理所科研人员陈庆振出任科海中心主任。

中科院没有给钱创办科海公司，因为有不少中科院的人反对创办科海公司。海淀区领导说服海淀农业银行负责人，从农业银行的"蔬菜基金"中借出10万元，作为科海公司的启动资金。

科海中心初期有7个创始人。

科海中心主任：陈庆振，中科院物理所助理研究员，主管全面工作。

科海中心副主任：王贵庭，主管财务，海淀区农委干部。

刘剑锋：中科院力学所科研人员。

宋晓亮：中科院地球所科研人员。

侯改哲：海淀区科委干部。

胡乃宜：海淀区科委干部。

1983 年

1992年12月23日，科海公司首任总裁陈庆振（右二）讲解科海公司科研产品。齐忠摄影。

孙晓月：海淀区科委干部。

为管好科海中心，中科院与海淀双方通过协商，联合成立管理委员会，采用由管理委员会管理的模式，管理委员会是科海中心的上级。

科海中心管理委员会主任：海淀区常务副区长邵干坤。

科海中心管理委员会副主任：中科院咨询部主任钟琪。

科海中心管理委员会委员：海淀区科委主任胡定淮、农委干部王贵庭、中科院物理所陈庆振。

1983年6月1日——华美公司成立

1983年6月1日，北京华美装饰工程有限公司成立。（注：中外合资企业）

公司董事长：路群。法人代表：刘荣光。

1983年6月8日——华联机械技术公司成立

1983年6月8日,北京华联机械技术开发公司,在海淀区白石桥路31号成立,负责人为许锡缵。

1983年7月13日——国务院颁布《关于科技人员合理流动的若干规定》

1983年7月13日,国务院颁布《关于科技人员合理流动的若干规定》。(注:国发〔1983〕111号)

规定中指出:当前,我国科技队伍的分布和结构很不合理,一些部门和单位科技人员严重不足,而另一些部门和单位却存在科技人员积压或用非所学、用非所长的现象。为了确保国家重点建设项目和重大科技攻关任务的完成,振兴经济,实现四个现代化,必须对现有科技人员作适当调整,改善对科技人员的管理和使用。要有计划、有步骤地促进科技人员按照合理的方向流动,即从城市到农村;从大城市到中小城市;从内地到边远地区;从科技人员富余的部门和单位,到科技力量薄弱而又急需加强的部门和单位。要打破部门、地区界限,合理调配和使用全国科技力量,有计划地从一些重工业和国防工业部门中抽调一部分科技人员,加强能源、交通、轻工、农业等科技力量薄弱的部门;从高等院校和科研部门中抽调一部分富余的科技人员,充实中等教育和职业教育的师资,支援新建院校和生产建设单位。

1983年7月18日——北京科技协作中心成立

1983年7月18日,经北京市政府批准"北京科技协作中心"成立,该中心是负责联系中央在京科研院所、高校及其他科研机构的唯一综合性事业单位（正局级），由北京市科学技术委员会归口管理。

北京市政府还正式为"北京科技协作中心"成立下发文件，文件下发到北京市各区、县，而且抄报全国人大办公厅、国务院办公厅和政协办公厅。文件中要求北京市各区县、各个单位要充分发挥北京地区的科技优势，加强科技协作，促进首都的经济建设和发展。这个文件对北京市各区县民营企业起到巨大推动作用，首先最积极的是海淀区科委。海淀区科委、科协下大力量组织科技协作，海淀区政府也对这个事很重视，多次强调要发挥地区优势，积极主动地与科研单位密切合作，支持科技人员创办各类科技机构。由于海淀区政府区领导、北京市科协给予的支持，海淀区掀起各级机构与科研机构联合创办科技公司的热潮。

时代集团董事长彭伟民在回忆"北京科技协作中心"时说："我在参加该中心举行的多次活动后深受启发，决心'下海'创办公司。"

康拓公司首任总裁秦革，评价"北京科技协作中心"时说："北京科技协作中心，对北京科技企业的帮助很大。"

1983年8月15日——京海公司建立党支部

1983年8月15日，京海公司建立党支部，有党员5人，支部书记是张志华。这是北京市及中关村民营科技企业中首家党组织。

1983年8月17日——北京华夏电器厂成立

1983年8月17日北京市海淀工商局正式为"北京华夏电器厂"颁发工商企业营业执照（海青工196号）。

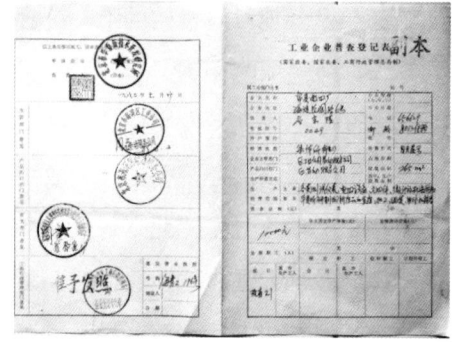

申请照。照片来自纪世瀛先生。

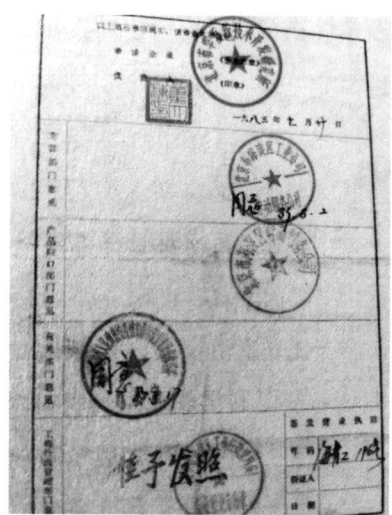

审批表。照片来自纪世瀛先生。

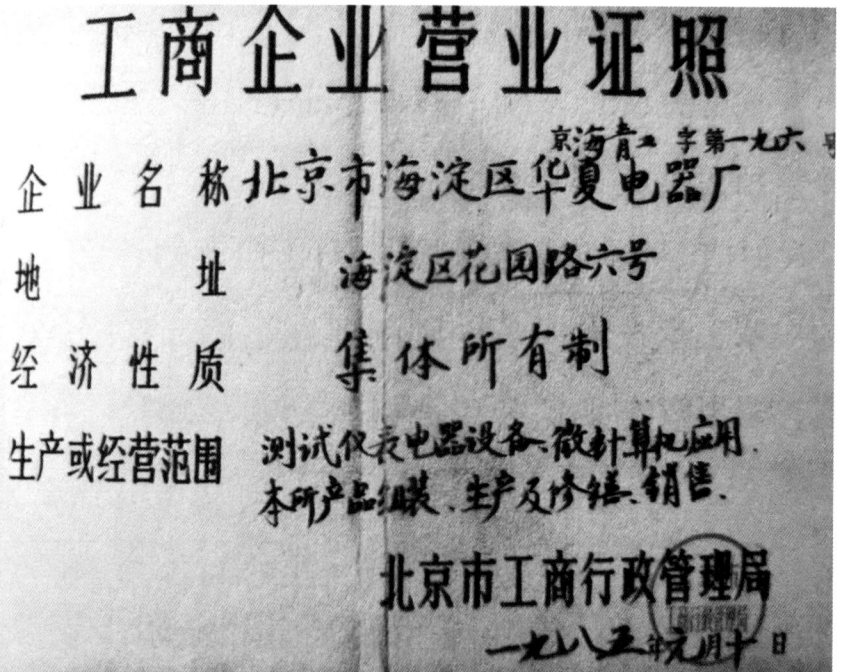

执照。照片来自纪世瀛先生。

1983年12月31日——海淀农工商联合总公司成立

1983年12月31日，经北京市人民政府农林办公室（京政农字第341字）批准，成立北京市海淀区农工商联合总公司（又称新型产业开发联合总公司），为区办集体所有制性质，从事新技术、新产品开发以及技术咨询、技术服务等业务。海淀区科委主任胡定淮任公司总经理。胡定淮与该公司，为推动中关村民营科技企业发展作出巨大贡献。后来成立的四通、科海、信通、华海等公司，都"挂靠"在该公司，并接受

胡定淮。齐忠摄影。

其管理。因为当年有关部门规定："开办公司，必须有局级单位批准和管理，才批准注册。"

胡定淮简介

胡定淮为中关村科技企业的兴起作出巨大贡献，被称为"开明公公"。

胡定淮，男，1931年出生。1953年，中国农业大学第一届毕业生，大学毕业后一直在海淀区工作。在海淀农村工作二十七年，曾在西郊农场、苏家坨公社等任职。

1981年，调到海淀区科委工作，任海淀区科委主任、海淀区外经办主任、海淀区新兴产业发展总公司总经理等职务。

1988年，成立新技术产业开发试验区，任试验区常务副主任。

1992年，担任试验区和海淀区在香港派出机构的负责人。

1995年12月，正式退休。

陈庆振简介

陈庆振是北京及中关村第一代著名民营科技企业家，为中国民营事业作出重大贡献。

陈庆振，男，1940年4月25日出生于河北新乐，革命烈士后代。

1965年6月，毕业于天津南开大学化学系，分配到中国科学院物理研究所工作。

1983年5月4日，任"中国科学院科技咨询开发服务部北京市海淀区新技术联合开发中心"主任。

1987年7月1日，任北京科海总公司总裁。

1988年4月29日，任北京科海新技术集团公司总裁。

1990年11月23日，荣获首届"科技之光优秀企业奖"。

1992年11月，陈庆振获全国第三届科技实业家创业奖金奖。

1994年，从科海公司退休。

陈庆振。齐忠摄影。

1998年，任中国民营科技实业家协会副理事长、秘书长，北京民营科技实业家协会常务理事。

2005年，任中关村泰山会秘书长。

1983年海淀区对科技企业的支持举措

1983年，海淀区委、区政府对海淀区科技企业推出强有力的各种支持举措，从此奠定了中关村电子一条街发展坚强的基础。

2007年，曾任海淀区常务副区长邵干坤，在他的回忆录《海淀区为科技企业发展创造区域环境》中，记录下海淀区委、区政府对海淀区科技企业推出的各种强有力的支持举措，以下是该回忆录部分内容。

为解决科技企业问题海淀区领导的"碰头会"

海淀区领导的"碰头会"是在特殊的历史时期为支持科技企业发展而产生的一个特殊会议形式,这名字是我起的。"碰头会"分两个阶段:

第一阶段是贾春旺任海淀区委书记时期,即1983年3月—1984年11月。参加会议人员有贾春旺、区委副书记段柄仁和我。会议地点,通常就在贾春旺办公室。

第二阶段是张福森任海淀区委书记时期,即从1984年11月—1987年底。参加人员有张福森、区长史定潮和我。会议地点不固定。

当年海淀区委、区政府日常工作召开的会议,主要是海淀区委常委会、书记会、区长办公会。但当时处于经济转型期,领导层思想认识很不一致,关于怎样支持科技企业的议题,只要上会,就争论个没完,只要与当时的政策规定不对号,许多议题都要被否决,这样什么事也办不成。于是贾春旺大胆决定,三人碰头研究,一事一议定了就办,会议不记录不发文件,总之不留任何文字痕迹。我们也很担心,这要出了问题麻烦就大了。

贾春旺很坚定,他说:"只要符合改革的大方向,有利于海淀区发展,有利于国家发展,我们就大胆干,出了问题我负责!"书记敢于冒这么大的风险,我还有什么说的,事实上我们的基本思路是一致的,这样齐心协力,就没有什么克服不了的困难。

1984年11月,海淀区第四次党代会,张福森同志被选为区委书记,同年,海淀区第八届人代会选举史定潮同志为海淀区区长。我被选为区委常委委员兼任副区长。这时贾春旺已调任北京市委任副书记。

张福森同志在海淀区第四次党代会报告中明确提出"坚持改革,发挥优势,服务首都,繁荣海淀"的十六字方针和"两区一基地"的发展目标,第一次在海淀区的最高决策会议上十分明确地提出要建立新技术产业开发区。这是海淀区发展史上的一次十分重要的会议。会后,在支持新技术企业发展上更加名正言顺了,支持的人更多了,科技企业的发展也更快了些。但是,区级政府是无权制定政策的,全国改革开放仍处于起步阶段，原来的法规政策还在有效运行，推动改革的新政策不多，因此，有些事情仍无法上常委会和区长办公会研究，还是要靠"碰头会"解决一些难题。这个阶段的"碰头会"主要是张福森、史定潮和我。张福森同志的领导风格是稳重细致，处理问题十分谨慎，可在改革上、在支持科技企业上非常坚定，毫不犹豫。我们通过两个阶段的"碰头会"先后解决了为科技企业减免税问题、协调贷款问题、帮助科技企业找场地的问题，解决人才后顾之忧，还有如何保护科技企业等问题。

关于解决海淀科技企业减免税问题的措施

1983年，中关村出现了几家科技企业，因为我是主管海淀区经济工作的，经常与企业接触，这几家企业的负责人跟我说，他们的启动资金十分有限，再缴各种税，企业就没法运转了。但我想企业缴税是天经地义的事，怎么解决呢？有天晚上我与海淀区委书记贾春旺聊天，就说起这件事，贾春旺用商量的口气问我："能不能给这些初办的科技企业免点税呢？"

我说："这要和财税局、工商局研究一下。"

他说："那好，你就和他们商量，能不能灵活一点，变通一下。"

于是我就找到了海淀区财税局局长牛从义和海淀区工商局局长官建章，先和他们说了这些企业的困难，又说了这些企业对海淀区未来的发展有多么重要。然后研究在现行政策中怎样变通一下，帮助企业渡过这个难关。这两位局长知道这件事后，态度都很明朗，而且顾全大局。

牛从义想了想说："往知青企业上靠，免税三年，可以考虑。"官建章也同意。

所谓知青企业就是为解决知青就业难的问题，在劳服企业中安排60%以上的知青，就可以免去三年所得税。当时也说到，科技企业靠或者说类推知青企业不是严丝合缝的。

第一，知青企业必须是劳服企业，而科技企业多数不是劳服企业，用税务工作的行话说就是享受优惠政策主体不同。

第二，科技企业队伍很精干，以科技人员为主，很难吸收60%的知青。我希望他们灵活一点，不要卡得太死。这件事是重大的政策问题，我在"碰头会"上作了详细汇报，经研究没有异议，贾春旺说："就这么办了。"

1983年11月16日，海淀财税局一分为二，牛从义任海淀财政局局长，罗青任副局长。陆洪志任海淀税务局局长，高大江任副局长。我考虑到科技企业的免税政策，必须保持连续性。我又带税务局的领导到科技企业了解情况，理解企业处境。还好，税务局的同志深深懂得"欲取先予，涵养税源"的道理，继续执行对科技企业的优惠政策。但也不可能风平浪静。不断有人反映情况，市里查了几次，我们低调应对。有一次市税务局局长张富珍带人来查，区税务局的同志陪他们去企业调查，诚恳谨慎地向他们汇报挡过去了，也许张局长理解了我们的苦心和意图，没有追查我们。据高大江同志回忆，从1984年至1988年，仅四通公司一个企业，就减免税金8600万元。对科技企业的免税挽救了一批企业，吸引了一批企业，也支持一批企业得以快速发展。（注：1978年以后，大量的知识青年返城后，造成就业困难。为了解决这个问题，国家推出有关招收知识青年就业的优惠税收政策。国家规定："企业中知识青年就业比例达到60%，企业免缴三年的企业所得税。"企业所得税是企业上缴的最大税目，企业年经营利润总额的30%为企业所得税上缴国家。例如，企业年经营利润总额为100万元，就要上缴30万元的企业所得税。国家推出的对有关招收知识青年就业的优惠税收政策，简称"知青社"或"知青企业"）

关于解决科技企业筹集资金问题的措施

科技企业初创时期最大的困难是缺少资金，解决资金的渠道有以下几点：

一、科技人员投亲靠友借款，但当时工资普遍较低，科技人员的月工资只有几十元，从个人手里借出几万元，那是很难做到的。

二、靠维修服务收预付款或做点小买卖，慢慢积累资金。

三、靠原单位在计划外资金中拨付有限的资金支持企业，可在创业初期,各单位对形势的发展、对企业的前景也拿不准,不敢多投,到了1986年、1987年,有些单位才敢大胆投入。

四、靠地方政府协助解决。地方政府有什么办法呢?

1980年,海淀区财政收入只有3020万元,1984年刚刚达到1.02亿元,"人吃马喂"都十分紧张,还能有钱支持企业吗?银行都归北京市里管,海淀区政府与驻区支行是协调关系,再说各银行的贷款计划中没有科技企业的额度。贷款是很难办的事。为了解决科技企业贷款问题,"碰头会"决定召开各支行长和有关信用社负责人会议,与他们协商,介绍科技企业的发展状况,说明他们的困难。请各支行给予支持。当时区政府和各支行的关系比较融洽,容易沟通,尤其是农行海淀支行行长王学恕、石崎同志和工商行海淀分理处负责人李焕清同志,还有城市信用社(**注:城市信用社为北京银行的前身**),都做到了利用贷款计划的余度,给科技企业很大支持,个别企业有困难,去银行说说情也能办成。

据有关部门调查,从1983年到1987年底,有26个科技企业从农业银行海淀支行贷款近3亿元,从工商银行海淀分理处贷款5.3亿元。除了银行这个渠道以外,我们与各乡、各街道也做了大量的工作,动员他们主动与科技企业联营。

1987年3月10日,海淀区政府发布《关于进一步推动横向联合的优惠办法》。根据国务院、市政府的有关规定,结合海淀区具体情况,在联合的范围与形式、税收与贷款、利润分成与奖励等方面作出更为灵活的规定。这些规定为科技企业与乡镇企业、城市集体企业的结合创造了更有利的条件。

1997年底,海淀乡镇企业、城市集体企业与科技企业联营的已达1000多家。联营企业多数是海淀街、乡企业出钱,科技人员出技术和管理,有些企业是由海淀区领导亲自牵线搭桥。

1983年5月,经贾春旺同志与中科院领导协商促成科海公司的成立,作为海淀区政府与中科院的联营企业,海淀区出资10万元。

1984，贾春旺同志帮助印甫盛等几位科技人员与四季青乡联合，并向四季青乡借款两万元作为银行开户费。

1984年，成立海华新技术开发中心。

1985年，成立华海新技术开发公司，是海淀区与清华大学合作的产物，也是贾春旺牵的线。

关于解决科技企业寻找办公场地问题的举措

科技人员创办企业的第二个难题就是没有场地。中关村是建成区，几乎没有闲置房屋，但不等于没有可调整的地方，比方有些铺面房是库房、食堂、居民住户等，离中关村近一点的街、乡还有一定的空间。但这些可利用的空间、场地都是有主管单位的。中关村有区煤炭公司、服务公司、副食公司、菜蔬公司、服装公司、供销社等单位的房产。企业租房有困难或因房租太高，可直接找有关公司协商。曾找过供销社、服务公司、煤炭公司、服装公司的经理，具体协商帮助企业解决办公用房问题。各乡也给予很多支持，像海淀区无偿借房给科海公司用。四通公司创办时，四季青乡化轻公司主动腾出五间房，当时乡里条件也不算好，化轻公司只有一辆汽车，与四通公司共同使用。后来因科技企业发展很快，对场地的需求量太大，一事一议太琐碎，我们区领导研究，专门召开一次会议，参加会议的主要有各商业公司和供销社的领导，会议主题就是向他们宣传发展科技企业是海淀区发展的必然趋势，科技企业发展的困难之一是缺少场地，希望他们抓住机遇，利用各自的优势，要么联营，要么出租，既支持了科技企业，也对自身有利。区里强调为支持科技企业，联营房产定价不能太高，出租房屋房租不能高于1000元。后来各公司的积极性很高，不用动员主动找联营对象。这时区里有人说我们"胳膊肘往外拐"，还说我们"把豆浆油条都变成了电脑""老百姓的生活不方便了"。我们就想办法安排，既合理布局便民店，又坚定不移地支持科技企业发展。

关于解决科技企业人才流动问题的措施

我们在海淀乡镇企业招聘人才，鼓励人才流动上已有了一些成功的做法。

1982年,四季青锅炉厂大胆尝试在国有企业和科研院所中招聘人才,当时很多人愿意应招,但又有后顾之忧,主要怕失去干部身份。四季青乡请示区政府帮助解决这个问题。区政府在全市率先突破原有人事制度的束缚,决定由区人事局办理招聘人员的调入手续,保留其全民干部身份。这个政策很管用,四季青乡当年招聘80人,报名者竟达800多人。这件事使我们深受启发,人才库就在身边,很多科技人员正在寻找能发挥自己才能的地方,然而,却没有一个人才流动的渠道和环境。科技人员创办科技企业同样遇到这个问题。一部分人,把人事关系留在原单位,一部分人"下海"走出原单位,走出原单位的人把关系放哪里?将来干部身份、技术职称还算不算数?工龄怎么计算?还有党员,党的关系往哪放?总之有很多后顾之忧。我们地方政府的责任就是给他们开辟一条渠道,创造一个宽松的环境,让他们放心地走出来,安心在科技企业工作。经"碰头会"研究,史定潮(女)副区长主管人事工作,她拍板,凡是在海淀区范围内,在海淀区注册的科技企业(含事业单位企业管理)暂时没有人事调动权的可沿用乡镇企业招聘人才的办法,由区人事局办理调入手续,档案放在人事局。

1982年底,海淀区政府召开会议专题研究,并制定了《海淀区引进各类技术干部及管理工作的试行规定》,在全市第一家以制定人事管理制度的方式,进一步明确由区人事局为没有干部调动权的民营企业和乡镇企业招聘人才办理调动手续,保留干部身份。有了红头文件,许多"下海"人员心里更踏实了。

1984年7月26日,海淀区政府又批转了农工商总公司《关于招聘科技人员的管理办法》,其中规定,除由区人事局为招聘的科技人员保留国家职工身份外,还规定工龄可以连续计算、保留档案工资等,为科技人员走出原单位、创办新技术企业创造更加有利的条件。

1985年,为促成人才交流有序进行,海淀区成立了人才服务中心,专门负责办理各类企事业单位集体委托存档、个人存档人员的调入、调出手续；负责调入档案的审核、核定调入档案的档案工资、转移行政、工资介绍信等工作。

1987年1月3日，国务院发布《关于进一步推进科技体制改革的若干规定》，提出进一步放活科研机构，进一步改革科技人员管理制度，放宽搞活对科技人员的政策。我们结合海淀区实际认真贯彻落实。7月7日，海淀区政府批转区人事局《关于对调入我区集体企业工作的全民所有制人员实行档案工资的报告》，其中规定，每次国家统一调整工资，人事部门都要把应晋升的工资级别和工资额记入档案。这就解除了科技人员调入科技企业后，关于工资方面的担忧。科技人员党、团的关系也可以通过人才中心转入相关单位党组织。还有的人担心"下海"后，可能被原单位开除党籍，贾春旺同志果断地回答："如因'下海'办企业而被开除党籍，海淀区党组织给他恢复党籍。"

1987年，人才流动的渠道已经畅通无阻。中关村科技企业从业人员达3800多人，其中科技人员占46%。有些著名的专家、学者率先走进中关村，他们为技术成果转移和技术创新作出了巨大的贡献。如原冶金部自动化研究所的王缉志，曾在日本学习计算机软硬件技术，研究开发出四通MS-2400打字机，宣告了中国专业电子打字机时代的到来，开创了中国文字处理的新纪元。中科院计算研究所的倪光南，1980年初，去加拿大工作几年，刚从国外回来不久就加盟中科院计算所公司（**注：联想公司的前身**），首创了在计算机汉字输入中应用联想功能，为联想的快速发展作出了重要贡献。

1985年2月，中国计算机专业委员会主任、留美学者，中国计算机业的开创者之一的蒋士騛教授，到京海公司工作，他带领几名科技人员研究出8项科技成果，并迅速转化为商品，为京海的初期繁荣发展立下了汗马功劳。（**注：回忆录部分内容完**）

贾春旺简介

贾春旺，男，汉族，1938年5月出生，北京市人。1962年9月，

贾春旺。照片来自张福森先生。

加入中国共产党。

1964 年 8 月,毕业于清华大学工程物理系。

1972—1978 年,任清华大学工程物理系教师、系党委常委。

1978—1982 年,任清华大学学生工作部部长、团委书记、校党委常委。

1982—1983 年,任北京市委常委兼团市委第一副书记、书记。

1983—1984 年,任北京市委常委兼海淀区委书记。

1984—1985 年,任北京市委副书记兼北京市纪委书记。

张福森。照片来自张福森先生。

张福森简介

张福森,男,1940年3月出生,北京顺义人。1958年10月,加入中国共产党。

1965年,毕业于清华大学自动控制系电子计算机专业,曾任清华大学学生会主席。

1979年,任共青团北京市委大学部部长,团市委副书记,北京市海淀区委常务副书记。

1984年11月,任北京市海淀区委书记。

史定潮简介

史定潮,女,1931年11月出生,浙江余姚人。1952年,毕业于南京大学农学园艺系。1956年,加入中国共产党。

1952年,任上海市华东农林部国营农场管理局技术员。

史定潮。齐忠摄影。

1954年，担任北京西郊农场技术员，上庄大队副大队长，党委委员。

1966年，下放到北京西郊农场园艺一队、实验站参加劳动。

1973年，在海淀区四季青乡工作。

1984年11月，任北京市海淀区区长。还曾担任海淀区人大常委会主任。

2016年6月24日，在京逝世，享年85岁。

邵干坤简介

邵干坤，男，曾担任过四季青乡党委书记。1980年，被选为海淀区委常委委员。1982年10月，调任区委农委书记。1983年5月，任区委副书记。1984年8月，任常务副区长。1989年3月，任房山区委书记。

邵干坤。照片由齐忠提供。

1983 年北京及海淀区民营科技企业概况

1983 年底，北京市及中关村已经有 14 家民营科技企业，除了一家在宣武区、一家在大兴县、一家在丰台区，其他 11 家全部在海淀区。

北京及海淀区 11 家民营科技企业名单如下：

1. 北京等离子体学会先进技术发展服务部
2. 张记电器加工铺
3. 北京海淀西颐电子服务部
4. 北京华夏新技术研究所
5. 海淀新技术试验厂
6. 北京市华夏电器技术服务公司
7. 北京市海淀区华夏电器厂
8. 北京京海计算机机房技术开发公司

9. 科海中心（注：后更名为科海公司）

10. 北京华美装饰工程有限公司（注：中外合资）

11. 北京华联机械技术开发公司

1983年，北京及中关村民营科技企业中，以京海公司经营规模最大。

1983年，京海公司年产值为150万元，利润15万元。（注：该数字来自《希望的火光》）其余的北京及中关村民营科技企业全部处在萌芽状态。

相关资料索引：

《北京市科学技术协会志》《希望的火光》《北京民办科技大事记1980—1990年》《中国技术市场拾零》《中国民营科技企业名录》《中关村电子一条街大事记》《中国硅谷指南中关村电子街企业名录》《北京市新技术产业开发试验区科技企业介绍》《励炼人生》《中国民办科技实业名录》《中国科学院促进高技术产业大事记》。

1984年

北京·中关村民营科技大事记（上卷）1980—1990

历史资料：国有民营运行机制解释

1983—1984年，中科院及在北京的各大科研院所、中关村各高校，纷纷在北京及中关村开办科技企业。虽然这些公司是全民所有制，开始由国家投资创办，但是这些科技企业逐步向民营企业运营机制过渡，进入产权结构改革，经营方式演变，逐步采用的是"国有民营运行机制"，即"管理人员聘用制、独立核算、自由组合、自筹资金、自主经营、自负盈亏"。

国有民营科技企业成为中关村的一支重要方面军，这也是北京及中关村国有科技企业，在改革开放大潮中一项伟大的创新举措。

1984年1月7日——中科院拨款成立科海中间试验厂

1984年1月7日，中科院拨款25万元，使科海中心正式在海淀工

"北京市海淀区科海新技术中间试验厂"营业执照。照片由纪世瀛先生提供。

商局注册"北京市海淀区科海新技术中间试验厂",为科海中心转化中科院科研成果起到巨大推动作用。

1984年2月24日——大地公司成立

1984年2月24日,"北京大地科技实业公司"成立,该公司是由中国煤炭地质总局主管的煤田地质报社与海淀区经委合作成立的。

1988年10月,更名为"北京大地矿业新技术公司",注册资金为500万元,于洋任公司法人代表兼总经理。

于洋是北京及中关村电子一条街第一代民营科技企业家,任北京民协常务理事,荣获"科技之光优秀企业家"称号。

1999年1月18日,于洋又在中关村高科技园区注册"北京锦绣大地农业股份有限公司"。该公司是一家国有资产占74%的农业高科技股份制企业,股东十三家,注册资本金为3.66亿元。

1984年4月6日——科海中心研制出中国第一块汉卡

1984年4月6日,科海中心研制的中国第一块汉卡通过了中科院鉴定。鉴定认为该系统对通用报表生成系统及各项软件处理汉字的方法及造字等服务程序均有自己的独到之处,是一套成功的汉字系统。

1984年4月8日——中科院副院长周光召决定每年投资3000万元创办中科院科技公司，中科院用12年时间共3.3亿元投资创办科技公司

1984年4月8日，周光召出任中科院副院长，主管中科院科技成果转让和公司业务。

1984—1996年，周光召为快速创办科技公司，每年从中科院拿出3000万元，作为公司的注册资本与启动资金，12年累计投入3.3亿元。（注：以上数据来自《中国科学院促进高技术产业发展大事记》1983—2002年）

中科院高企局原副局长钟琪女士回忆当年的情景时说："科海公司成立不久，中科院各研究所的科技公司也纷纷成立，公司成立后不能两手空空，没有资金很难干起来。中科院从1984年到1996年，每年投放3000万元经费支持公司运行，帮着把这些公司办起来。我批准资金的权限为50万元，这些资金的使用可以作为公司的注册与启动资金、研发产品资金等。当年中科院开办的公司每个月都在增长。只要能够应用推广的科研成果，都拿到研究所办的公司来做广种薄收，一个成果就可以开办一个公司。中科院创办的一个个小公司，如同雨后春笋般涌现在中关村。"

1984—1985年，中科院创办近400家公司。有的研究所开办5—6个公司，办公司的速度之快令人吃惊。

周光召简介

周光召，男。1929年5月出生于湖南长沙，理论物理、粒子物理学家，中国科学院院士，两弹一星功勋奖章获得者。中国工程物理研究院研究员、中国科学技术协会名誉主席、第九届全国人大常委会副委员长、中国科学院原院长。

1951年，周光召从清华大学毕业转入北京大学研究院学习。

1984 年

中科院原院长周光召视察希望公司。照片由周明陶先生提供。

1954 年，从北京大学硕士研究生毕业后留校任教。

1957—1960 年，担任苏联杜布纳联合核子研究所中级研究员。

1961—1964 年，担任核工业部核武器研究院理论部副主任，核武器理论研究所副所长、所长，核工业部九局总工程师，第二机械工业部九院研究所所长。

1979 年，担任中国科学院理论物理研究所研究员。

1980 年，当选中国科学院学部委员（院士）。

1982 年，担任中国科学院理论物理研究所副所长、所长。

1984 年，担任中国科学院副院长。

1987—1997 年，担任中国科学院院长、党组书记。

1992 年，当选中国科学院学部主席团执行主席。

1996—2006 年，担任第五、六届中国科学技术协会主席。

1996 年，国际编号为 3462 号小行星被命名为"周光召星"。

周光召主要从事高能物理、核武器理论等方面的研究并取得突出成就。

1958年,周光召在国际上首先提出粒子的螺旋态振幅,并建立了相应的数学方法。

1976年,他组织领导了对相互作用统一、CP破坏、非线性 σ 模型、有效拉氏量理论、超对称性破缺、量子场论的大范围拓扑性质及其与反常的联系等理论研究工作。严格证明了CP破坏的一个重要定理,并简明地推导出膺矢量流部分守恒定理(PCAC),成为国际公认的PCAC的奠基者之一。

1984年4月26日——海淀区召开科学技术工作大会

1984年4月26日,海淀区政府召开了1200人的科学技术工作大会,海淀区科委副主任孙景仑(已故)作了题为《科学技术必须为海淀区的经济发展服务》的报告,传达了海淀区委书记贾春旺亲自修改制定的123字战略方针:"依靠科学技术的进步,开发新型产业,这是我区战略措施,也是我们的战略目标,要在海淀区发展智力密集、知识密集、技术先进的新型产业,以实现我区经济的高速度、持续的发展,要把海淀区建成智力最密集、知识最密集的新型产业区,把海淀区建成名副其实的科学文化城。"

1984年4月30日——北京市科委召开北京民办科技实业家座谈会

1984年4月30日,北京市科委、北京市科协召开民办科技机构座谈会,会议由北京市科委主任陈绳武亲自主持。北京市华夏所副所长纪世瀛，京海、多思等11家民办科技机构的总经理或总经理代表都参加了座谈会。座谈会上各企业争先恐后发言，他们都表示感谢科委给他们表达意见的机会，讲了他们创业的艰难和取得效益的历程，有的企业还介绍了不同于国营企业的运营模式，他们的运行机制、决策机制、用人机制、分配和激励机制。他们普遍反映当时的政策环境很不利于科技企业的发展，把他们与修鞋和摆摊的个体户混在一起管理。科技人员初入经济领域冒政策风险和经营风险，经常受人为的刁难难以应酬，举步维艰。迫切需要为他们正名，为他们发展科技生产力创造良好的政策环境。

北京市科委主任陈绳武听取汇报后作了重要的指示，赵绮秋同志代表北京市科协讲话，都明确表示了对北京民办科技实业的支持。

1984年5月3日——王永民来到北京参加"计算机进入中南海工程"普及五笔字型

1984年5月3日，王永民来到北京参加"计算机进入中南海工程"教授五笔字型（注：以下简称"进海工程"），他住在府右街135号中央统战部招待所地下室。

参加"进海工程"的技术小组由三人组成，电子部计算机局局长廖幼鸣负责0520整机，第四机械工业部俞正声任所长的第六研究所的严援朝负责CCDOS操作系统，王永民负责计算机输入法。

1986年，由当时在国办机关事务管理局工作的王文京组织（注：王文京现任用友公司总裁），给国务院60个部委的160人举办了4期五笔字型培训班。

1987年5月12日，中国技术进出口总公司在北京宣布，王永民发明的"五笔字型计算机汉字输入技术"获得美国发明专利权，并首次出口美国，王永民与美国数字设备公司（DEC）签订了技术转让合同。

1987年5月13日,《人民日报》刊登文章《我国电脑专利技术首次出口美国》,介绍王永民与美国数字设备公司(DEC)签订技术转让合同,这是王永民首次把五笔字型技术卖给外国人,美国数字设备公司(DEC)向王永民支付20万美元的专利使用费。

1988年6月5日,王选院士和北大方正公司的前身——北京大学新技术公司首任总裁楼滨龙,在北京海淀北太平庄远望楼宾馆与王永民洽谈"华光激光照排系统"使用五笔字型专利问题。王永民的市场意识非常灵敏,因为他看到了"华光激光照排系统"可以给他带来数百万使用五笔字型的用户。

王永民很快与王选院士签订协议。王永民在协议中承诺:"北大新技术公司无偿使用五笔字型和今后的新版本,不受时间限制。"

北大新技术公司在协议中承诺:"在该公司出售的'华光激光汉字照排系统'只预装五笔字型输入法,今后'激光汉字照排系统'相关产品的资料、说明书、宣传广告中全部注明该产品使用的是五笔字型输入法。"

这次合作使北大方正公司节省了300万元左右的专利使用费,也使五笔字型快速进入我国各大报社、杂志社、出版印刷行业,确立了五笔字型在我国新闻出版业计算机输入法的垄断地位。

2008年3月,楼滨龙回忆这件事时说:"我们认为王永民发明的五笔字型与其他输入码相比,技术开发工作做得比较完善,输入汉字重码少。虽然在学习掌握方面较复杂,但是报社的专业文字录入员学会后,能够每分钟录入200多字,抢新闻、抢时效的新闻报社愿意使用五笔字型,对推广公司的激光照排系统非常有利。"

1988—1994年,我国出版业迅猛发展,公开出版的报纸有12000多家,杂志有20000家。全国各大报社、杂志社纷纷购买北大方正公司的"激光汉字照排系统"。

1990年,中国青年报在录入室有30名左右的文字录入人员。以每家报纸平均有20名文字录入人员,每家杂志有5名文字录入人员计算,全国的新闻单位就有40多万的人使用五笔字型。再加上这些报纸、杂志的记者、编辑人员，全国新闻界有100多万人使用五笔字型。

为了推广五笔字型，王永民每年还在新闻出版业，在全国举办"五笔字型输入法大奖赛"，参赛选手最高纪录每分钟可以打256个汉字。

四通公司原总工程师王缉志是四通公司打字机的研制发明人。在回忆与王永民的合作时，写道："1986年，开发四通公司MS-2400打字机时，社会上已有很多汉字输入法，我选择几种优秀的来合作。当年的合作对象有刘卫民、王永民、李金凯等汉字输入法发明人，虽然打字机里预装10多种输入法，当时只有刘卫民的拼音输入法是必选的，其他都是可选件。为什么不都装上呢？因为当时硬件容量还有限，都装就会占很大的空间，反而提高了机器的成本。"

王缉志在回忆录中还写道："我的想法很简单，把众多汉字输入法都装上，用户愿意用哪个就用哪个，我再按照用户的使用量，付给专利使用费。多数汉字输入法的发明者，都把输入法软件按四通公司给的接口标准开发完，交给四通公司开发部门就算完事。只有王永民亲自到四通公司北京的门市部、全国各地的门市部，逐个对四通公司销售人员进行五笔字型输入法的培训。因为四通公司销售人员只会五笔字型，当顾客买四通公司打字机时问'哪个输入法好啊？'销售小姐都会说'五笔字型好，我给你演示吧'。结果是购买四通公司打字机的人绝大多数都选择五笔字型，这就是王永民的英明之处。其他汉字输入法的研发者只是个发明人，而王永民不仅是发明人，还是五笔字型在计算机市场上的最成功的推销员。我从国内上万种输入法中优选出十多种提供给用户选择，但是我没有一竿子插到底去面对市场推广，被王永民从市场源头那边把用户截流了。因此，多数输入法作者充其量只是个发明人，而王永民在市场上才是成功者。"

1991年，四通公司总裁段永基与王永民签订协议，停止五笔字型专利使用费，按四通打字机销售台数提成。四通公司一次性购买五笔字型专利使用权，五笔字型还成为四通打字机唯一预装固化的计算机输

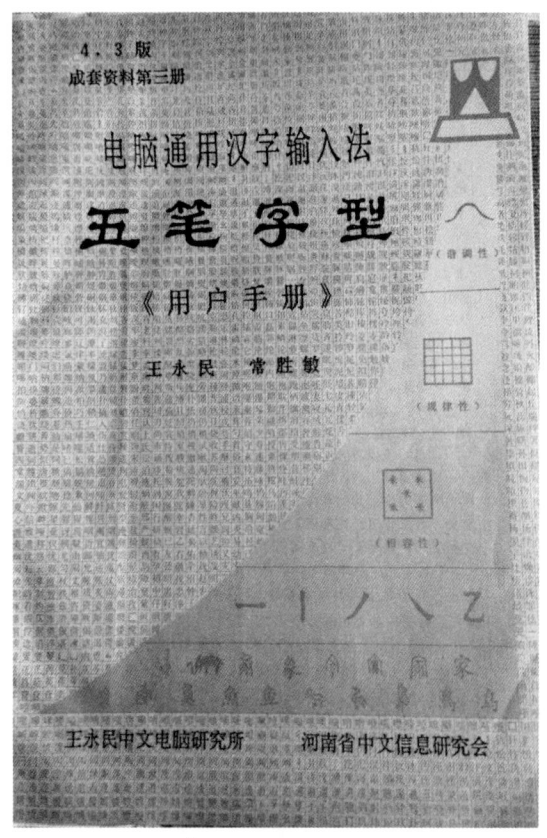

王永民中文电脑研究所制作的五笔字型《用户手册》。齐忠摄影。

入法。

1989年7月25日,王永民创办"北京王码电脑有限公司",注册资金120万元,王永民任公司法人代表。在这之前,王永民还创办了"王码电脑工程开发部""王永民中文电脑研究所"。

相关资料索引:

王永民回忆录、王缉志回忆录、楼滨龙回忆录。

1984年5月4日——北京华夏电器技术服务公司成立

1984年5月4日，北京市海淀工商局为"北京华夏电器技术服务公司"正式颁发了工商营业执照。

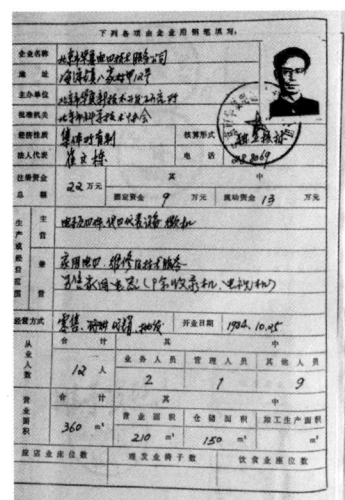

申请登记表。照片由纪世瀛提供。　　审批表。照片由纪世瀛提供。

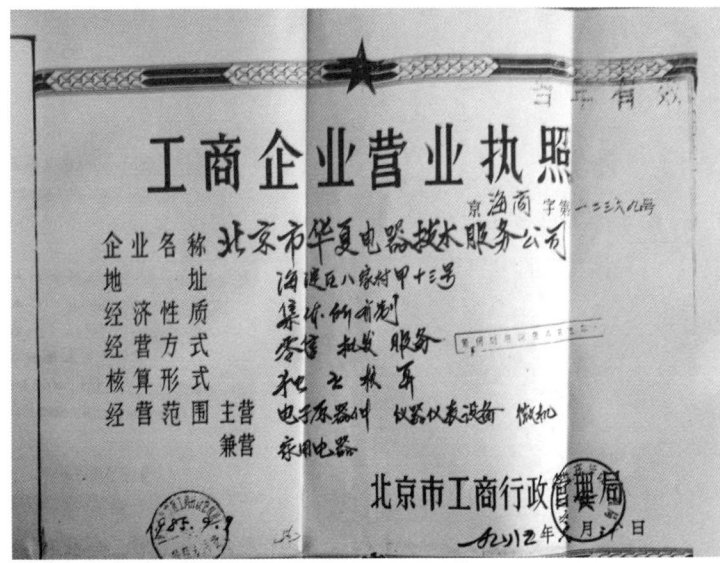

营业执照。照片由纪世瀛提供。

1984年5月5日——科海中心正式注册为科海公司

1984年5月5日，科海中心正式在海淀工商局注册为"科海新技术开发公司"，结束了无照经营的历史。

1984年5月11日——四通公司成立

1984年5月11日，在海淀区委书记贾春旺的支持下，时任北方交通大学计算所副所长印甫盛与夫人刘菊芬、时任中科院计算中心工程师沈国钧等人，向北京市海淀区四季青乡政府借款两万元人民币，在海淀区工商局正式注册"北京市四通新兴产业开发公司"，公司性质为乡镇企业，公司所有制为"集体企业"。公司董事长为四季青乡乡长李文元，公司总经理为某某某。（注：北方交通大学现更名为北京交通大学）

1984年5月14日——北京民办科技机构正在蓬勃发展调研报告正式发表

1984年5月14日，北京市科学技术委员会法规处王钢锋在《科技工作》上发表了题为《北京民办科技机构正在蓬勃发展》的调研报告，对北京民办科技实业的发展给予了充分的肯定，分析了有关问题，提出了政策建议。北京市科学技术委员会主任陈绳武签发同意，引起了北京市委、北京市政府有关方面的关注。

1984年5月16日——四通公司召开正式成立大会

1984年5月16日晚7点,在海淀区四季青乡政府的贵宾室,召开四通公司正式成立大会。

参加该大会的人员如下。

海淀区及四季青乡等相关人员有:

贾春旺(注:时任海淀区委书记)

李润齐(注:时任国家科委信息所所长)

李文元(注:时任四季青乡乡长,他后来也到四通公司工作)

李文俊(注:时任四季青乡电路板厂厂长,他是李文元之弟,后来被四季青乡派到四通公司工作,任四通公司董事兼副总裁等工作直到退休)

刘子明(注:时任四季青乡化轻公司的总支书记,后来被四季青乡

左起,四通集团董事长段永基、四通公司创始人之一印甫盛、四通公司原总裁朱希铎。齐忠摄影。

派到四通公司工作，负责公司财务工作，1990年又回到四季青乡政府工作）

任德生（注：时任四季青乡化轻公司总经理）

张彦忠（注：时任四季青乡化轻公司副经理）

吴志宇（注：时任四季青乡化轻公司财务副经理）

任树德（注：时任四季青乡化轻公司办公室主任）

杨勇清（注：时为四季青乡工业办公室工作人员）

中科院等单位科研人员有：

印甫盛（注：时任北方交通大学计算所副所长）

某某某（注：时为中科院计算中心工程师）

沈国钧（注：时任中科院计算中心工程师兼任科海公司电脑部经理）

万达邦（注：某某某之父，会计师。原在清华大学搞财务工作，已退休，后出任四通公司财务部负责人）

李玉（女）（注：某某某之妻，时为中科院工作人员，后出任四通公司人事部负责人）

刘海平（注：时为北京计算机三厂科研人员，曾在四通公司任重要职务。1985年1月2日，辞去四通公司职务，在中关村创办先锋公司）

龚克（女）（注：时为北京计算机三厂科研人员，后出任四通公司副总裁）

吴本寻、王晓霞夫妇二人（注：时为中科院院部工作人员、北方交通大学工作人员）

石政民、王笑言夫妇二人（注：时为国家气象局工作人员）

李龙坎、李雪坎兄弟二人（注：李龙坎时为中科院109厂工作人员。李雪坎，时为中科院计算中心工程师）

康晓敏（女）（注：时为《中国日报》摄影记者，她为四通公司成立大会留下了珍贵的照片）、廖仲武、康小梅等人。

四通公司初期的管理架构及成员：

四通公司成立大会由任树德主持，李文元宣布四通公司成立，并且宣布了领导班子组成名单。

名誉董事长：于光远（注：著名经济学家、时任中国社会科学院副院长）

四通公司董事长：李文元

副董事长：沈国钧、刘子明、刘菊芬、张彦中

总经理：于小红（注：于光远的女儿，不久更换为某某某）

副总经理：沈国钧、任树德

不久又增加以下人员：

副总经理：王安时（注：中科院自动化所原科研人员）

王缉志（注：原冶金部冶金研究所科研人员，冶金部冶金研究所现更名为冶金研究院）

段永基（注：原中国航空材料研究中心研究室副主任）

当年四通公司与四季青乡政府利润分配规定为：四通公司形成的利润40%留给公司，用于福利基金和奖励基金；60%上交"四季青"乡政府。"四季青"乡政府再把60%中的40%作为"四季青"下拨的发展基金，返还四通公司作为福利基金和奖励基金，"四季青"乡政府当时是一级核算，形成的利润都要走这个上交下拨的手续，实际上"四季青"乡政府只留下20%的利润。

为什么叫"四通"公司呢？四通公司的创始人印甫盛、某某某、刘子明他们的解释是："四通"中的"四"字来自四季青乡的"四"，"通"来自四通八达、事业顺畅、路通四海的意思，非常吉利。同时还包含另一个含义，"四通"的英文名字为"STONE"，意思是石头，可以把四通公司当作改革开放的问路石、铺路石。

四通公司官方在介绍公司成立的时间、公司与"四季青"关系时，是这样写的："四通公司成立于1984年5月16日，借款两万元起家。"

（注：以上资料来自印甫盛、刘子明等人有关创办四通公司回忆录）

印甫盛、刘菊芬夫妻合影。照片由印甫盛先生提供。

印甫盛简介

印甫盛，男，毕业于清华大学自控系计算机专业。学生时代曾任党支部书记。

1980年2月，出任北方交大计算所副所长。

印甫盛的夫人刘菊芬，毕业于清华大学无线电系。1984年，在国家科委新技术局工作，她是中共元老刘宁一的女儿。刘菊芬后来出任四通公司副总裁、董事，新浪网总工程师等职。

段永基简介

段永基，男，1946年7月出生于甘肃省靖远县，毕业于清华附中。

段永基是北京及中关村民营科技企业第一代创业者，为中国民营科技事业作出巨大贡献。

1984年

段永基。照片由四通公司提供。

1965—1970年，在清华大学学习。

1979—1981年，在北京航空学院读研究生，获北京航空学院硕士学位。（注：北京航空学院现更名为北京航空航天大学）

1982—1985年，任中国航空材料研究中心研究室副主任。

1984年7月，加入四通公司。后任四通公司董事会董事、副总裁、总裁、董事长。

1990年11月23日，荣获首届"科技之光优秀企业奖"，全国科技实业家创业奖银奖、金奖。

1993年7月13日,他带领四通公司成功在香港上市,使四通公司成为中关村及中国大陆首家上市的民营科技企业。

1994年,创办中关村泰山会,任理事长。

段永基历任全国政协委员、全国工商联副主席、中国民协理事长、北京民协常务理事等职务。

沈国钧简介

1934年,沈国钧出生在天津。1954年,考入北京大学数学系,他与王选住同一宿舍,还是北大原校长丁石孙的学生。

1980年,沈国钧负责筹备中科院计算机中心的工作,并结识了某某某。

1984年5月,沈国钧加入四通公司。历任四通公司董事会副董事

沈国钧。照片由四通公司提供。

长、董事长、副总裁、总裁、四通同仁基金会主席等职。

1985年4月，因状告中关村四通等四公司事件，沈国钧辞去中科院一切职务。

沈国钧是北京及中关村第一代创业者，为中国民营科技事业作出巨大贡献。

王缉志简介

王缉志，男，1941年出生，是中国语言学家王力之子。

1957—1963年就读于北京大学数学力学系。

1963年毕业，被分配到中国科学院心理研究所。

1973年，分配到冶金部冶金研究所工作。

王缉志。齐忠摄影。

1984年11月3日，因向单位申请调到四通公司工作，单位不同意并将其开除，是中关村公司高管中被开除公职的"下海"第一人。后任四通公司董事会董事、副总裁、总工程师。王缉志发明的四通打字机名闻中国，该发明是中关村及中国20世纪80年代最伟大的个人科研成果发明。

王缉志历任海淀区人大常委、北京民协理事等职务。

1984年5月20日——京海公司创办内刊《京海之声》

1984年5月20日，京海公司创办北京市及中关村民营科技企业首家内部刊物《京海之声》，宣传企业文化，《京海之声》后来更名为《京海纵横》。

右起京海公司内刊《京海纵横》、四通公司内刊《四通人》、信通公司内刊《信通之光》。齐忠摄影。

1984年6月8日——北京市科协召开北京民办科技企业座谈会

1984年6月8—9日，北京市科协召开了"北京民办科技机构工作座谈会"。到会的一批集体所有制科技开发机构的代表，畅谈了改革创业的实践体会、未来的设想、面临的困难和问题。北京市科协领导再次表示了支持。

1984年6月10日——北京博达技术研究所成立

1984年6月10日，北京博达技术研究所成立。张光华任该所法人代表和所长。

1984年6月15日——东升公司推出光亮退火罩式炉第一代产品

1984年6月15日，在北京市丰台区科委的支持下，北京东升热处理工业炉公司负责人赵东升，在青岛市自行车工业公司带钢厂召开的"全国首届热处理技术经验交流会"上，推出了光亮退火罩式炉第一代产品。

1984年6月19日——信通公司成立

1984年6月19日，北京信通电脑技术公司在北京市工商局注册成立。（注：以下简称信通公司）

信通公司是中国科学院计算技术研究所、中国科学院科学仪器厂、

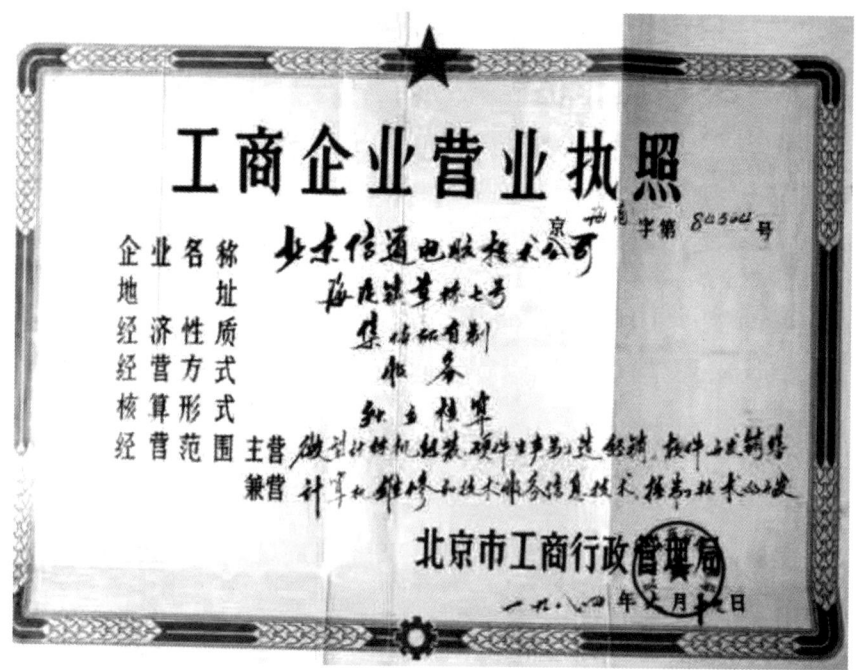

信通公司最初的营业执照,这是中关村珍贵的历史文献,证实信通公司是在 1984 年 6 月 19 日成立的,而不是《北京民办科技实业大事记》和《中关村电子一条街大事记》所写的"信通公司是在 1984 年 11 月 14 日成立的"。也再次证实 1984 年 6 月 19 日,信通公司给倪光南投入风险投资,开发出联想汉卡,而不是联想公司开发出联想汉卡。因为 1984 年 11 月 9 日,联想公司的前身"中国科学院计算所计算机技术公司"才成立。齐忠摄影。

海淀区农工商总公司 3 家各投资 100 股,每股 1 万元,总投资 300 万元人民币成立的中关村首家国有股份制企业,该公司也是中科院直属的院管公司。

当年中科院对下属公司分为"院管""所管",中科院直接领导公司为"院管"公司,公司负责人为副局级,当年国家规定局级干部出差可坐飞机和软卧,"院管"公司还有评定副高级职称的权利。中科院研究所创办和管理的公司为"所管"公司。

信通公司董事会成员为:

董事长:曾茂朝(注:曾茂朝时任中科院计算所所长)

副董事长:吴作礼(注:吴作礼时任中科院科学仪器厂副厂长)、

丑续（注：丑续时任海淀农工商总公司副总经理）

董事：黄兰友、仲萃豪、金燕静、裴万鑫、尹振凯、王树和（注：王树和时任中科院计算所综合科技处副处长，后来兼任联想公司的前身"中科院计算所计算机技术公司"首任总经理）

总经理：金燕静（注：金燕静时任中科院科学仪器厂计算机应用研究室主任，兼中科院微机应用技术协作组秘书长）

顾问：曹绵焕、吴几康、孙仲仟、陈树楷、蒋士骕（注：蒋士骕为中科院计算所著名计算机专家之一，后在京海公司任职，已故）、萨师煊、杨芙清、郝景州

法律顾问：李新建、孙卫宁

办公地址：海淀路31号。

金燕静简介

1934年12月，金燕静出生在北京南池子。其父是朝鲜人，曾留学日本学医，精通中文、朝文、日文，因精通医术，自己开办了一家医院。金燕静出身名门，外祖父是詹天佑。

金燕静是北京及中关村科技企业第一代创业者。

1946年，其父英年早逝，金燕静的母亲将四个子女全部培养成才考上大学。

1963年6月，金燕静毕业于北京大学物理系，分配到中科院数理化学部工作，后来又到中科院科学仪器厂工作，任三室主任。

1984年，金燕静出任中科院科学仪器厂计算机应用研究室主任，兼中科院微机应用技术协作组秘书长。

1984年6月19日，北京信通电脑技术公司正式注册成立，金燕静出任总经理、北京信通集团公司总裁、香港信通电脑有限公司董事长。

1985年初，金燕静领导信通公司研制出"联想汉卡"。

1987年，信通公司在全国有18家分公司，销售额7700万元，利润440万元。公司职工人均利润为5.2万元，名列中关村各公司第一位。

金燕静。齐忠摄影。

1990年，信通公司销售额1.568亿元，利税额781万元。信通公司成为中关村早期四大公司之一，与四通公司、科海公司、京海公司被人们称为中关村"两通、两海"。

2018年1月18日，金燕静逝世于北京，享年80岁。

1984年6月20日——北京市科协提交支持民办科技机构报告

1984年6月20日,北京市科协向北京市委、北京市政府提交了《关于支持和扶植民办科技机构的报告》,得到了北京市领导的重视。

1984年6月23日——华夏所与中科院北京器材站签订320万元合同,因合同执行纠纷致使华夏所破产

1984年6月23日,陈春先、纪世瀛等人开创的"北京华夏新技术研究所"(注:以下简称华夏所)与"中科院北京器材站"签订价值320

1990年12月13日,时任北京民协会长纪世瀛在北京民协会刊《科技之光》上发表的文章《中国民办科技史上的一大遗憾》,该文章对华夏所和中科院器材站一案进行了详细的表述。照片来自纪世瀛先生。

万元的"MIC—1微计算机器材管理系统开发任务委托协议书"。

按照协议规定，华夏所向中科院北京器材站提供100套计算机，用于科研单位器材管理，有完整的计算机硬件、软件管理系统，并且在130天内完成。

按照协议规定，中科院北京器材站向华夏所先行支付40万元定金。为了购买相关器材，华夏所又向中国工商银行海淀分行贷款275万元，该贷款由海淀区工业公司担保。

当华夏所完成该协议工作并通过技术鉴定后，中科院北京器材站以没有按期交货及先期交货有质量问题，拒付余款280万元，还向华夏所索要40万元定金。

华夏所无奈以"技术合同纠纷"，向海淀区工商局提起申诉。

1985年8月28日，海淀区工商局经济合同仲裁委员会裁定华夏所胜诉。裁定"中科院北京器材站应向华夏所支付余款280万元，华夏所也应按协议规定，向中科院北京器材站支付延期交货罚金"。中科院供应站不服上告到北京市中级人民法院。

1986年12月26日，北京市中级人民法院再判华夏所胜诉。判决中科院供应站向华夏所以总价款320万元结算，提走100套MIC—1微计算机器材管理系统。华夏所向中科院供应站支付7240元逾期交货违约金。中科院供应站不服判决，上诉到北京市高级人民法院。

1988年7月16日，北京市高级人民法院发回北京市中级人民法院重审。

1989年9月9日，北京市中级人民法院经判审委员会又判定华夏所胜诉，中科院供应站不服再告到北京市高级人民法院。

1990年11月11日，北京市高级人民法院在未开庭的情况下，以华夏所是科研机构，无权签订经营合同，以"华夏所与中科院供应站签订的'MIC—1微计算机器材管理系统开发任务委托协议书'是'无效合同'"改判华夏所败诉。

华夏所这家北京市和中关村第一家民办科技研究所因该纠纷案从此

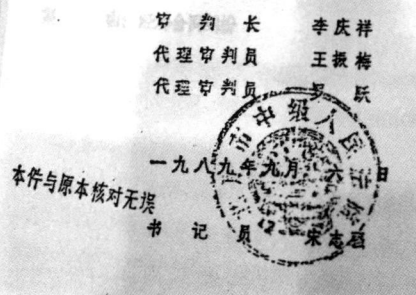

1989年9月9日，北京市中级人民法院经判审委员会又判定华夏所胜诉的判决书。

倒闭，造成中国民办科技史上一大遗憾。

1995年夏，中国工商银行海淀分行将海淀区工业公司告上法院，要求海淀工业总公司归还1984年为华夏所担保的贷款275万元，以及10多年的利息共780多万元。

1984年6月28日——信通公司与倪光南合作研制联想汉卡

1984年6月28日，在中科院计算所所长曾茂朝的协调下，中关村信通公司、中航深圳工贸中心与中科院计算所科研人员倪光南合作，由

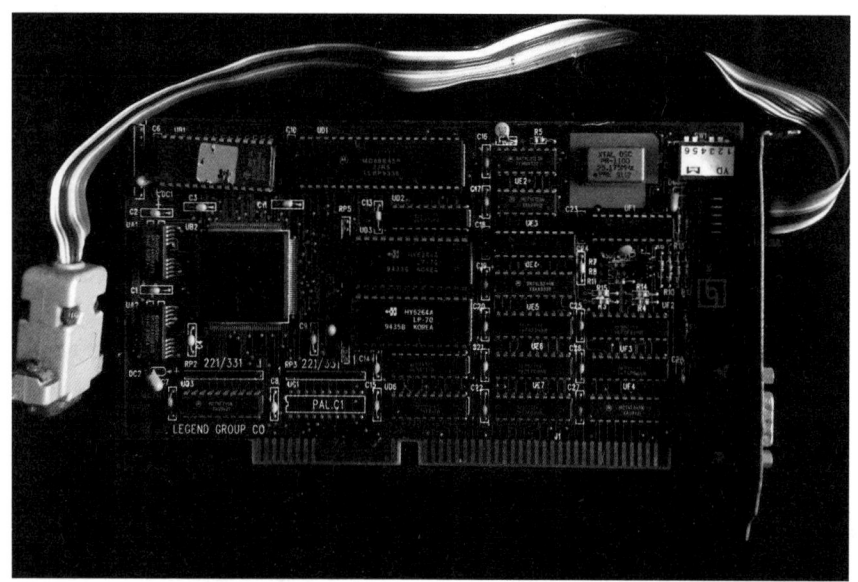
联想汉卡。齐忠摄影并收藏。

两家公司提供风险投资和设备开始研制汉卡。不久，倪光南研制成功，并命名为"联想汉卡"，并制作出 100 块"联想汉卡"小规模投放市场，由信通公司和新成立的中国科学院计算所计算机技术公司负责在市场上销售。

联想汉卡和其他汉卡不同的地方，就在于提供联想功能，利用中国文字的上下文关联性，方便了用户的使用。例如，计算机操作人员打出一个"记"字后，屏幕会自动闪现出"记者、记录、记分牌"等一连串联想出的词组。这样的功能在现在看来并不算什么，在当年为联想汉卡赢取了大量的市场。

联想汉卡的全称为"联想式汉字微型机系统 LX—PC"。联想汉卡一型卡售价为 4000 多元，成本为 1000 多元。

1984 年 12 月，计算所公司拿出 6 万元人民币作为补偿费，给信通公司和中航深圳工贸中心，从此获得联想汉卡的生产与制造权。联想汉卡主要研发人员倪光南，计算所公司聘任其为该公司总工程师。

1985年5月到1987年12月，计算所公司出售联想汉卡所得到的利润为1237.5万元人民币。

1985—1995年，10年中联想公司共销售联想汉卡16万套，联想公司获得5000万元左右的惊人利润。

联想汉卡是中科院、中关村"国有民营"科技企业推出的伟大的科技产品！

（注：以上联想汉卡的研发过程、全称和售价，来自中科院计算研究所出版的《中科院计算研究所45周年》一书中倪光南院士回忆录《计算所与联想式汉卡》）

1984年7月5日——海淀区人民政府正式批准（红头文件）同意华夏新技术开发研究所列为正式建制

1984年7月5日，海淀区人民政府正式批准（红头文件）同意华夏新技术开发研究所列为正式建制。

1984年7月14日——北京市科委提出《关于改革本市科技管理体制的请示》报告

1984年7月14日，北京市科委向北京市政府提出《关于改革本市科技管理体制的请示》报告。其中提出"本市最近涌现出一批集体、个人办的科技开发及技术服务机构，方式灵活，人员不多，作用不小，效益显著。这些机构是全民所有制科技管理体制的一种必要补充形式"。市政府指定市工商管理局负责登记注册，由北京市科委、北京科协管理这些机构，并从税收、信贷等政策上给予一定的优惠待遇。

1984年7月27日——倪振伟创办中国首家高校知识分子创办的民营科技企业海华新技术开发中心

1984年7月27日,清华大学副教授倪振伟与海淀区横向联合,创办"海华新技术开发中心"。企业注册资金两万元,企业为集体所有制。这是中国首家高校知识分子创办的民营科技企业。

习仲勋、薄一波、姬鹏飞为该中心题词,时任电子部部长某某某、北京市委副书记贾春旺出席该中心成立大会。

刘芝珍任该中心总经理,倪振伟任副总经理,孙景仑兼任副总经理。

不久由倪振伟任总经理,该中心是中国及北京中关村第一个由高校教授创办的民营科技机构。

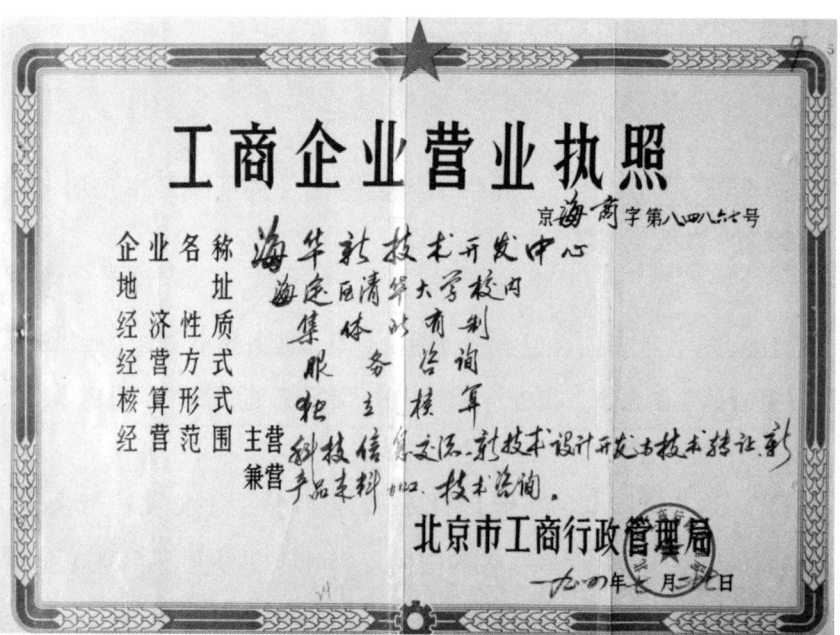

海华新技术开发中心营业执照。照片由纪世瀛先生提供。

倪振伟简介

倪振伟,男,1936年5月6日出生于上海。

倪振伟是中关村、清华大学、中国高校教授中创办校办企业、民营科技企业第一人,中关村电子一条街早期开拓者之一,为中国民营科技事业作出巨大贡献。

1959年,毕业于清华大学并留校任教。曾任清华大学学生会主席,清华大学热能系副教授,还获得过清华大学乒乓球赛冠军。倪振伟生前任海华集团公司董事长、香港伟仕控股公司董事。

1984年8月25日,倪振伟走出清华大学,自筹资金两万元创办"海华新技术开发中心",倪振伟任该中心总经理。这是中关村、北京、中国高校教授中创办的首家校办企业及民营科技企业。该企业办公地址,最初在清华大学家属院西门内一座二层临时简易小楼里,"海华"两字取自于海淀区的"海",清华大学的"华"字。

倪振伟先生谈到当年创办海华公司时说:"1984年,当时清华大学

2007年5月11日,倪振伟教授留影。齐忠摄影。

也进行改革，国家科委也下发一个文件，就是鼓励科技成果转化为生产力。（注：国家科委现更名为科技部）

"海淀区为了快速发展经济，想让中关村高等院校和科学院的这些知识分子能够出来办企业，为海淀区的经济建设服务，这是中关村的雏形，因为当时海淀区本身的高科技企业特别少，经济也很落后。就是在这个大背景下，我走出清华大学创办海华新技术开发中心。董事长由海淀区委书记贾春旺兼任，海淀区委副书记张福森兼任副董事长，某某某是顾问，我任总经理。海华新技术开发中心成立时他们都来了，并合影留念，我这都有照片。"

1987年，清华大学想把海华公司收为学校所有。倪振伟不同意并向清华大学辞去一切公职，获得清华大学批准。

1990年11月23日，荣获首届"科技之光优秀企业奖"。曾任北京民营实业家协会常务理事。

1997年，倪振伟在海淀社保办理退休手续，每月领取1900元的退休费。

2011年7月25日，在兰州参加中国高校老教授网球赛时，因心脏病突发经抢救无效逝世，享年75岁。

倪振伟逝世后，北京及中关村科技企业家、有关方面好友纷纷表示沉痛悼念。

1984年8月11日——北京市政府批准北京市科委《关于改革本市科技管理体制的请示》

1984年8月11日，北京市人民政府批准市科委《关于改革本市科技管理体制的请示》的通知（京政发99号文件），同意北京市科委的请示。并指出："国家、企业、集体、个人一起办科研，这是近来出现的好形势，各级政府要放开手脚，扶植发展。对涌现出来的新事物，要悉心了解和研究，看不准的事情，不要忙于下结论。"

1984 年 8 月 15 日——京海公司总裁王洪德当选海淀区政协委员

1984 年 8 月 15 日，京海公司总裁王洪德，在海淀区第二届政协委员大会上，当选"联社界"政协委员，并连任第三、四届政协委员。

京海公司总裁王洪德，成为北京及中关村民营科技企业当选政协委员第一人。

1984 年 8 月 23 日——老红军徐可倬创办民营科技企业"北京未来科学技术研究所"

1984 年 8 月 23 日，68 岁的老红军、已经离休的徐可倬，向北京市科技协作中心提出申请，要自筹资金创办民营科技企业"北京未来科学技术研究所"。在北京市科技协作中心赵绮秋的支持下，该所正式成立，并拥有毛线纺织、印刷两大产业。

1992 年，该所资产达到 400 万元，为国家提供大量就业机会和 480 多万元税收。徐老还创办《科技文萃》杂志，有国家正式出版刊号。

徐可倬简介

徐可倬是全球华人民营企业界负责人中唯一的老红军，北京及中关村民营科技企业第一代创业者，在中关村、北京、中国民营科技企业界被尊称为徐老，他的一生是光辉灿烂的一生。

1916 年 2 月 26 日，徐可倬出生在扬州大桥镇东乡徐三房村一个贫苦农民家庭。少年在上海中孚绢丝厂做童工。

徐可倬。齐忠摄影。

1933年，徐可倬进入邹韬奋先生开办的生活书店工作任练习生，接触到革命进步书籍和进步人士后，从此他向往革命。

1937年5月3日，在世界语学家叶籁世的介绍下，徐可倬投奔甘肃庆阳红军教导师，加入中国工农红军，任三团测绘连文化教员。

1984年8月23日，68岁离休的徐可倬，向北京市科协提出申请报告，自筹资金创办民营科技企业"北京未来科学技术研究所"。

1984年9月14日，北京科技协作中心批准该报告。

1984年12月17日，北京市科协批准该报告。

1985年1月31日，北京市科委批准该报告。

1985年2月5日，"北京未来科学技术研究所"在北京市朝阳区工商局正式登记注册,领取营业执照,所有制为集体所有制,徐可倬任所长、法人代表。

1987年3月28日,徐可倬创办《科技文萃》杂志。

1993年7月9日,《科技文萃》杂志获得国家正式出版刊号。

1996年9月18日,徐可倬自费出版自传《求索记》。

2005年5月16日,89岁的徐可倬,再次自费出版修订版的自传《求索记》。

1987年3月28日,徐可倬作为北京民办科技实业家协会创办人之一,出任该协会副理事长。(注:北京民办科技实业家协会后来更名为北京民营科技实业家协会)

1987年5月3日,徐可倬作为中国民办科技实业家协会创办人之

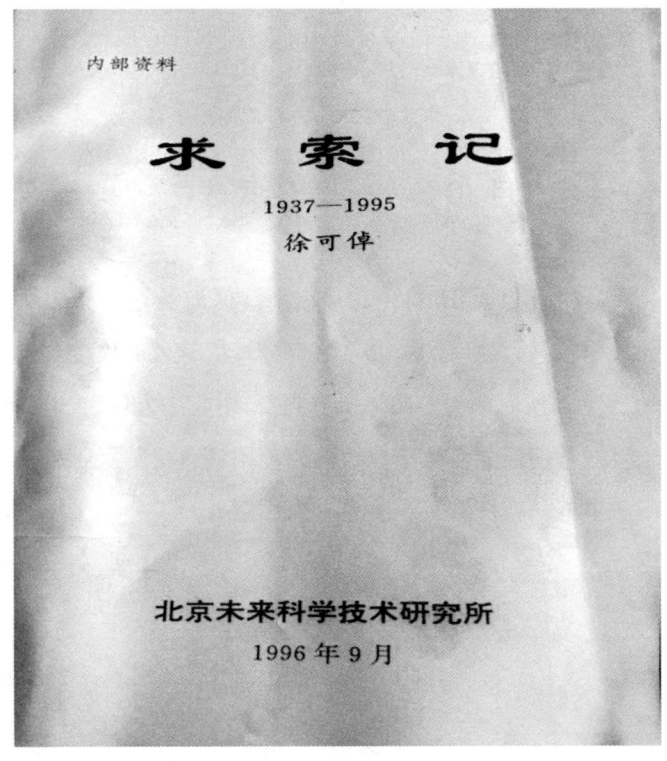

1996年9月18日,徐可倬自费出版的自传《求索记》。齐忠摄影。

一，出任该协会常务理事。（注：中国民办科技实业家协会后来更名为中国民营科技实业家协会）

1990年11月23日，荣获首届"科技之光优秀企业奖"。

2012年8月8日，徐可佃在北京逝世，享年96岁。

1984年9月8日——北京长峰工业公司成立

1984年9月8日，北京长峰工业公司成立，不久公司更名为"北京长峰工业有限公司"，由长峰科技工业集团和中国航天科工集团第二研究院及自然人股东共同投资设立，注册资本1100多万元。法人代表潘琪。

2000年，"北京长峰工业有限公司"更名为"北京长峰工业股份有限公司"，成为中国长峰科技工业集团的核心成员之一。

1984年9月10日——海声公司成立

1984年9月10日，北京市海淀区海淀街道与中科院声学所和北大无线电系联合建立的"北京海声计算机软件开发公司"开业。注册资金30万元，所有制为"集体所有制"，企业法人代表与负责人为孟励。

这是街道和科研单位、高校利用各自优势互补合作发展而创办的专门从事电脑软件研究开发的新技术公司。

北京海声计算机软件开发公司。齐忠摄影。

1984年9月11日——张伦创办东方仪器设备公司

1984年9月11日，中科院电工所原科研人员张伦等人，在中关村创办"中国科学院北京东方仪器设备公司"。丛乂兴任总经理，张伦任副总经理。

后更名为"北京东方仪器设备总公司"，注册资金20万元，张伦出任企业法人代表兼总经理。

张伦是北京民协常务理事、中国民盟成员、海淀政协委员，是北京及中关村电子一条街民营科技企业第一代创业者。

1990年11月23日，荣获首届"科技之光优秀企业奖"。

2001年12月21日，张伦在家中因病逝世。

1984年9月11日——《海淀建设新型经济区的调查》发表

1984年9月11日，任雅犀同志执笔，与海淀区政府共同撰写了《开创中国式的硅谷的探索——海淀建设新型经济区的调查》发表在

《北京日报》上。

1984年9月18日——王晓辉创办京海计算机机房装备公司

1984年9月18日，王晓辉、于庆喜等人，在北京市海淀区海淀街道生产服务合作联社的支持下，创办"京海计算机机房装备公司"。主营计算机机房的空调设备，王晓辉任公司总经理。在中关村人们管该公司叫"小京海"。

该公司位于中关村黄庄，当年与信通公司在同一幢二层楼办公，"小京海"公司拳头产品为"JDC 三菱空调"。（注：王晓辉为京海公司总裁王洪德之子）

京海计算机机房装备公司营业执照。照片由王洪德先生提供。

1984年

1984 年 10 月 6 日——中科院鹭岛公司成立与被四通公司承包事件

1984 年 10 月 6 日，中科院计算中心创办"鹭岛公司"，1985 年 1 月正式运行。

1986 年 10 月 10 日，中科院计算中心原工程师、四通公司负责人以 300 万元人民币承包"鹭岛公司"，四通公司派许昌平任"鹭岛公司"负责人。四通公司这个举措震动了中科院，联想公司总裁柳传志在创业回忆录中写道："当时曾经有民办公司承包计算所的说法。"柳传志所指的民办公司就是四通公司。

1984 年 10 月 7 日——时代公司前身中国机械工程协会工业技术咨询服务公司成立

1984 年 10 月 7 日，时代公司的前身"中国机械工程协会工业技术咨询服务公司"，在海淀区阜成路的一家小旅馆成立。（注：见"北京大

前排右起王小兰、彭伟民。齐忠摄影。

早期的时代公司。齐忠摄影。

学光华管理学院中关村杰出企业家班和中国企业经营者第30期校友"，校友风采《王小兰：为"时代"注入持久活力》一文）

1988年7月25日，该公司更名为"北京海淀时代机电新技术公司"，总裁彭伟民，副总裁王小兰、吴绍明。经过近几十年的不懈努力，已发展成为时代集团公司，拥有15亿元资产、40余家分公司及2家海外分支机构，涉足检测仪器、焊接设备、智能型变频器、配电自动化、应用软件五大领域的高科技产业型经济实体。

1995年，公司通过了ISO9001质量体系认证，成为中国民营科技界、试验机行业、焊机行业首家通过认证的企业。在海淀新技术产业开发试验区企业中连续8年被评为"二十强"企业。时代检测仪器和时代逆变焊机产品连续三年获得"北京名牌产品"称号。

彭伟民简介

彭伟民，男，汉族，1946年4月生于北京，时代集团公司董事长。硕士学历，高级工程师，北京市政协委员。

1970年毕业于清华大学工程化学专业。1982年在北京理工大学继续深造取得硕士学位。

1988年，研制出国内第一个硬度检测仪器——"里式硬度计"，填补了市场空白，国内、国际市场占有率均居第一。

1990年11月23日，荣获首届"科技之光优秀企业奖"。

2004年，彭伟民以4.4亿元位居新财富劳斯莱斯500富人榜第341名。现任时代集团公司董事长。

王小兰简介

王小兰，女，汉族，1954年4月出生，中共党员，学士学位，高级经济师，现任时代集团公司总裁。

1990年11月23日，荣获首届"科技之光优秀企业奖""第29届北京奥运会火炬手""中国优秀民营科技企业家""第五届科技之光优秀企业家""中国民营科技发展杰出贡献优秀企业家""中国机电行业影响力十大创新企业家""机械工业推行质量管理三十年突出贡献奖""全国三八红旗手""中关村20大新领军人物""中关村园区20周年突出贡献奖""2010北京市劳模"等多项荣誉。

2004年，任北京民营科技实业家协会会长。

2009年，任中关村科技园区企业家咨询委员会副主任。

1984年10月10日——北京海通传热技术公司成立

1984年10月10日，北京海通传热技术公司成立，是传热技术专家、高级工程师蒋大年在海淀区科委支持下创办起来的。

蒋大年是北京民协常务理事。

1984年10月12日——北京科电高技术公司成立

1984年10月12日，北京科电高技术公司成立，注册资本金为500万元人民币，是中国科学院电子学研究所主办的科技企业，属全民所有制性质。

中国科学院电子学研究所科研人员郑允强任公司法人代表兼总经理。

1988年12月，该公司被北京市新技术产业开发区批准为新技术企业，并连续多年被评为优秀新技术企业。

郑允强简介

郑允强，男，1944年8月生，湖北江陵人。毕业于成都电讯工程学院。

郑允强是北京及中关村民营科技企业第一代创业者。

郑允强在介绍公司产品，右起中科院院长周光召、郑允强、海淀试验区副主任王思红。照片来自王思红女士。

1984年10月12日，创办北京科电高技术公司。公司生产的IEAS微机、TND、TNS系列全自动交流稳压电源、霓虹灯电极、计算机图形处理系统等产品技术获试验区"拳头产品"称号。

1994，郑允强被评为"北京市科技之光优秀企业家"。

1996年，被评为中国科学院优秀科技企业家。

曾任北京科电高技术公司总经理、高级工程师，北京新技术开发试验区高新技术协会常务理事，北京民营科技实业家协会常务理事，浙江省嘉兴市市长助理。

1984年10月17日——中科院电气高技术公司成立

1984年10月17日，中国科学院电工研究所投资115万元，创办"中科院电气高技术公司"。

中国科学院电工研究所科研人员汪德正任总经理，电工所有重大推广价值的项目连同课题组人员一起转入公司，很快将体外震波碎石机等一批项目投入开发。

1984年10月18日——中科院物理研究所研究开发公司成立

1984年10月18日，中科院物理所注册成立"中国科学院物理研究所研究开发公司"，首任经理为物理所科技处副处长杨海清兼任。

1985年，物理所科研人员朱化南出任公司法人代表兼经理。

1994年，该公司更名为"北京物科光电技术公司"。

2001年，改为股份制公司，名为"北京物科光电技术有限公司"，注册资本580万元人民币，物理所占63.6%。

（注：以上资料来自《中国科学院物理研究所志》403页）

1984年10月24日——北方电脑公司成立

1984年10月24日,中科院地球物理研究所科研人员高纪元,与海淀区中关村街道联社共同创办民营科技企业"北京市海淀区北方电脑公司"。高纪元任企业法人代表兼总经理。

高纪元是北京及中关村民营科技企业第一代创业者,荣获"全国首届科技实业家创业奖"银奖。

1985年9月27日,高纪元以"投机倒把罪"被拘留。

1986年5月,被判无罪释放。(注:见《一代天骄》第121页)

高纪元。齐忠摄影。

1984 年 11 月 3 日——王缉志被冶金部自动化所开除

1984 年 11 月 3 日，四通打字机发明人王缉志，向原单位冶金部自动化所请求调走，到四通公司工作。冶金部自动化所不同意，并宣布把王缉志开除。王缉志是中关村公司高管中被开除公职的"下海"第一人。王缉志被开除这件事对他影响非常大，因为据有关规定："被单位开除的人，开除前的工龄不算。"

2001 年，王缉志在办理退休手续时，1963—1984 年，二十年的工龄不算，使他少拿不少退休金。王缉志据理力争十年，在七十岁才办下退休手续。

1984 年 11 月 3 日，王缉志的请调报告。照片来自王缉志先生。

1984年11月5日——北大成立北京大学科技开发部

1984年11月5日，北京大学成立"北京大学科技开发部"，任命花文廷为主任，陆永基为副主任兼法人代表（注：以下北京大学简称北大，北京大学科技开发部简称开发部），并向海淀区工商管理局注册登记。北大规定"开发部作为企业法人负责全校科技成果转让，负责管理校办公司和批准成立校办公司"。北大拨给开发部220万元，作为成立校办公司的办公费用。（注：陆永基为北大研究员）

陆永基。齐忠摄影。

1984年11月5日——赵绮秋和纪世瀛在天津全国科协城市工作会议上介绍办华夏所经验和体会中首次提出"两不、四自"民营机制的雏形"两不、三自"

1984年11月5日,在天津举行的"全国科协城市工作会议"上,北京市科协副秘书长赵绮秋作了题为《科协支持集体所有制研究所尝试》的发言,纪世瀛在大会上作了题为《办华夏新技术开发研究所的几点体会》的发言,介绍有关服务部和华夏所创业经验,引起了强烈反响。

> **办华夏新技术开发研究所的**
> **几 点 体 会**
>
> 说 明
>
> "几点体会"是纪世瀛同志在一九八四年四月底市科委、市科协联合召开的"北京民办科技机构座谈会"上的发言(4月15日是华夏所一周年,该文兼总结),当年在11月份"全国科协城市工作会议上"以本文为基础修改后在大会上做了典型发言。
>
> 本稿是依据纪世瀛同志的原手稿重新打印的。
>
> 1984年7月

1984年11月5日,纪世瀛在天津举行的"全国科协城市工作会议"上的发言稿。照片由纪世瀛提供。

这是北京民营科技企业界的代表第一次登上全国会议的讲坛。

赵绮秋和纪世瀛在这次大会上介绍了华夏所民营科技企业的"两不、四自"运行机制的雏形，即"不要国家人事编制、不要国家投资，自筹资金、自负盈亏、自主经营"。

不久，四通公司又提出"自由组合"，完善了民营科技企业"两不、四自"企业运行机制，即"不要国家投资、不要国家编制，自由组合、自筹资金、自主经营、自负盈亏"。

1984年11月7日——中科院《关于改革问题的汇报提纲》呈送党中央、国务院

1984年11月7日，中国科学院《关于改革问题的汇报提纲》呈送党中央、国务院。（注：以上资料来自中国科学院高技术产业发展局编写的《中国科学院促进高技术产业大事记》1983—2002年）

1984年11月9日——联想前身计算所公司成立

1984年11月9日，"中国科学院计算所计算机技术公司"在海淀工商局正式注册，这是联想公司最初的名字。（注：以下简称计算所公司）中科院计算所为主管单位，时任中科院计算所所长为曾茂朝。（注：本资料来自于国务院发展研究中心企业研究所《联想发展研究报告》《北京市新技术产业开发试验区科技企业介绍》、"1988年9月8日，第一次对118家企业颁发《新技术企业证书》名单""联想公司上市公告"）

计算所公司，是中科院计算所与北京市海淀区供销合作社签订联营协议下成立的。注册资本100万元，中科院计算所实际投资20万元，公司性质为"全民所有制"，也就是国有企业。

1988年初"中国科学院计算所计算机技术公司"的宣传页。齐忠摄影并收藏。

中科院计算所与北京市海淀区供销合作社合作,使计算所公司获得北京市海淀区供销合作社经营用地,也获得"知青社"税收优惠待遇。

中科院计算所科技处副处长、信通公司董事王树和任计算所公司法人代表兼总经理,柳传志、张祖祥任副总经理,公司成员还有贾绪福、周晓兰、贾婉珍、马文豹、李天福、谢松林、王世英、庞大伟等人。

1986年,王树和任中科院计算所所长助理,42岁的柳传志出任该公司总经理。

柳传志。齐忠摄影。

柳传志简介

柳传志，男，汉族，1944年4月出生于江苏镇江，联想集团创始人。

北京及中关村第一代创业者，中国著名民营科技企业家，为中国民营科技事业作出巨大贡献。

1961年夏，柳传志高中毕业于北京市第二十五中学。（注：原育英学校）

1961年夏，柳传志被保送到中国人民解放军军事电信工程学院学习。（注：现为西安电子科技大学）

1967年8月，分配到国防科委成都十院十所工作，任实习研究员。

1968年11月—1970年4月，柳传志在湖南西湖解放农场"五七"干校劳动。

1970年5月，调入中国科学院计算技术研究所工作，任助理研究员。

1983年10月，借调到中国科学院人事局领导干部处工作。

1984年11月9日，柳传志在中科院计算所所长曾茂朝的支持下创办"中国科学院计算所计算机技术公司"，任副总经理。（注：联想公司前身）

1988年，任"中国科学院计算所计算机技术公司"总经理。

1988年6月23日，创办"香港联想电脑有限公司"，柳传志任公司董事长。

1989年12月14日，"中国科学院计算技术研究所新技术发展公司"正式更名为"北京联想计算机集团公司"，柳传志任总裁。

1994年2月14日，香港联想公司在香港证券交易所挂牌上市，总共发行6.75亿股，柳传志任该公司董事局主席。

1997年，北京联想与香港联想合并，柳传志先生出任联想集团主席。

2002年，柳传志任联想控股公司总裁。

柳传志是中共十六大、十七大党代表，全国人大第九届、十届、十一届人大代表。

2018年10月，被中央统战部、全国工商联推荐为"改革开放40年百名杰出民营企业家"。

2018年12月，党中央、国务院授予柳传志改革先锋称号，颁发改革先锋奖章。

2019年12月18日，联想控股发公告宣布董事长柳传志退休，由宁旻接任联想控股董事长。

1984年11月15日——科理高公司成立　经理屠焰提出建立"上地产业基地"

1983年3月15日，中科院声学所次声室主任屠焰，率先创办"中

> (Ⅱ：科技类)
> 第44号
>
> ## 政协七届一次会议
> ## 委员提案第1631号
>
> 案 由：在北京市海淀区东北旺乡上地村建立高技术产业区案
> 审查意见：建议国务院交北京市人民政府会同中国科学院研究办理
> 内 容：一．高技术和高技术新兴产业，是当代科学技术发展并与工业界、金融界紧密结合的结晶。由于它的高增值性、渗透性和扩散性，对其它产业有强大的牵引带动作用，它所带来的巨大的经济效益和社会效益，日益成为国际范围内科学技术、经济社会、国防军事等领域激烈竞争的制高点。越来越多的国家把发展高技术和高技术产业视为关系国家前途和民族命运的头等大事，纷纷制订相应国策。为了振兴我国经济，增强国际交流和竞争的力量，加速现代化进程，我国应该有领导、有组织、有计划、有步骤地建立高技术产业。
>
> 我国不少地区已形成为智力密集区，为发展高技术产业提供了必要条件。北京市中关村地区就是一个典型的知识、技术和人才密集区，正如中央调查组在《中关村电子一条街》调查报告中所指出的那样，该地区是我国最大的、也是世界上少有的智力密集区。随着我国政治、经济、科技、文教改革和对外开放的深入发展，特别是中国科学院在中央指示下改革的实践中，已培养了一大批高技术新兴产业的种子，相继有一大批高技术公司从以中国科学院为代表的各科技机构中裂变出来。它们以研究所和高等院校为后盾，促进高技术与经济相结合，面向国内和国际两个市场，已经取得了举世注目的成就。但是

1988年1月20日，屠焰与著名科学家马大猷提出"在北京市海淀区东北旺乡上地村建立高技术产业区"的提案。齐忠摄影并收藏。

国科学院声学所数字系统开发部"，研制出八位计算机数据采集与分析系统，创造产值3000万元。不久，在周光召等中科院领导的支持下，屠焰在开发部的基础上又创办公司。

1984年11月15日，"中国科学院科理高技术公司"正式成立。"科理高"来自"科学、理想、高技术"三个名词的第一个字。这是中国科学院所属的一家从事高新技术及其产业研究开发的高技术公司。公司注

册资金700万元,屠焰任该公司法人代表兼总经理。(注:以下简称科理高公司)

屠焰提出建立"上地产业基地"。

1984年10月31日,科理高公司与北京市海淀区中日友好人民公社上地大队签订"协议书",合办"科理新材料公司",上地大队将原准备建铸造厂的17.4亩地,作为投资给科理新材料公司,使科理高公司成为中关村科技公司进驻上地的首家公司。

1988年1月20日,北京市政协第七届委员会一次会议上,屠焰与著名科学家马大猷提出"在北京市海淀区东北旺乡上地村建立高技术产业区"的提案。(注:见北京市政协第七届委员提案1631号)

该提案成为建立上地产业基地重要的启动基础。

屠焰(左二)。照片由齐忠摄影。

1984年11月18日——华夏信息公司成立

1984年11月18日,陈春先创办"北京海淀区华夏信息公司",注册资金22万元人民币。陈春先任企业法人代表兼总经理。

1984年11月19日——北京首家高校科技企业钟声公司成立

1984年11月19日,北京师范学院创办的北京第一家高等院校科技企业"北京钟声科技实业开发公司"开业,公司注册资金30万元,公司负责人梁炳有。(注:北京师范学院现更名为首都师范大学)

北京钟声科技实业开发公司营业执照。照片由纪世瀛先生摄影。

1984年11月19日——中关村首家生物科技企业百泰公司成立

中科院微生物研究所创办中关村第一家从事生物技术开发应用的科技企业"中国科学院百泰技术公司",中科院微生物研究所成果处处长毛桂震,任公司法人代表兼总经理。

1984年10月18日,中科院副院长周光召到中科院微生物所视察工作,时任微生物所科技处处长的毛桂震汇报工作时,他说:"微生物所有30多项应用性很强的科技成果,大多数没有转化应用,关键是体制问题。"

周光召听完汇报后问:"为什么不成立公司,专门从事成果推广呢?"

毛桂震回答说:"有此打算。"

周光召又说:"那就现在写报告,我马上批。"

毛桂震当场写了一份开办公司的申请报告,周光召马上在报告上签字批准,速度之快令人惊讶!在批准微生物所创办公司过程中,不难看出周光召支持创办公司的态度。

中国科学院百泰技术公司成立后,3年内签订40多项技术转让和技术服务合同,每年为我国生物产业增加效益1亿多元,给微生物所创收100多万元。

1984年11月22日——中共中央、国务院同意中科院《关于改革问题的汇报提纲》

1984年11月22日,中共中央、国务院作出批复,同意中国科学院《关于改革问题的汇报提纲》,并指示有关地区和部门对科学院的改革工作给以支持。

1983年底,中共中央书记处就科学院今后一个时期的方针和任务作出指示,要求科学院"大力加强应用研究,积极而有选择地参加发展工

中国科学院高技术产业发展局编写的《中国科学院促进高技术产业大事记（1983—2002年）》。齐忠摄影并收藏。

作，继续重视基础研究"。

1984年初，为贯彻中央对科学院方向任务的指示，科学院在调整配备新领导班子后，由党组书记严东生负责准备关于改革问题的汇报。经过对全院工作进行调查研究，科学院提出基础、应用、开发三类研究工作应分别有不同的评价标准，采取不同的办法予以管理、支持和推动。在这些基本想法的基础上，多次向中央书记处和国务院有关领导同志汇报，听取意见，最终形成汇报提纲。

提纲分三部分：一是"指导思想"，即放手鼓励与支持研究所和科研人员投入社会主义现代化建设，多出成果，快出成果，多出人才，快出人才。二是"下一步改革设想",主要是围绕扩大研究所自主权、支持和鼓励更多的科技人员直接投身到社会主义现代化建设的实践中去。三是"拟采取的主要措施",科学院提出了所长负责制、开放实验室、科研经费分配的基金制与合同制、发展高新技术开发公司等措施。

《关于改革问题的汇报提纲》中提出的措施陆续得到实施,促进了科学院的改革。(注:以上资料来自中国科学院官网"1984年编年史")

1984年12月23日——赵东升开创中国无氧化热处理工业产业

1984年12月23日,北京市丰台区赵东升等科技人员创办北京市东升热处理工业炉总公司,从此开创中国无氧化热处理工业产业。

1984年12月26日——中国科学院(京区)工程师协会成立

1984年12月26日,中科院成立"中国科学院(京区)工程师协会",以转化中国科学院科研成果为主。该协会是中关村民间科技团体,扶持中科院科技人员成立了近二十家科技开发公司。胡传锦为理事长,张伦出任该协会主持日常工作的秘书长。

1984年12月30日——信远公司成立

1984年12月30日,北京自动化工程学院和北京市东城区联合创办"北京信远经济技术开发公司"。

赵小海任公司法人代表兼总经理,注册资金50.3万元。

赵小海为北京民协常务理事,荣获首届"科技之光优秀企业奖"。

1984年北京及中关村民营科技企业概况

1984年,北京及中关村民营科技企业、国有民营科技企业已发展到200多家。

中关村四通公司、信通公司、京海公司、科海公司业绩最为领先,被人们简称中关村的"两通、两海"。

1984年,四通公司有职工67人,科技人员31人。年产值为976万元,人均销售额15万元,年利润143万元,人均利润2.1万元,上缴税收73万元。

1984年,信通公司年产值为220万元。

1984年,京海公司年产值为2072.72万元,年利润304万元。

1984年,科海公司年产值为2352万元,年利润527万元。

(注:1984年,四通公司、信通公司、京海公司、科海公司数据资料来自于《希望的火光》《北京中关村建立高技术开发区的调查与研究》《关于部分科研人员致信中央领导同志反映四通等四公司问题的调查报告》)

1984年,北京及中关村地区民营科技企业的率先崛起,对全国民营科技企业起到了示范和推动作用。

1985 年

北京·中关村民营科技大事记（上卷）1980—1990

1985 年 1 月 4 日——海淀区政府发布《关于建立北京四通总公司的批复》

1985 年 1 月 4 日,海淀区政府发布文件《关于建立北京四通总公司的批复》。(注:见 1985 海政发 1 号)

该批复把四通公司从乡镇企业变更为城市集体企业,使四通公司可以享受"知青社"免税的优惠政策,这件事证明了四通公司是四季青乡政府下属的乡镇企业。

(注:1978 年开始,大批下乡插队的知识青年返城后无法安排工作,国家推出知识青年就业优惠税收政策,规定"企业中返城知识青年占 50% 的,企业可以享受企业所得税免税的优惠政策"。企业所得税是企业缴纳的最大税种,是企业全年盈利的 30%,也就是企业年盈利 100 万元,要缴纳 30 万元的税,人们管这种企业叫"知青社")

1985 年 1 月 8 日——希望公司成立

1985 年 1 月 8 日,"中国科学院希望高级电脑技术公司"成立。(注:公司成立日期来自希望公司网站,以下简称希望公司)

1984 年 12 月,中国科学院计算所以周明陶为首的 18 名研究生,为开拓一条科技改革的新路,想创办新型的科研所,如果计算所不同意就全部申请调走到航空部工作。

在时任中科院高企局副局长钟琪的协调下,周光召副院长与周明陶他们进行谈话并了解情况。

周光召说:"要成立单独的研究室和研究所都不现实,你们这样的事国外都在公司里搞,你们也可以成立个公司。"

周明陶表示同意,他说:"请院长为公司起个名字。"

周光召说:"你们都是青年人,是明天的希望,公司的名字就叫希望

1985年

> 发展高技术产业的
> 希望
>
> 周光召
> 八八年十月

中国科学院
周院长题词

中国科学院原院长周光召为希望公司题词。照片来自周明陶先生。

公司。"

1985年1月8日,在时任中国科学院副院长周光召亲自批准下,希望公司正式成立,周明陶任总经理。

1985年12月11日,周光召、高企局局长张宏、高企局副局长钟琪看望希望公司。周光召认为希望公司办公条件很差,当场同意批条子给基建处负责人,要他们给希望公司提供办公用房,希望公司在中关村黄庄建起自己的办公楼与临街门市。

1987年,在周明陶的领导下,希望公司自行研制开发出HDOS汉字系统软件,并荣获全国软件汉字系统第一名。希望公司在这个基础上又开发出中文平台软件"UCDOS—1.0版本",该版本针对COLOER400显示卡设计,可以显示25行汉字,当时的CCDOS中文平台软件只能显示14行汉字。

1992年,希望公司又推出中文平台软件"UCDOS—2.0版本"。

1994年，希望公司再次推出中文平台软件"UCDOS—3.0版本"，该软件占领了中国DOS中文平台绝大部分市场，是中国软件业界最有实力的软件之一。

1986年1月，北京市政府、北京电子振兴领导小组举办的活动中，希望公司的中文平台软件汉字系统UCDOS获奖。

希望公司后改名为"北京希望电脑公司"，直接归中国科学院领导，周明陶任公司总经理，注册资金50万元人民币，是北京市新技术开发试验区成立后首批认定的高新技术企业，先后被评为全国电子百强企业、国家重点联系的千户企业之一、中科院优秀企业、北京市"优中选优"企业之一、北京中关村科技园区经济二十强企业、北京软件园区骨干企业等。

周明陶简介

周明陶，男，1944年10月8日出生于上海，希望公司创始人之一，北京及中关村民营科技企业第一代创业者。北京希望高技术集团总裁、高级工程师。现任中科希望信息股份公司董事长。

1968年，毕业于哈尔滨工业大学。

1981年，毕业于中国科学院研究生院，获硕士学位。并分配到中科院计算技术研究所工作，任计算技术研究所学术委员会委员。

1985年创建希望电脑公司。他致力于我国科技事业和高新技术企业的发展。

1990年11月23日，荣获首届"科技之光优秀企业奖"。曾任北京民营科技实业家协会常务理事。

周明陶先后被评为中国科学院有突出贡献的中青年专家、北京市优秀科技企业家、中国首届科技实业家创业奖银奖。他以渊博的学识和现代化的经营管理手段，使希望公司成为一个集技、工、贸一体化，具有强大的研究、开发、生产、销售能力，位于全国电子百强之列的高技术企业集团。

周明陶。照片由周明陶先生提供。

1985年1月8日——北京海淀华海技术开发公司成立

1985年1月8日,清华大学工程物理系,以冯忠潜教授等开发的γ射线测量技术为基础,和海淀区新型产业总公司联合成立"北京海淀华海技术开发公司",清华大学工程物理系主任许纯儒教授任总经理,副主任冯忠潜任副总经理。不久,冯忠潜出任总经理。该公司主要产品以生产核技术测量仪器系列产品为主,简称"核子秤"。该公司曾有过较大发展,成为北京市著名的高新技术企业。

1988年10月,更名为"北京华海新技术开发公司"(注:以下简称华海公司)。

1995年,华海公司发展成为拥有100万元注册资金,150名员工,5500平方米办公大楼,固定资产6000万元,13家分、子公司的融技、工、贸为一体的集团化企业。

1988年,试验区首次评选优秀新技术企业,华海公司入选。

华海公司总裁冯忠潜。齐忠摄影。

1990年，华海公司荣获首届"科技之光优秀企业奖"。

1990年，华海公司总裁冯忠潜获"全国科技实业家创业奖"银奖。

1992年，华海公司被国家科委、中国科协、全国工商联、中国民办科技实业家协会评选为"中国民办科技实业优秀单位"。

1992年，华海公司总裁冯忠潜获"全国优秀民办科技实业家"称号。

1985年2月2日——中科院计算机权威蒋士骕加入京海公司

1985年2月2日，中国计算机专业委员会主任、留美学者、中国计算机业的开创者之一蒋士骕教授，辞去中科院计算所工作，加入京海公司，他带领几名科技人员研究出 8 项科技成果，并迅速转化为商品，为京海的初期繁荣发展立下了汗马功劳。

蒋士骕教授说："我去京海公司不是为了赚大钱，因为要是为了赚大钱，我就留在美国了，是为了干事业。"

蒋士骕教授去京海公司工作的举动，在中国科技界、中科院计算所引起很大的震动。

蒋士骕（已故）简介

1951 年，蒋士骕教授毕业于美国斯坦福大学，获得博士学位。

1952 年，在美国宝来（Burroughs）公司从事用于电子计算机的电子器件的开发工作。

1954 年，蒋士骕从美国留学归来，先在北京航空学院任教，被聘为副教授。

1956 年被聘为中科院计算所筹备委员，根据国家"先集中"的原则借调到计算所工作。

1956 年 3 月 14 日，国务院科学规划委员会下设若干规划组，其中的计算技术和数学规划组由数学家、计算机专家和电子工业部门专家组成，华罗庚任组长，委员共 26 人，其中包括蒋士骕。

1956 年 8 月 25 日，陈毅副总理批准成立中科院计算所筹备委员会，14 名筹备委员中有蒋士骕。

1956 年 9 月，中科院组成计算技术考察团前往苏联考察，蒋士骕是 15 位团员之一，9 月末到达莫斯科，12 月回国。

1958 年 8 月 1 日，蒋士骕参加并研制成功了我国第一台数字电子计算机，这台电子管的运算速度达每秒 30 次的计算机，填补了我国现代电子计算机的空白。

1959 年 9 月，中科院计算所决定研制电子管的 109 乙机，蒋士骕被确定为主持人。

1963 年，蒋士骕正式加入中科院计算所。

蒋士骕教授在京海公司工作（上图）；蒋士骕教授在京海公司审核设计图（下图）。照片来自京海公司总裁王洪德。

1985年6月1日，蒋士骕担任中国计算机学会理事长。

1985年2月2日，加入京海公司。

1985年2月15日——中科院成立中国科学院新技术开发局

1985年2月15日，中科院成立"中国科学院新技术开发局"。（注：以上资料来自中国科学院高技术产业发展局编写的《中国科学院促进高技术产业大事记（1983—2002年）》）张宏任局长，钟琪任副局长。

中国科学院新技术开发局后来更名为中国科学院高技术企业局、中国科学院高技术产业发展局。（注：以下简称中科院高企局）

中科院高企局负责中科院公司的管理、组织与地方合作、科技开发项目所需资金的拨款等。为促进发展，还制定优惠政策，解决科技人员办公司的后顾之忧。

中科院规定"科研人员到公司工作后工资不变，编制留原单位不变，原单位人员涨工资时同步增长。中科院的处长、所长可保留原职务，兼任公司经理。科研人员不愿在公司工作时，允许回原单位工作。科研人员在公司工作退休后，视为中科院工作人员待遇不变。公司可以采用5∶3∶2的分配制度，利润的50%为发展基金，30%为福利基金，20%为奖励基金，使公司人员总收入略高于各研究所"。这些政策对公司人员的稳定起到很大作用。

中科院还给院管公司很大权限，院管公司有权力评定副高级职称、批准工作人员出国，公司负责人享受副局级待遇。

1983—1984年底，在改革开放大潮的推动下，北京及中关村民营科技企业快速兴起，中科院计算所、电子所、声学所、计算中心、半导体所、科学仪器厂、物理所、自动化所都先后成立"国有民营"科技公司。有的还是中科院科研人员自己开创的民营科技公司，例如华夏所、京海公司、四通公司、北方电脑等。

1985年3月1日——中国自动化技术公司成立

1984年起，中科院自动化研究所，因科研经费每年被削减20%，五年内将削减为零。

1984年10月，中科院自动化研究所开始筹建公司。（注：以上资料来自《一代天骄》第160页）

1985年3月1日，中科院自动化研究所创办"中国自动化技术公司"。企业注册资金为206万元人民币，企业为"全民所有制"。中科院自动化研究所工程师张家林任公司法人代表兼总经理。（注：以上资料来自《中国硅谷指南》第240页）

早期中国自动化技术公司宣传册。齐忠摄影并收藏。

张家林简介

张家林,男,1941年出生,大学学历,高级工程师,全国政协委员,无党派人士,是北京及中关村民营科技企业第一代创业者。

1965年毕业于清华大学,分配到中科院自动化研究所工作。曾任工程师、高级工程师,中国自动化技术公司总经理。

1987年8月27日,张家林任"中国大恒公司"总裁。

1998年12月14日,中国大恒公司改制,更名为"大恒新纪元科技股份有限公司",张家林任总裁。

2000年11月29日,"大恒新纪元科技股份有限公司"在上海证券交易所上市。

现任中国大恒(集团)有限公司董事长。曾任北京民协副会长,曾

张家林。齐忠摄影。

获得首届"科技之光优秀企业奖""中国科技实业家创业奖"金奖等多种奖励。

1985 年 3 月 13 日——《人民日报》发表中央颁布科学技术体制改革决定

1985 年 3 月 13 日,《人民日报》发表中共中央《关于科学技术体制改革的决定》。该决定强调"我国应当按照经济建设必须依靠科学技术、科学技术工作必须面向经济建设的战略方针,尊重科学技术发展规律,从我国实际出发,对科学技术体制进行坚决的有步骤的改革"。并提出要"选择若干智力密集区,采取特殊的政策,逐步形成具有不同特色的新兴技术产业开发区"。

决定还明确规定:"允许集体或个人建立科学研究或技术服务机构。

地方政府要对他们进行管理，给予指导和帮助。"使该决定成为民办科技蓬勃发展的政策基础。

1985年3月15日——四通与日本三井合作研发四通打字机

1985年3月15日，日本三井产业集团三井物资部部长石田邦夫，在北京饭店与四通公司某某某、沈国钧、王安时、王缉志等四人会见，并达成共同开发中文打字机项目的协议。三井产业集团投资100万美元，先期投资为5000万日元。

日本三井作出这个合作决定，现在看属于风险投资。因为当年的有

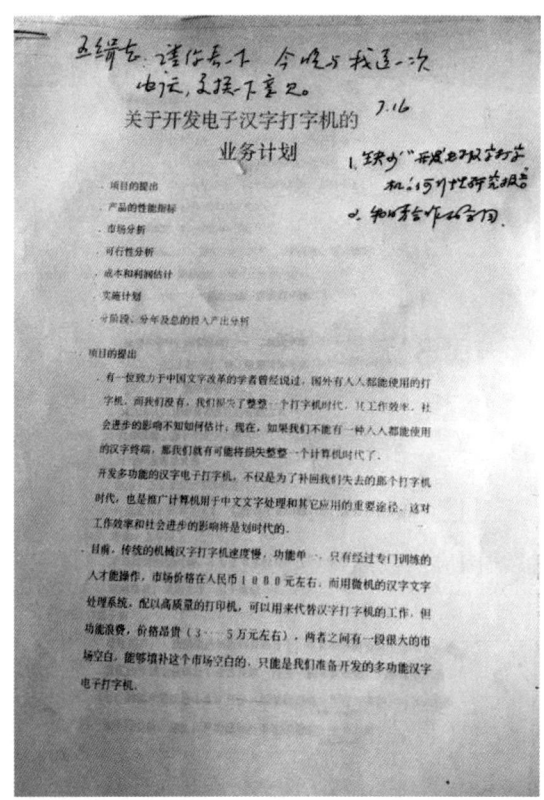

四通公司开发打字机计划书。齐忠摄影。

关规定,像四通公司这样的民营企业,没有资格跟外资企业签合同的,所以四通公司跟三井签的是君子协定,并没有什么法律效力。

（注：当年5000万日元折合25万美元。三井产业集团是日本四大公司之一,是由三井家族公司发展起来的。拥有数百家公司,覆盖各种业务,包括钢铁制造、造船、金融、保险、造纸业、电子、石油、化学农药、仓库、旅游业和核能等。简称三井）

1985年3月16日——杨旭清教授创办北京市兴大科学系统公司推出抗癌新药双环铂

1985年3月16日,杨旭清教授创办民营科技企业——北京市兴大科学系统公司,任该公司法人代表、总裁、首席专家。杨旭清教授发明并推出抗癌新药双环铂。（注：以下简称兴大公司）

1939年,杨旭清教授出生于镇江丹徒,从北京大学化学系毕业后,分配到化工部化工研究所工作。

1978年起,杨旭清教授以化学合成为专业,但他还系统地进修了生物学,有选择地钻研了药物学,学习了相关的临床医学。他制定了一个宏伟的愿望——研发合成出一种高效低毒的抗癌新药。但是要自主合成一种新型抗癌药,是艰难曲折的过程,杨旭清教授从此开始了新长征。

1980年初,杨旭清教授就和他的科研团队开始理论构思药物分子设计,形成了化学合成的方案。

1990年,国家审议该方案,批准为"863原始创新Ⅰ类抗癌新药"进行立项研究。

1992年,杨旭清教授终于成功推出被称为"双环铂"的抗癌原料药和它的注射剂。

1993年,中国南京大学生命科学学院、美国哥伦比亚临床学院、美国哈佛大学医学院对"双环铂"做了离体细胞试验,把人体正常的纤

杨旭清教授。照片由纪世瀛先生提供。

维细胞、表皮细胞与肺癌患者、黑色素瘤患者的癌细胞在相同条件下用"双环铂"原料药处理,试验结果令人振奋:两种正常体细胞"毫发无损",而两种癌细胞却明显凋亡,其中毒性更强的黑色素瘤癌细胞的死亡更快。

同年,国家经贸委委托中国医学科学院肿瘤医院以"双环铂"原料药对体内培养的人的肝癌细胞进行处理,实验结果同样表明,肝癌细胞的生长受到抑制并明显被杀伤。

2004年2月,经国家批准,"双环铂"原料药和它的注射剂正式在国内进行药物临床试验。

2004年,在我国著名肿瘤学专家管忠震教授的主持下,在中山大学肿瘤防治中心,对"双环铂"进行包括耐受性和药代动力学的Ⅰ期临床试验,直到2005年10月完成。又在解放军301医院和有关肿瘤医院相继完成了Ⅱ—Ⅲ期临床试验。2012年6月1日,国家批文下达。

2008年,杨旭清教授因发明"双环铂"抗癌药物,荣获2007科学中国人物。

1985年4月28日——应怀樵创办北京东方振动和噪声研究所

1985年4月28日,应怀樵创办民营科技企业北京东方振动和噪声研究所,该所由著名力学家、中科院院士胡海昌教授和航空工业总公司B集团原总经理张彦仲院士任名誉所长。著名振动与信号信息处理专家、全国优秀科技工作者应怀樵教授任该所法人代表兼所长。

该所致力于国内的学术交流,提供技术咨询,曾为创立振动工程学科和筹建中国振动工程学会以及四个专业委员会和北京振动工程学会作出过重要贡献。

1985年4月30日——国家科委向中央财经领导小组上报《关于支持发展新兴技术新兴产业的请示》

1985年4月30日,国家科委向中央财经领导小组上报了《关于支持发展新兴技术新兴产业的请示》,国家科委建议在北京等几个科技实力雄厚的城市试办新技术产业开发区,得到了国务院赞成。其中提出的方案,选定和试办开发区要坚持五项原则。第五条原则是:"从项目搞起,逐步形成新产业开发区。对批准的项目可采取若干特殊优惠政策。"

1985年5月18日——蒋淑云创办北京及中关村首家民营科技大学

1985年5月18日,原北京工业学院(注:现更名为北京理工大学)精密仪器系教授蒋淑云,创办北京及中关村首家民营科技大学"中国科技经营管理大学",蒋淑云出任该校法人代表及校长。该校后更名为"北京科技经营管理学院"。蒋淑云出任该校法人代表、董事长、校长。

该校重点为科技型企业培养计算机软件、硬件、自然科学,懂经营、会管理、懂外贸的经营管理人才。

2001年4月5日,经国家教育部直接批准,成为具有独立颁发国家承认大专学历证书资格的全日制民办普通高等职业学校。

2000年5月18日,庆祝中国科技经营管理大学建校15周年大会。齐忠摄影。

蒋淑云简介

蒋淑云,女,1936年出生于湖南省衡南县花桥镇,中共党员,是北京及中关村民营教育事业第一代创业者。

1964年,毕业于北京工业学院精密仪器系,后留校任教,评为教授。

1985年,创办"中国科技经营管理大学"出任校长,兼任中国民营科技实业家协会理事,国务院发展研究中心、中国经济时报社、全国理事会常务理事,中国女企业家协会理事,北京民协副会长,北京市成人教育协会常务理事,中华职业教育社常务理事等职。

曾荣获首届"科技之光优秀企业奖""中国科技实业家创业奖"等多种奖励。

蒋淑云。齐忠摄影。

1985年5月31日——北京市调查组完成《关于部分科研人员致信领导同志反映四通等四公司问题的调查报告》

1985年5月31日，北京市调查组完成《关于部分科研人员致信中央领导同志反映四通等四公司问题的调查报告》，并于1985年6月14日，送于有关部门负责人。

1985年3月，中科院部分科研人员给有关部门领导写信，署名是中科院部分人员。该信共两封，一封是给某某某同志，另一封是给某某某。

中科院部分科研人员在两封信中反映的问题有以下四个方面。

一、认为以四通、京海、科海、中科为代表的中关村企业不是从事技术开发的科技企业，而是专门倒卖国家仪器、器材或通过非正常渠道倒卖国外微机和配套设施，甚至销售汽车、彩电等紧俏物品的商贸公司。

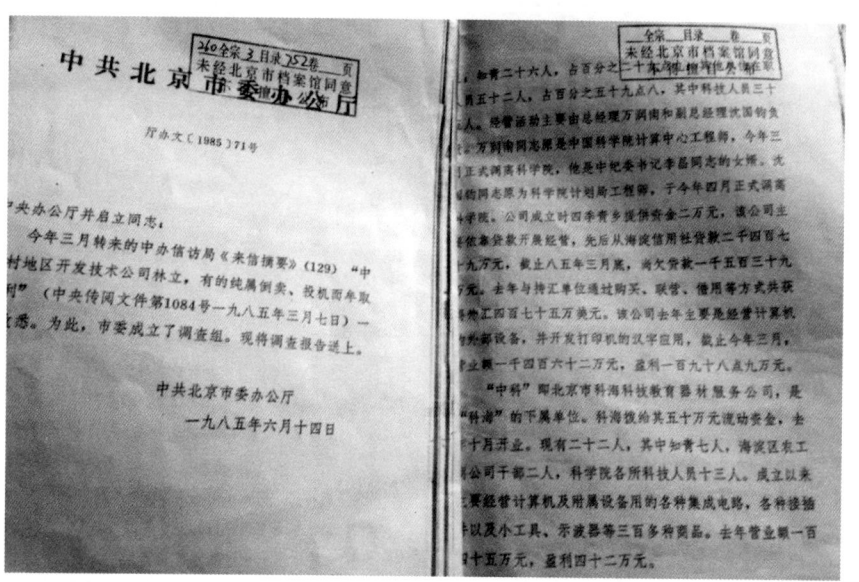

北京市调查组完成的《关于部分科研人员致信中央领导同志反映四通等四公司问题的调查报告》。齐忠摄影。

二、在器材销售方面,任意定价,漫天要价,以次充好,获取暴利。

三、企业的收入并未用来继续投入以创造价值,而是将大部分利润进行巨额个人分红,包括大搞请客送礼等不正之风。

四、中央文件规定党政干部不能办公司、做买卖,文教、卫生、科技干部另行规定,但实际没有规定。因此,科研单位的副秘书长、所长、副所长、处长、研究所主任都参与开公司、搞倒卖,科研工作基本停止。

该信还指出:"中关村企业在收入分配上与科学院差距过大,造成几百名科研人员跳槽,影响了科研人员队伍的稳定,不利于科研工作的长期发展。"

该信还指出:"这些问题如果得不到制止,中国的科研工作要有极大的倒退。"

来信最后陈述说:"他们列举四通、京海、科海、中科公司的问题只是举几个比较典型的例子,要说倒卖的公司是太多了,真谓比比皆是。但表面都打着开发技术名义,不下决心是很难查清的,希望应在北京细查。"

北京市决定由北京工商局牵头,先将情况查明一下。

1985年4月3日下午,在北京市政府547房间,北京市工商局、海淀区工商局等部门负责人开会,会议的内容为,根据中央领导的意见,对海淀区的四家公司进行调查,组成调查组。

1985年4月8日上午,海淀区开会决定,1985年4月9日,各调查组下去调查,并分为三个调查组:因中科公司是科海公司的下属分公司,派遣一个调查组。京海公司、四通公司各派一个调查组。调查的重点为京海公司、科海公司。

一、各调查组成员

1.京海公司调查组成员:李振成、刘思志、高德友、刘敏(审计局)、王素珍,负责人刘思志。

2. 科海公司调查组成员：北京市纪委赤玉文、张国鸿、李文义、高利军，物价局，中科院。

3. 四通调查组成员：海淀区纪委，北京市工商局赵陆、卢东升，相关银行，海淀区审计局。

二、调查组重点调查目的

核实和解决来信中反映的问题，如京海公司安装漫天要价、科海公司倒卖活动等。还有以下问题：

1. 四个公司的分红问题，除此问题，到底都有什么问题？

2. 在科技改革中，有些政策不清楚，有些情况要摸上来。

3. 此次调查要合法，对政策不明的要持慎重态度，对明显违法的要按政策处理。

三、调查组调查为以下几个主要内容

1. 四公司概况。

2. 四公司经营情况及经营范围，调查内容限于四个公司。

3. 四公司科技人员来源、待遇等，解决一个是否是挖墙脚。

4. 四公司资金来源，是否用国家科研经费经商。

5. 四公司分配制度方面问题，完税情况。

6. 四公司经营价格。

7. 四公司进口商品的手续、数量、价格、利润。

8. 四公司倒卖物资和其他违反国家政策问题。

9. 四公司其他方面的问题。

10. 单位问题和个人问题责任分清。

11. 调查时间为，1984年1月至1985年3月。

中关村四公司对调查组的反映

四通公司是最早知道调查组的事情，四通公司当年的高级顾问印甫盛先生回忆此事时写道："1985年3月，某某打电话给刘菊芬，他说'你被通报，要她主动找领导汇报'。不久，北京市的调查组进驻四通公司。其原因是中科院有人联名向领导写举报信，说四通、京海、科海、中科四家公司是纯属倒卖、投机而牟取暴利的不法组织，要求有关部门查处。某领导还在这封信上作了批示。李文元被通报，辞去四通董事长的职务，在四季青乡作了几次检查。（注：李文元时任四季青乡乡长）我们当时听到这消息，有点惊讶，做好两种准备，如果领导找谈话，又是批评，又是处分，就背水一战'下海'算了。如果领导表示理解，要挽留就辞去四通的职务。刘菊芬正在犹豫的时候，国家科委新技术局副局长刘美生找她谈话，询问办四通公司的情况，并无批评之意，指出刘菊芬正在负责软件工程中心的项目筹备工作，这项工作很有意义不要分心。并安慰说，只要辞去公司职务就没有事。当时刘菊芬也舍不得丢下软件工程中心项目，就听刘局长的劝告，辞去四通公司的职务。某某某听到这些消息后，3月份决定从科学院计算中心辞职，一心一意下海办公司。我们同某某某在这期间见面时都很忧虑，不晓得公司还能不能办下去。6月份的一天，某某某晚上来到我家，非常高兴地告诉我们说：检查组找他谈话了，高度评价四通，账目很清楚，四通开创民营企业的方向，他们要向社会宣传四通。从此四通迎来发展的第一个春天。"

从印甫盛先生回忆中，不难看出四通公司高层的忧虑。

（注：刘菊芬是印甫盛的夫人，中共元老刘宁一之女。俩人是四通公司创办人。刘菊芬时任四通公司副董事长。1991年，刘菊芬进入四通公司工作，任四通公司副总裁、总工程师，新浪网总工程师等）

1989年4月1日，时任四通公司总裁某某某、副总裁沈国钧辞去中科院的正式工作。

时任四通公司总裁某某某回忆此事时写道："1984年3月18日，李玉接到电话，有人把3月5日至3月12日，从上面到北京市各级的批示读给她听，她感觉大祸临头，毛骨悚然，紧张得直打哆嗦。调查组某人看我的眼光都是冷森森的。"（注：李玉为某某某夫人，1985年任四通公司人事部部长）

科海公司总裁陈庆振回忆此事时说："我当时出差后刚回京，到公司后看到同事们的表情非常严肃，情况有些不对，我问这是怎么回事，同事们告诉我，北京市的调查组到公司调查来了，事情还是由我们公司引发，得小心点。我并没往心上去，因为开办科海公司是中科院和海淀区政府的事，跟我没有关系。科海公司在接受调查期间几乎停止全部生意，损失二百多万元。"

京海公司总裁王洪德回忆此事时写道："1985年3月，发生清查京海等四公司事件，北京市、海淀区政府力排非议，保护了京海、科海和四通公司。当时京海被扣以'搞机房工程漫天要价，工资分配超标，大搞投机倒把'三项罪名。我正要去日本谈一笔生意。银行对这次谈判很重视，答应给我丙类外汇贷款2.2元人民币兑换一美元。那时我身体不好，有心脏病，家人都担心我心脏病突发，被子压得我胸闷，每次睡觉时都是我先睡家人再睡，整个夜里我反反复复想这些事情。当我到了东京时，鼻子起了泡，红肿，疼得厉害，我作为代表团团长，鼻子上贴了块胶条，样子很难看。我心里一直想着被检查的事很窝囊，为什么国家不支持我们这样的企业？那天早晨，日本三兴公司董事长琢本和田中先生接待我们，邀我到东京浅草寺参观。到了占卜的地方，日本朋友说你算一卦吧，当时我心中有事，忽忽悠悠地信手抽了个签，上边中文写着一行字'七十二凶，欲生无路，欲渡无船，上天无门，凶凶凶'。本来我心绪不宁，这一签更使我生气，但很快我就冷静下来。日本人说你把签叠起来放在樱花树上祈祷，再算一卦。我说我是中国人，神我都不信，这个我就更不信了。于是我把那纸条撕掉，哗啦一扬，随风飘走。我的举动令日本朋友震惊，再不小看我们。我在日本谈成了三条生产线，引进三菱空调、日立抗静电板、NEC的CPU，总价值700万美元，我很自豪。在那个初创年代，一个民营科技企业，一下子能引进这么多的生产技术，在中关村也不多见。我在日本很受欢迎，日本人花上万美元招待我这个来自中国的'企业家'。一想到我回国就面临审查，感到十分委屈。我从日本回来时，调查组正在公司审查。调查组长某人对我说'根据反映的问题，我们要审查'。我当时很不冷静，我说'我讲话你信么，相信我就讲，不信你就查'。调查组的人说'你怎么这个态度?'我说'公司正在与外国谈合作业务,我着急想干事,今天中午咱们先一起吃顿饭'。他说'不行'。一周后,调查组长某人找我说'王经理,中午是不是到食堂炒几个菜,我们一起吃顿饭啊?'我当时笑了,眼泪都流下来了。我说'咱们还是坐在一条板凳上的阶级兄弟'。调查组同志说,京海不错,我们所要的报表在15分钟内都能完整地拿出来……"

1984年1月至1985年3月中关村四公司的状况

一、四通公司

四通公司即北京四通总公司,1984年5月11日成立,是一部分在职科技人员与海淀区四季青乡合办的联营企业。

1985年3月,有87人,其中正式调来9人,占10.3%;知青26人,占29.9%;其他单位在职人员52人,占59.8%;科技人员35人。经营活动主要由总经理某某某和副总经理沈国钧负责。(注:1984年5月11日,四通公司在海淀工商局注册成立。最初名为北京市四通新兴产业开发公司。因公司的体制是农村乡镇企业,不能享受"知青社"政策。1985年1月7日,在海淀区政府的支持下,成立"中国四通新技术开发总公司"。该公司的性质为"城市知青集体企业",可以享受"知青社"免税政策)

某某某原是中国科学院计算中心工程师,1985年4月,正式调离科学院。

沈国钧同志原为科学院计划局工程师,1985年4月,正式调离科学院。

四通公司成立时四季青乡提供资金两万元,该公司主要依靠贷款开展经营,该公司主要是经营计算机的外部设备,并开发打印机的汉字应用。

截至1985年3月,四通公司营业额1462万元,盈利198.9万元。

1984年11月,中关村的四通公司。照片由王缉志先生提供。

二、科海公司

1983年5月4日,科海公司成立。全名为"中国科学院科技咨询开发服务部北京市海淀区新技术联合开发中心",是科学院开发部与海淀区政府合办的企业。科学院从预算外事业费收入中借给科海公司25万元,海淀区政府借款10万元。科海公司下设6个直属企业公司,公司的管理人员是科学院和海淀区政府双方派来的,科技开发人员大部分是从科学院各所借调或聘请来的科研人员。

1984年底,科海及所属企业共266人,其中知青75人,占28%;科技人员156人,占59%。科海公司既推广科研成果,又从事经营活动。目前已开发、推广了一些科研成果,并协助海淀区建成9个新型小企业,研制了首都机场的计票系统、北京铁路局的网络控制中心等项目。培训了全国各地专业技术人员3000余人次。

1984年,科海公司经营计算机和软件开发,营业额2352万元,盈利527万元。

三、中科公司

中科公司即北京市科海科技教育器材服务公司，是科海公司的下属单位。科海公司拨给其50万元流动资金。

1984年10月10日，中科公司开业。现有22人，其中知青7人，海淀区农工商公司干部两人，科学院各所科技人员13人。成立以来主要经营计算机及附属设备备用的各种集成电路，各种接插件以及小工具、示波器等300多种商品。1984年，营业额145万元，盈利42万元。

四、京海公司

京海公司即"北京市京海计算机技术开发公司"，于1982年12月开业，主管单位是北京市城市生产服务合作总社。下设4个直属公司，并与外省市和本市一些单位办了13个联营公司。现有职工480人，其中科技人员137人，占28.5%；知青251人，占52%。该公司既搞计算机房的设计、安装、维修，又从事计算机及辅助设备、软件开发的经营活动。

1984年，总营业额2072万元，利润304万元，其他营业额1086万元，利润179万元。

调查组对反映中关村四公司的问题调查

北京市委调查组进驻中关村四家公司后，对状告中关村四公司诸多问题逐一进行核实和调查。调查组从调查结果中看到，信中提到的问题基本不属实，并未发现这些企业出现有重大的违规和超范围经营的行为。

一、关于四通公司倒卖及分红问题

四通公司主要经营电子仪器、集成电路等科研用品和装饰艺术品，还代销微型电子计算机。这些商品多为进口商品，由外贸局的进口部、中国机械进出口公司北京市分公司和中国电子进出口公司北京市公司代进口。销售对象多为科研单位。没有发现经营汽车的问题。（注：当年有关部门规定，公司购买汽车要有指标，倒卖汽车可以获暴利，如果被

发现要遭到重罚。时任四通公司财务主管万达邦,以"四通公司没有这个经营范围",拒绝四通公司倒卖汽车,避免了灾难)

四通公司人员的薪水比较高,按1984年共有47人计算,月薪人均352元,年终分红人均1364元,最高的分红4000元。如公司副总经理沈国钧,原为科学院计划局工程师,现在月收入800元(包括工资240元,奖金60元,补贴500元),从6月至12月共发3615元,加上年终分红4000元,共7615元。

原四季青乡乡干部、时任四通公司副董事长刘子明,对调查组的结论"四通公司人员的薪水比较高"给予据理力争。他在回忆有关创办四通公司的文章中写道:"四通公司的分配制度,一度引起各方面的议论,说四通公司分配太高了,引起了有关人士的关注派人下来调查。调查组来了几个人找我谈话,谈分配问题,说四通公司分配特别高,这里面有违反政策的地方。我就给他们解释说'当时定这个分配政策的时候,我调查了位于北坞的北京电机厂一分厂,他们的工资分配占毛利润50%以上,四通公司定在30%不算高。现在说四通公司的人一次性分配拿那么多钱,只能说明人家的效率高'。跟调查组解释以后,事情也就不了了之了。"

1985年,国家对民营公司职工的养老、退休、医疗、住房并没有完善的制度,从这几点来看四通公司人员的薪水不算高。

二、关于中科公司以次充好和任意定价等问题

中科公司在经营EPROM2716可编程只读存储器集成片时,客户反映是用过的片子,内部未经清洗,有质量问题。

1984年10月,中科公司从广东肇庆电子工业公司购进此种片子18177片,销售5570片,每片进价9.9元,自定销价18至24元(注:其他商店卖24元左右)。发现问题后,经过一个月的测试和清洗,最后因质量问题停止销售。

1985年2至3月间,给客户退换500片,并在1985年3月18日的《经济日报》刊登退货广告。

三、关于科海公司参加倒卖活动的问题

1983年5月4日，科海公司成立时是事业单位企业管理，主要任务是推广科技成果。

1983年七八月间，科海公司从广东肇庆地区贸易公司，订购310套TRS-80计算机。

1984年5月7日，科海公司才经工商局批准改为企业，科海公司经营违反了《工商企业登记管理条例》，属于无照经营。（注：科海公司最初以科技机构形式出现，并不是公司。当年的创办人也不懂做买卖要办营业执照，要缴纳税，所以科海公司成立后没有办理营业执照。这种现象只是知识分子在中关村创办新技术企业探索过程的失误，不应看作违法）

科海公司本身主要是行政管理，收取所属企业的资金占用费，为科学院各所与用户转让科技成果沟通服务，按10%至20%收取手续费。科海公司的下属企业基本按各自被核准的经营范围经营。

四、关于京海公司漫天要价的问题

1983年4月，京海公司根据北京大学设计的图纸，为北大机房进行建筑安装。

1984年5月竣工，工程决算706355.17元，京海盈利97601.42元。经了解，北京大学基建处谭朴诚同志认为，这项工程的预、决算，我们把关很紧，每项费用都是双方研究决定的。这项工程比起其他同行业的建筑单位收费是偏低的，而且工程质量也是可以的。

调查中关村四公司发现的问题

调查组从清理整顿公司的角度，对中关村四公司的全面情况进行了调查，然后邀请财政、税务、审计、物价、工商、外汇、银行、劳动、人事、科技等有关部门的领导同志，对发现的一些问题进行了认真的分析研究。

一、中关村四公司经营管理方面的问题

中关村四个公司普遍存在擅自定价违反物价政策的问题。商品一

般加价20%至60%，有的加价还高些。如四通公司去年进口1300台M-2024打印机，每台500美元，加上关税等费用每台成本合人民币1800余元，自定销售价格每台4100至6900元，已销出986台，盈利171万元。

京海公司从广东文昌公司以每台2700元购UPS电源11台，以每台6920元销出，盈利4.6万余元。（注：1985年，物价部门规定，公司出售任何产品的价格，不能超过成本的20%，超过的就要罚款，这是计划经济体制的陋习）

二、中关村四公司都利用外汇经营进口商品问题

中关村四公司通过合法、非法或利用1994年外汇管理上的漏洞，及各种渠道共搞到外汇707.9万美元。

1984年12月，科海公司销售给石家庄无线电十三厂国产彩电30台，收取9000美元。

1984年7至8月，四通公司从国家建材局所属中国建材工业对外经济技术合作公司借55万美元。均违反了外汇管理条例。

1984年10至12月，京海公司、中科公司、四通公司分别与北京市外贸总公司、中国银行信托咨询公司、国际旅游总社合作，持汇单位以其销售利润按比例分成为条件提供外汇额度430万美元，此种做法实际是变相高价买卖外汇。（注：1985年，国家对外汇管控严格，规定使用外汇的企事业单位，要有国家批准的进口批文及国家批准的外汇指标，才能以官方制定的汇率向外汇管理局购买外汇。中关村四公司没有国家批准的进口批文及国家批准的外汇指标，为了进口国外计算机产品，只有向拥有国家批准的进口批文及国家批准的外汇指标企事业单位购买。当年的国家批准进口批文及外汇指标，在黑市上1美元卖1元人民币。官方制定的汇率为1美元兑换3元人民币，黑市价格为1美元兑换5元人民币。中关村四公司当年这种购买外汇行为是违法的，要给予重罚）

三、中关村四公司税收方面的问题

1984年12月，四通公司将付给中国银行信托咨询公司联营7成利润 123.2 万元，摊入成本漏税 36.96 万元。

科海公司以代销为名，实为经销 500 套 TRS-80 计算机，漏税 84559 元。

1983 年以来，科海公司在广东等地购进大量计算机散件及整机，价值 2693 万元，有一部分是组装出售，也漏缴了产品税。

四、中关村四公司人员流动报酬方面的问题

中关村四公司的科技人员来自中国科学院各研究所、林业科学院、电子部十五所、首钢以及外省市等 74 个单位。有些流动是经双方协商借调，公司给原单位提成。有些流动是未经领导批准不辞而别。如首钢 22 个大学生向单位交了辞职报告，未经批准来到京海公司，享受每月 100 余元的工资待遇。有的是未经批准兼职，领取双份工资。如林业科学院的张某某，不接受原单位的工作任务，去四通公司兼职，每月在原单位领工资 76 元，在公司领报酬 243 元。还有的是党政干部兼职取酬。由于中关村四公司属于城镇集体企业，在分配问题上没有统一规定，分配办法各公司自行决定。

如京海公司规定，1984 年 7 月以前来的科技人员，助理工程师以下的每人可浮动一级工资；工程师以上的每人可浮动二级工资。每人每月职务津贴 8 至 40 元，奖金 30 至 50 元，综合福利费 22.9 元（女同志 23.4 元），其他还有超包奖、年终分红、顾问费，等等。市总社与京海曾协定，在完成承包的 120 万元年利润基础上，如果再翻一番，可以普调一级工资。去年实现利润 304 万元，按协议每人长了一级工资。

京海公司经理王洪德在中科院计算所原工资为 88.5 元，1984 年，在京海公司的收入为 5200 余元。

科海公司每人每月补贴 30 至 70 元，年底分红 1000 至 8000 元。

科海电脑公司经理某某某，一年领补贴 2000 元，年底提成 8000 元，共计 1 万元。

调查组与科学院有关所的负责同志一起研究后，一致认为，科学院应鼓励人员流动，目前流出几百人不会对科研工作有多大影响；但是由于收入差距过大，动摇人心，影响科研队伍的稳定，已引起这些单位的不安，如不采取措施加以解决，其后果可能是严重的。

现行政策上存在的一些问题

调查组发现现行政策上也存在一些问题，例如财政部曾规定凡知青比例超过60%的城镇企业，可享受免缴所得税三年的待遇。中关村四公司按在册人员计算，知青比例都超过了60%；按实际人员计算均不得免税。如果没有科研技术人员，这些公司经营计算机及软件开发是不可能的。这类属于经营高智能技术商品的公司企业，比修理、服务业的利润高几倍。（注：当年中关村四公司为获得"知青社"免税待遇，只是把在家待业的知青身份证复印后，编入本公司职工名册，并每月发给每名知青20—30元"工资"，知青实际上不在公司上班。当年这种做法在中关村公司很普遍，因为缴税太重。据计算公司每盈利100元，要缴纳80元的税。国有企业因是国家投资，可以承受。中关村公司没有国家投资，如果也缴纳重税是无法发展的）

科海公司在1984年5月成立半年时间内，营业收入2352万元，仅缴3%营业税70余万元。这方面的税收政策应予调整。

集体的企业自负盈亏，没有统一的分配政策，企业自行定级、自行分配、奖金分红不封顶，又采取了与主管部门签订承包合同，超额分奖等办法，年收入过高，甚至比国营企业职工高出10倍之多，影响了左邻右舍，对征收个人所得税的办法需进一步研究落实。

对于不辞而别的问题，目前缺乏得力的政策和措施，停发工资、单位除名，已没有什么约束力，对科技人员兼职的政策也需要区分情况加以解决。（注：1984年7月13日，四通公司原总工程师、四通打字机发明人王缉志，向原单位冶金工业部自动化所申请调入四通公司，原单位不批准，将王缉志开除。王缉志成为中关村电子一条街早期各公司中，因为要在中关村搞创新被原单位开除的第一人）

北京市调查组对中关村四公司两个多月的调查，通过做实事求是的工作，基本上澄清了告状信中提及的问题，做出实事求是的调查结论，为刚刚起步的中关村科技企业提供了保护，同时调查组也发现这些公司在兴办的初期阶段，特别是在经营管理、税收、人才流动方面存在的问题。

北京市调查组对中关村四公司的成绩予以肯定

北京市调查组认为，科海、京海等公司在技术开发、科研成果转化成生产力方面，成绩应予肯定。

如科海公司在科技开发方面做了大量的工作，为转移科研成果闯出了一条新路子。

京海公司搞计算机机房设计、施工，为推广计算机作出了贡献，这些都要予以肯定加以支持，使其能够健康地发展下去。

北京市调查组认为："科技开发、咨询、设计等方面逐步发展一些民办组织，不要一味地还是一切都要官办，要搞科技开发、产品开发，真正把科学技术转化为生产力。"

北京市调查组不赞成打着科技开发旗号经营与科技无关联的商业公司，更不许搞倒卖，不顾一切向钱看，搞假把式，要真正为"四化"下真功夫。对于根本不搞技术开发咨询，纯属做买卖的，应该加以限制。（注："四化"是指把我国建设成为工业现代化、农业现代化、国防现代化、科学技术现代化的国家）

北京市调查组给中关村科技公司的建议

北京市调查组通过对中关村四公司的全面检查，也发现了中关村四公司在发展过程中存在不少问题和缺点。各级领导部门要加强指导，完善各类管理制度帮助他们解决，使其逐步走上正轨。

一、财会制度要健全，税收要完善

北京市调查组认为，中关村科技公司财会制度要健全，税收要完善，收入过高的收个人所得税，也要教育他们有长远打算，要积累资金，作为发展业务基金，还要留出劳动保险基金、福利基金。应该允许一部分人去搞些民办事业，要支持，不要卡死，为了加强对科技人员城镇企业的管理，劳动人事部门也应该作出一些必要的规定。对于中央27号文件已经明确的问题，要严格执行。持汇单位利用外汇额度，为集体企业经商进口货物，按利润分成的办法，不能办了，对技术开发上需要的外汇有关部门可以给予适当支持，做买卖不行。

对于调查中发现的问题，北京市调查组责成业务部门分工负责加以解决，并要组织有关部门参加，继续研究一些政策性问题，拿出具体意见来。目前全市正在开展清理整顿公司的工作，由于税收问题比较突出，偷税漏税问题小不了，拟于近期组织一次税收大检查。

为中关村企业创造良性发展环境，同时帮助他们健康快速地发展。带着这个目的，北京市调查组在调查期间和调查结束后，还邀请财政、税务、审计、物价、工商、外汇、银行、劳动、人事、科技等有关部门，对发现的问题有针对性地进行了分析和研究。比如，在现行政策中有关税收优惠等。

北京市调查组在查清事实的基础上，通过全面的调查和分析，形成了一个对这次调查事件的基本意见，即要明确肯定以中关村这四家公司为代表的中关村科技企业在科技开发、科研成果转化成生产力方面的成绩，鼓励他们继续发扬创新精神和创业精神，开创出一条新路。如同任何一个新事物出现一样，不能因为这些企业在发展过程中存在的问题和缺点，就抹杀他们有益的尝试，扼杀他们的企业精神。

北京市调查组同时建议市区政府有关部门要加强对这些新兴企业的指导，积极帮助他们完善各项管理制度，以避免违反国家有关税收、外汇政策法规等行为的发生。

1985年6月14日，经北京市研究讨论，有关这次的《调查报告》以北京市某部门的名义上报给了国家有关部门。

调查事件给中关村四公司带来重大损失

1985年4月8日，调查给中关村四公司带来重大损失。

科海公司在调查期间,公司人心浮动业务全部停止,经济损失数百万元。

京海公司总裁王洪德回忆该事件时写道:"在调查期间,公司在日本谈成的三条生产线,引进三菱空调、日立抗静电板、NEC 的 CPU,总价值 700 万美元的项目也就此搁下。银行对这次谈判很重视,答应给我丙类外汇贷款,2.2 元人民币兑换 1 美元,也告吹了。"

四通公司在调查期间,各银行闻讯后纷纷上门,提前追讨 1539 万元贷款。四通公司只好向有钱的企业用借款 300 万,三月后归还 330 万的高利贷,归还银行贷款使公司免于破产。

在调查中关村四公司事件结束后,中关村四公司还遭到工商、物价等部门的天价罚款。四通公司被罚得最狠,罚款为 100 多万元。

四通公司原董事长沈国钧回忆此事时说:"我找到有关部门,问为什么要罚四通公司这么多的钱?"

最后在海淀区委、区政府的保护和协调下,中关村四公司缴纳少量的罚款渡过了难关。

调查组调查科海公司记录原件

(注:该资料来自于海淀工商局原经检科干部某某某当时的笔记整理《对四通、科海、京海、中科四公司的调查》,为了保证原件的真实性,本书没有作文字修改)

1985 年 4 月 9 日上午

科海公司刘副经理(注:刘副经理名为刘剑锋)

1.1982 年春天,根据中央精神科学院成立了一个部门,目的是推广科学成果,当时找到区的同志,区里同意,1983 年三四月份科学院组成一顾问团到海淀参观,5 月 4 日在四季青公社举行了签字,定名为科学院科技咨询开发服务部海淀区新技术开发中心,科院出 3 人,并出任总经理。中心上边有一董事会,海淀区给了 10 万元开办费(借的),开始是牵线搭桥(两个月左右)。

从工作中感到，一是中科院成果量有限，二是有些成果不成熟。

1983年八九月份把原节能设备厂接收过来，作为我们的中间试验厂，也是我们的发展部，有一节能试验厂，有一节能设备厂，有一计算机发展部、机加工车间。

因为开发需要资金，科学院让我们自己解决资金，海淀区也不可能拿出更多的钱。

1983年6月份开始从外边买了计算机，然后配上科学院的技术再卖出去。

1983年7月，到广东订了250台TS80计算机，从广东肇庆地区贸易发展公司用人民币买了以后，配上电工所的技术成果，配上计算机后用于线性机床。后来又增加了60套，共310套。

1984年春节后，组织了一个班子，以计算所为主，从肇庆贸易公司买了两台IPC计算机当样机。当年接了700套；在此基础上又扩了品种进了70套。1984年5月31日，经工商局批准，正式成立科海计算机系统公司。属中心下属公司，中心给资金一百万元。当时搞了一个展销会，把科学院的机器和我们的机器一起展销。

2. 这个公司完备后，我们又成立了一个北京市科学教育器材服务公司。1984年9月份开业，负责人，徐林瑞，也叫小海。内部叫科器，成立的宗旨：为学院和科学院的研究服务，是面向社会的。为用户服务，再一个价格便宜，中心给了五十万元流动资金。房子是四季青的。

3. 再一个建了一个影声信息技术开发公司，地址在中间厂附近。

目的是用录像的办法推广技术，主要是面向农村，用录像和录像机来推广技术（成套推广）。1984年11月领执照。

4. 北京科学技术医用设备服务公司，1985年1月21日领执照。

5. 科海贸易发展公司，在中间厂，1984年9月成立。出发点，是为海淀工厂计划外的东西。

现中心共有五个公司（分公司），一个中间试验厂，还有一个培训中心（没有营业执照）举办学习班，到去年共培训3000多人。

以上是机构情况。

去年产值 2300 万，利润 500 万，推广 40 几项成果。

协助海淀区推广 26 项小成果。协助办 9 个小厂。

违反政策；内部矛盾；盲目扩大。以上三条是公司成败的关键。

1984 年一年来的经营情况：

坚持以技术开发为主，以技贸结合，夯实结合。在经营上注意遵守国家法律，不走邪门歪道。

资金上立足于以自力更生为主。

资金来源：自有资金。区里给了 10 万元开办费，办中间试验厂时，院里给解决，院里批了 25 万元买设备，三年偿还。

1983 年推广、应用设备没赚什么钱，科技服务有些收入，1983 年利润四万元。

1984 年主要发展微机，1983 年银行贷款 35 万元，主要用于微机开发工作。从 1983 年开始到 1983 年底，Tis80 计算机销售 310 套。

1984 年初为肇庆贸易公司代销 Tis80 计算机 500 套。

ABMPC16 位机，全兼容机 500 套（中心经营）从肇庆买来的；另 200 套 ABMPC 机。

汉通中英文终端机 3J200 套合同年底发来 70 套。

以上是去年经营情况。

1984 年从银行贷一千五百万，（只 1984 年）其中用于微机方面的是一千二百万，用于贸易的 200 万。用于技术开发一百万。到年底银贷余额一千一百万。

1984 年底占用情况：

微机八百万、科器二百万、技术开发一百万。

1984 年全年营业收入二千二百五十二万。

成本费用一千八百二十四万。

利润五百二十七万。

利润大的原因：一部分科技人员工资在原单位开。

成果转让费，所里提供仪器、人员等，按利润 15% 提成给各所，1984 年给各所 75 万。

利润分成比例：

企发基金：按总数 25% 做企发基金，有成果所提成 15%。

青年保险资金 9%；个人效益提成：搞贸易的 1%—5%。

搞技术开发的 10%—15%，除此之外，农工商总公司规定 3%，中心提 1%—1.5% 经理基金。

1984 年上交区、院一百万，区 60%，院 40%，院里只提八万元。

1984 年董事会是实行承包，转让成果，增加一项提成比例提交 10%，少一项减 10%。规定利润是一百五十万，增 10%，提成也提高 10%。最后向董事会提出，贸易提成 3.5%，技术 10%。

平均提成每人一千零二十五元。最多的不超过三四千元。低的一百多元。

中心购进所有仪器均用人民币，没有外汇交易，也没有用人民币买过外汇，科器（中科）、贸易两公司有账户，发展基金 25% 不上交，其余全部上交，统一使用，其他费用全部上交。（注：调查笔记全文完）

（注：本资料来自于《关于部分科研人员致信领导反映四通等四公司问题的调查报告》、海淀工商局《对四通、科海、京海、中科四公司的调查笔记整理》、王洪德回忆录《励炼人生》）

1985 年 6 月 7 日——海华推出激光模拟演习遥测遥控系统

1985 年 6 月 7 日—8 月 19 日，海华新技术开发中心与清华大学无线电系、总参军训部联合研制成功用于军事对抗演习的"激光模拟演习遥测遥控系统"，在北京南口实践演习中受到中央和军委领导的肯定。

海华新技术开发中心在"激光模拟演习遥测遥控系统"项目中收入科研经费 78 万元，在 8 个月中做出 400 套。

1986年,"激光模拟演习遥测遥控系统"获北京市科技进步二等奖。(注:见《希望的火光》第172页)

1985年6月7日——北京首家个体民营科技机构成立

1985年6月7日,由北京市房管局退休的高级工程师担任执行顾问和负责人的北京市第一家个体民营科技机构——"岭岱技术咨询服务部",经北京市工商局批准开业。

1985年7月17日——中关村首家军队开办的科技企业成立

1985年7月17日,解放军二炮第二研究所创办的"北京市海淀区天辰电子技术服务公司"开业,这是军队在中关村电子一条街上的第一家科技企业。

丁怀德任公司法人代表兼总经理,该公司后更名为"北京天辰科技产业公司"。

1985年8月1日——中科院三环新材料研究开发公司成立

1985年8月1日,中国科学院三环新材料研究开发公司成立。中科院物理所科研人员王震西,任公司法人代表兼总经理。

1988年,更名为北京三环新材料高技术公司(注:以下简称中科三环,以上资料来自中科三环公司网站)

王震西是中关村第一代科技企业家中,当选中国工程院院士第一人。

1999年7月23日，中科三环是经国家经济贸易委员会国经贸企改1999653号文批准，由北京三环新材料高技术公司作为主发起人，联合美国TRIDUS公司、宁波电子信息集团有限公司、台全（美国）公司、宁波联合集团股份有限公司和联想集团控股公司共同发起设立的股份公司，注册资本5200万元。2000年4月20日，在中国深交所上市。

王震西简介

王震西，男，1942年9月3日生于江苏省海门市，是中关村科技企业第一代创业者。

1964年，毕业于中国科技大学，分配到中科院物理所工作。

1973年10月—1975年10月，在法国国家科研中心奈尔磁学实验室做访问学者。

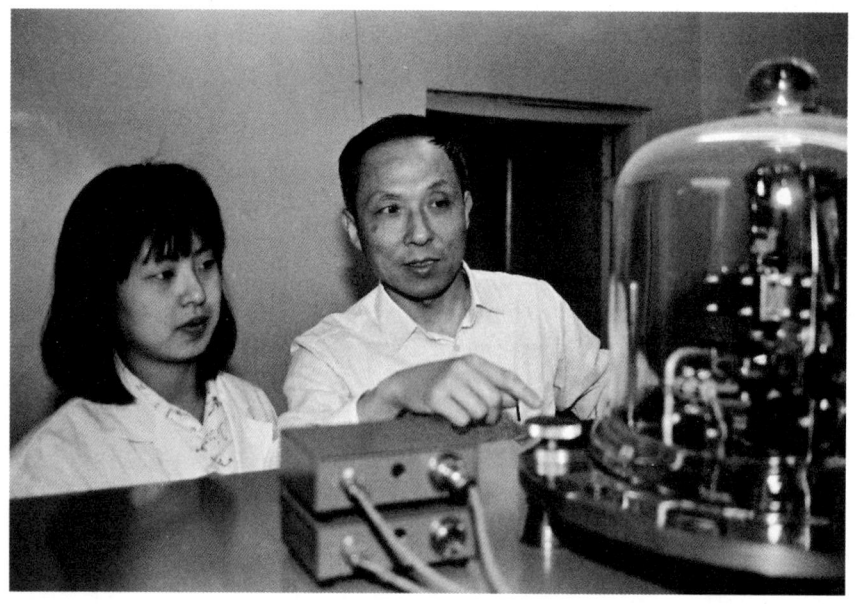

王震西（右一）在研发产品。齐忠摄影。

王震西成功研制出中国第一代国防用多种微波铁氧体材料和器件。在非晶态 DyCo3.4 合金薄膜中，合作发现并命名了"Sperimagnet"（散磁性）新型磁结构。研制成功具有中国自己特色的低纯度钕稀土铁硼永磁合金，系统地解决了大规模工业生产中整套关键技术、工艺和设备，并积极推广。

1985 年 8 月 1 日，创办中国科学院三环新材料研究开发公司。

1988 年，王震西研制的"低纯度钕稀土铁硼永磁合金"获国家科技进步奖一等奖。

1995 年，当选中国工程院院士。

1985 年 8 月 20 日——全国首次清理整顿公司

1985 年 8 月 20 日，国务院发出《关于进一步清理整顿公司的通知》。《通知》指出：由于法制不健全，管理工作没有跟上，有些公司存在不少问题，主要是政企不分和从事违法经营活动等问题。这不仅严重地影响公司本身的健康发展，而且干扰经济体制改革的顺利进行，必须认真加以解决。《通知》决定：必须贯彻政企分开的原则；公司必须是具备法人资格的经济实体，在经济上与党政机关脱钩；党政机关干部担任公司职务的，要辞去一头，要认真搞好公司的清理和整顿工作。

1985 年 8 月 25 日，国家工商行政管理局公布《公司登记管理暂行规定》，并从即日起施行。《暂行规定》提出，开办公司应当具备以下基本条件：公司章程；固定的生产经营或服务场所；与生产经营或服务规模相适应的资金、设施和从业人员；健全的财务制度和组织管理机构。

以国家工商局《公司登记管理暂行规定》为起点，全国开始了清理整顿公司工作，一直到 1986 年上半年结束。并由以下为重点。

一、清理整顿公司工作要查是不是党政机关办的，这是一个重点。

二、查那些不具备公司条件的所谓的"皮包公司"，就是一个公司什么都没有，也没有办公地点。

三、公司成立以后搞违法的，当时的违法主要集中在利用价格的"双轨制"，就是计划经济内的商品价格低，计划经济外的商品价格高。不少公司把计划经济内的物资，拿到计划外去卖，赚取中间的差价获得暴利。

1984—1985年，国家那时候还属于商品紧缺的情况，买个电视都难，农业上主要是化肥，倒彩电、倒化肥。建筑和工业主要是钢材、汽车。清理整顿公司主要是围绕这些重要生产资料和紧缺产品，当时对于搞违法的，肯定应该查处，对于不具备公司条件的，要进行撤销。

北京市在这次清理整顿公司中撤销400多家公司。属于党政机关办的有231家，另外还有200多家是学会、协会办的，就是事业单位办的，所谓学会、协会一般都挂在党政机关。

1985年9月，海淀区的清理整顿公司工作开始，海淀工商局前后共组织60多名干部参加进来。

海淀工商局企业科负责清理，经检科负责办案。对于无资金、无经营场地和设备、无固定经营范围、无从业人员的"四无"公司、中心，一律吊销执照。对资金、场地、人员等与经营范围不相适应的公司限期调整。对查无下落的公司冻结账号，责其上级部门查找。清理期满不进行重新登记、登报的公司注销。

海淀区经过清理整顿后的公司、中心894户，保留715户，撤销179户，占北京市的近一半。其中改为门市部的69户，歇业83户，迁出7户，吊销执照9户，整顿后有588个公司名称冠以"海淀区"。

（注：以上全国及北京市和海淀区清理、整顿公司资料数据来自原北京市工商局海淀分局党组书记、局长，海淀区私营个体经济协会会长、海淀区工商行政管理学会会长王平回忆录"两次清理整顿公司的回顾与经验"）

1985年8月20日—1986年上半年，由于清理、整顿公司中政策界限不清，致使北京民办科技产业处于暂时的低潮。北京民办科技企业从

中关村电子一条街早期胡同中的公司指路牌。齐忠摄影。

700多家下降到400家,北京市政府及时采取了支持、扶植、引导、管理的原则,适时地发布了《北京市集体个体科技机构管理若干规定》,保证了其合法地位,并为以后的稳定发展创造了条件。(注:以上数据来自《北京民办科技实业大事记》第32页)

1985年9月1日——北京海淀北阳爆炸及安全技术联合开发公司成立

1985年9月1日,北京工业学院的力学工程系科研人员梁云明创办"北京海淀北阳爆炸及安全技术联合开发公司",后更名为"北京理工北阳爆破工程技术有限责任公司"。(注:1951年11月18日,中央人民政府教育部将华北大学工学院改名为北京工业学院,1952年1月1日,启用新校名。1988年4月2日,为适应学校由单一工科院校向以工为主,理、工、管、文相结合的综合性大学转变的需要,北京工业学院更名为北京理工大学)

北京海淀北阳爆炸及安全技术联合开发公司注册资金为 64.7 万元。梁云明任公司法人代表兼总经理。公司地址为北京市海淀区白石桥路 7 号。

该公司系北京理工大学高技术型校办企业，隶属北京理工世纪科技集团有限公司。

梁云明曾任北京民营科技实业家协会常务理事，荣获"科技之光优秀企业家奖"。

1985 年 9 月 10 日——北京市海淀区祥云实业技术公司成立

1985 年 9 月 10 日，北京市海淀区祥云实业技术公司成立，这是由海淀区经委管理的科技实体，公司注册地址为中关村北口祥云大厦，王云飞任公司董事长兼总经理。

1988 年，被海淀试验区认定为新技术企业。

1985 年 9 月 18 日——北京市长安无损检测科技公司成立

1985 年 9 月 18 日，北京市西城区民营科技企业"北京市长安无损检测科技公司"成立。注册地址为北京市西城区西长安街 36 号，注册资金 35 万元，公司生产的主要产品为"无损检测仪"。俞雁任公司法人代表兼总经理。俞雁是北京及中关村民营科技企业第一代创业者。

俞雁曾获"科技之光优秀企业家奖"，担任北京民协常务理事。长安无损检测科技公司是一个集科研、生产、销售、工程、维修五位一体的无损检测的专业民营科技企业。

1985年10月15日——北大方正前身北大新技术总公司成立

1985年10月15日，北京大学正式发文成立"北大新技术总公司"（注：以下简称北大总公司），任命北大无线电系老师楼滨龙为总经理，数学系老师黄禄萍、黄晚菊为副总经理，这三个人是北大方正初期创办时的全部员工。公司办公的地方在北大健斋110室，与开发部合用一间办公室，没有启动资金，只有学校财务处给公司开的财务户头。（注：1985年10月15日，北大发文宣布成立"北京大学科技开发总公司"，聘任楼滨龙为总经理，黄禄萍、黄晚菊为副总经理。文号为"校发〔85〕184号"）

北京大学成立"北大新技术总公司"，目的是把北京大学及各系开办的公司，统一由"北大新技术总公司"管理。

北大总公司虽然没有正式到工商局注册，但是它是北大方正公司的"鼻祖"。

楼滨龙简介

如果北大方正公司竖立起公司纪念碑的话，刻上的第一个名字应该是首任总裁楼滨龙。

楼滨龙，男，1935年出生在浙江义乌，是北京及中关村民营校办企业第一代创业者。

1953—1956年，楼滨龙就读于复旦大学物理系。

1956年，楼滨龙转入北京大学原子核物理系。

1957年，楼滨龙从北京大学毕业后留校任教师，后被评为北京大学教授级高级工程师。

1985年10月15日，楼滨龙出任北大新技术总公司总经理，仅用7年时间，把该公司经营成中国最大的校办企业"北大方正公司"。

1985年10月15日，北大正式发文成立北大新技术总公司（注：以下简称北大总公司），任命北大无线电系老师楼滨龙为总经理，数学系老师黄禄萍、黄晚菊为副总经理,这三个人是北大方正初期创办时的全部员工。公司办公的地方在北大健斋110室,与开发部合用一间办公室,没有启动资金,只有学校财务处给公司开的财务账号。北大总公司虽然没有正式到工商局注册,但是它是北大方正公司的"鼻祖"。

1986年8月21日,北京大学开办的"北京理科新技术公司"注册成立(注:以下简称理科公司)。该公司为全民所有制,楼滨龙任法人代表兼总裁,理科公司注册地址为北京大学健斋109、110室。

1987年5月8日,经北大副校长谢青批准,北大从校科研经费中调拨40万元,借给楼滨龙作为经营计算机的流动资金。此事后来误传为,丁石孙校长借给楼滨龙40万元开公司。

1987年7月21日,楼滨龙在海淀工商局注册"北京市海淀区北达科技服务部"。(注:以下简称北达服务部)

1987年,楼滨龙找王选要项目,王选就让楼滨龙为他的"748工

楼滨龙。齐忠摄影。

程"激光照排造字模，相当于今天的软件外包，技术问题由王选来指导。1套字模有6000多个字，费用是10万元，当年也是笔巨款。为王选打工，是北大方正首次与王选合作的方式。

1988年5月6日，海淀工商局正式批准，将"北京理科新技术公司"更名为"北京大学新技术公司"，使公司获得北大巨大的无形资源，楼滨龙任法人代表兼总裁。

1988年12月15日，新技术公司在未名山庄举行"北大华光电子出版系统汇报推广会"。北大原校长丁石孙，副校长陈佳洱、谢青，科技开发部主任花文廷，副主任陆永基，几十家报社社长参加了会议。国家重大装备办公室负责人到会讲话，王选在会上介绍北大华光激光照排系统的技术，新技术公司在3天的会议期间拿到1800万元订单。

1990年，北大新技术公司的激光照排系统，销售额为9966万元。1991年为2亿元，公司净资产超过亿元。

1988年6月5日，王选院士与楼滨龙在海淀北太平庄远望楼宾馆与王永民洽谈"华光激光照排系统"使用五笔字型专利问题。王永民的市场嗅觉非常灵敏，因为王永民看到了，"华光激光照排系统"可以给他带来数百万使用五笔字型的用户。

王永民很快与王选院士签订协议。王永民在协议中承诺"北大新技术公司无偿使用五笔字型和今后的新版本，不受时间限制"。

北大新技术公司在协议中承诺"在该公司出售的'华光激光汉字照排系统'只预装五笔字型输入法，今后'激光汉字照排系统'相关产品的资料、说明书、宣传广告中全部注明该产品使用的是五笔字型输入法"。这次合作使北大方正公司节省了300万元左右的专利使用费，也使五笔字型快速地进入我国各大报社、杂志社、出版印刷行业，确立了五笔字型在我国新闻出版业计算机输入法的垄断地位。

1990年10月12日，因山东潍坊公司郑重声明，"华光"是该公司的产品商标，希望得到尊重。言外之意就是警告北大新技术公司，不能再使用"华光"商标。为了避免侵权，北大新技术公司设计与申请"北

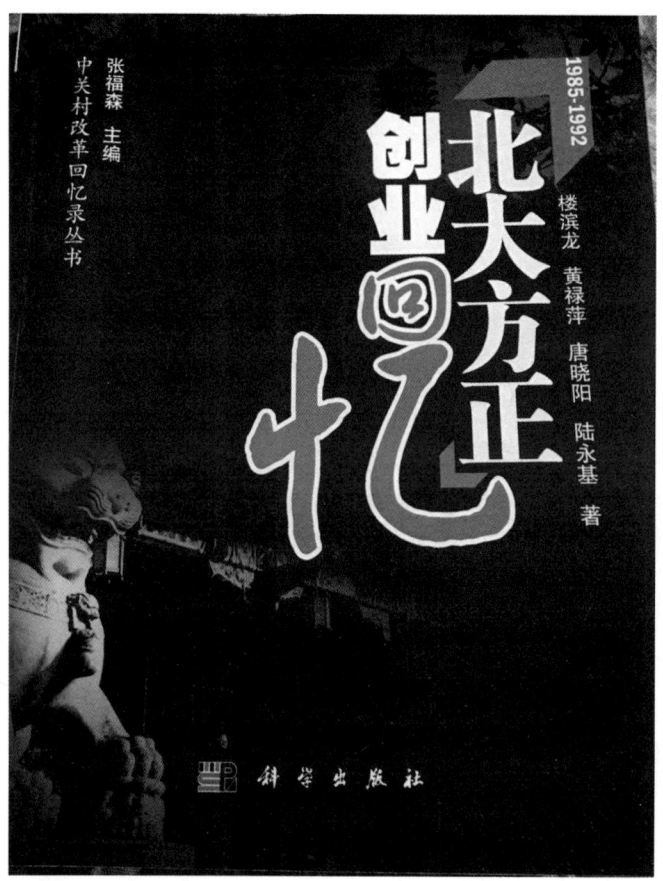

《北大方正创业回忆》封面。齐忠摄影。

大方正"新商标。

1992年2月28日,北大新技术公司取得"北大方正"商标注册。

不久,北京大学决定将北大新技术公司更名为北大方正公司。

1992年12月12日,经北京市政府批准,北京市工商行政管理局核准登记注册"北京北大方正集团公司",注册资本5015万元,注册地址中关园3区。

1992年7月1日,北京大学副校长李根模到北大方正公司宣布:"任命楼滨龙为'校办产业办公室'副主任,免去公司总裁职务,晏懋洵为总裁。"

此举遭到楼滨龙的反对，他当场愤怒地声称"这是一个阴谋"。

1993年，上海的《文汇报》惊叹："1993年，沪全部校办企业一年的经营额，不敌北京一家北大方正。"原海淀实验区主任胡昭广评价北大方正公司时说："北大方正公司是中关村公司中最具有竞争实力的黑马。"由此不难看出楼滨龙的经营才干，他是中关村最优秀的企业家之一。

1994年，楼滨龙出任巨人公司总裁。不久楼滨龙退出巨人公司，又出任某药厂总裁。

2003年，楼滨龙出任中国民协副秘书长。

2007年，楼滨龙因病退出中国民协。

2011年3月31日，楼滨龙等人出版《北大方正创业回忆》回忆录。

2011年12月17日，楼滨龙在北京海淀医院因病逝世，享年76岁。消息传出后，中关村、全国科技企业家们，有关方面人士，好友纷纷表示沉痛悼念。

1985年10月28日——王殿儒创办长城钛金公司

1985年10月28日，原中科院力学所、电工所科研人员，中国钛金技术的创始人王殿儒教授，辞去中科院职务，在他的家乡河北省遵化县工商局注册"遵化钛金厂"，这是"北京长城钛金技术联合开发公司"的前身。遵化钛金厂初创资金由四家投资，投资方为：

1. 王殿儒教授以技术入股。

2. 王殿儒教授的三哥王殿明、四哥王殿陞等亲属投资八万元。

3. 北京密云科技交流中心，答应投资十万元。

4. 江苏省张家港过滤设备厂，答应投资十万元。实际到账资金18万元人民币。

因为当时的政策不许个人以技术入股，王殿儒教授只好用"中华钛金研究所"的名义入股。（注：1985年1月，王殿儒教授从中科院电工所辞职后，在光明日报社下属的"中华国际技术开发总公司"支持下开办"中华钛金研究所"。后来因有关规定"国家机关不得办公司"，"中华国际技术开发总公司"只好解散。无奈之下王殿儒教授只好自办公司）

1987年，北京理工大学校长朱鹤荪把王殿儒教授档案调入该大学，聘请王殿儒教授在北京理工大学讲授等离子课并带研究生。还协助王殿儒教授在北京正式注册"北京长城钛金技术联合开发公司"。北京理工大学为该公司主管单位，持有该公司20%的股份。

钛金公司推出的钛金技术，使黄金般的色彩镀在天安门广场五星红旗旗杆的宝顶上，北京亚运会烈火熊熊火炬台的身上，中关村大道的标志——人类生命的DNA螺旋，以及数不清的建筑装饰物及各种高级金属饰品上。

1988年，该公司年产值过亿元，产品出口美国、欧洲等国家，成为北京市和中关村民营科技企业中为国家赚取外汇最多的企业。该公司后来成为世界三大钛金公司之一。

王殿儒回忆从中科院辞职创办钛金公司的难忘过程时说：1979年1月11日，北京手表厂的三个技术员，来到中科院力学研究所要求请教有关技术问题，所里安排我在接待室里接待了他们。他们说日本人用等离子体的方法镀出了一种永不磨损的金黄色的手表壳，据说拿给我国轻工部部长看过后又要回去了。

我当时尽量用通俗易懂的语言，向他们介绍等离子体技术，但最终仍然是我越多讲他们越难懂。我认真地想了一下说，我向所里申请开个课题，给你们把钛金手表壳做出来吧。他们高兴地离开了。但我怎么也没想到，源于这一次讨论，改变了我整个科技人生，模式、道路、方向都和以往不一样了。

我向领导提交了"军转民做钛金"的申请报告。报告被组织批准

1985 年

原钛金公司在中关村的办公处,已拆除,现为科贸中心大楼。齐忠摄影。

后,上级把一间地下室拨出给我做实验室。我没有白天黑夜地干,开始总是失败,手表壳怎么处理都没有金黄色,心里都急死了。一天早上,我把机器盖打开后,发现里面的手表壳镀满金黄色。哎呀,我当时高兴死了!检查后发现前几次钛蒸发量不够,根本不可能出现金黄色,只有最后一次钛是大量蒸发的才成功,几十年来这只手表壳我保留至今。

这件事虽然成功了,但也给我一个终生遗憾,母亲去世时我没有在她老人家身边。母亲在农村老家居住,非常想念外地的儿女,有几次假说自己有病打电报让我们回去,我急忙赶回老家后看到母亲挺结实,一问原来是想我们。做实验的关键时刻又接到家里说母亲有重病的电报,我有点茫然,没有立即放下实验工作赶回家,谁知两天后回到老家时母亲已经安葬,没有见到最后一面使我悲痛不已。如果母亲在天有灵,能看到日后钛金的辉煌和给人们带来的好处,她也一定会原谅儿子的。

实验成功后,我们又接着做出小批量的钛金手表壳,由北京手表厂组装成了中国第一批钛金手表。北京市科协和力学所联合主持在北京科协礼堂召开鉴定会，大家对这个项目给予好评。

1981年8月20日，《人民日报》在第3版发表文章介绍这个项目，文章的主标题为"点铁成金"，副标题为"科技就是生产力"。我认为，当年的《人民日报》和记者都不简单，他们的观念够超前，在那"阶级斗争为纲"的阴影还时有时现的日子里，敢于向人们宣传"科技就是生产力"。

"福兮祸所伏，祸兮福所倚。"成果都上了《人民日报》，总可以大干一番了吧！我没想到《人民日报》这篇报道在力学所一部分领导人中竟引起哗然。他们争论的焦点是"点铁成金"这四个字哪儿来的？古往今来只有"点石成金"，从来没有听说过"点铁成金"，没有这个词汇怎么上报纸？记者的稿子给谁看了？我在这种争论的夹缝中非常难受，有一天他们再次争论"点铁成金"这个事的时候，我很生气站起来对他们讲："我们现在做的事不是争论什么'点铁成金'，应该是快速地推广这项科研成果。"

他们听完后很不高兴指责我说："你连'点石成金'和'点铁成金'都分不清，还搞什么成果推广。"

我忍无可忍大声说："你们无知！"

他们听到后说："你说谁无知呢？"

我又不能点名说谁无知，无奈连说三次"你们无知！"后离开了。

中科院力学所的人就这样都让我得罪了，我当时感到，不要再想成果推广，就是想像以往那样再待下去恐怕也不行了，于是我想到了要换一下工作的地方。中科院电工所杨昌琪所长是我留学苏联的同学，我找他说："能调到你那里工作吗？"

他马上答应说："没问题马上办。"

我就调入电工所从事钛金课题，还以中国科学院技术开发咨询中心派员的身份，去深圳美图公司任总工程师推广这项成果，可是那年月公司做倒货的生意赚钱又快又多，不愿意投入大量的资金开发什么科研成果，我只好又回到电工所。

1984年底，福建武夷山下有一家刀具生产厂家申请到国家40万美元贷款去日本购买钛金设备，我因为工作关系给他们讲过钛金方面的课，他们认为这次考察应该让我把关，就聘请我为总工程师随团去日本。

1962年，我从苏联回国后，再也没有踏出国门一步，非常想借这个机会到外面看看。我跟电工所讲明情况后，管政审的人说不出任何理由就是死拖着不给办手续，那时的研究所是党委负责制，杨所长说话也不管用。

我听说有个中华国际技术开发总公司，是《光明日报》副总编辑刘爱芝牵头成立的，就去登门拜访，我说："钛金技术有很广阔的市场前景，应该大力推广。可惜，我所在的研究所体制太落后很难施展，到你的公司来发展行不行？"

刘爱芝同志很爽快，他说："我们公司是自负盈亏，自担风险，你怕不怕？"

我说："我不怕，只要能干肯定有饭吃，而且这个项目这么好肯定有效益。"

刘爱芝听后很高兴，他说："欢迎你来，你回研究所去办手续吧，到这里创建一个中华钛金研究所推广钛金技术，有什么困难我们都会大力支持。"

我听完马上找到杨昌琪所长，我说："你把我调进来的我很感谢，现在我出国所里不给办手续，还请你再帮忙让所里一天给我办完辞职手续，我好调到中华公司。"

杨所长这回帮了我大忙，他对人事部门的人说："王殿儒要出国你们不给办手续，他要辞职你们还不给他办吗？限一天办完离职手续。"

我就这样从工作20多年的中科院辞职了，在决定从科学院辞职的那天晚上，我躺在床上怎么都睡不着，我流着眼泪扪心自问：为了钛金事业我已经离开了我热爱的国防科研岗位，现在又要走出中国的最高科

1984年12月成立的"中华钛金研究所"公章与王殿儒名章以及王殿儒英文签名。照片由王殿儒提供。

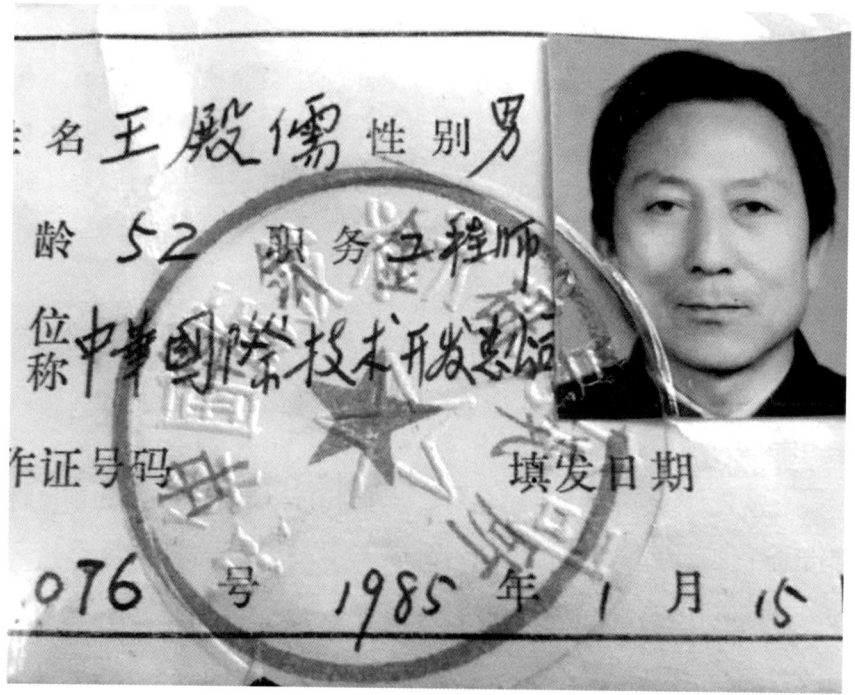

1985年1月15日,王殿儒的工作证。照片由王殿儒先生提供。

学殿堂，到一个连生活都没有保障的自负盈亏的公司去，这到底值不值得？这个路到底对不对？我是农村的苦孩子，两个兄长都做过地主家的长工。是党和人民送我去读书，还让我到苏联留学。

1957年，我在莫斯科大学礼堂里亲耳聆听毛主席对我们的教导："世界是你们的，你们是早上八九点钟的太阳。"当时心情激动，我和同学们都发下过誓言，要为祖国工作奋斗50年。可是我今天却辞去公职，这条路要是走错了，我怎么对得起党和国家，怎么面对家乡的父老乡亲，我又怎么面对自己立下的永远遵循的、庄严的誓言？我心里很明白，我要为我的选择付出沉重的代价，只准成功，不准失败。为了成功，我必须加倍付出全部生命所拥有的知识和力量，有一点闪失，必将遗憾终生。那天晚上的情景到今天还深深地印在脑海中，仿佛就发生在昨天！现在想起来真有点后怕——当年哪里来的那股勇气。

在经过了困难曲折之后，钛金事业终于创造了很好的经济和社会效益，我也因此被海淀区人民政府授予了"海淀区有杰出贡献的拔尖科技

王殿儒（左一）为原北京市委书记李锡铭（左三）讲解该公司钛金产品。照片由齐忠提供。

人才"称号，被北京市人民政府人事局两度推荐为中国工程院院士候选人，直到这个时候我才算给自己从科学院辞职画上了一个句号。

从以上王殿儒教授回忆从中科院辞职创办钛金公司的难忘过程，不仅再现民营科技企业家，为报效祖国不畏艰难曲折，勇于创新的意志与心态，也反映出在改革开放大潮中，当年社会的横断面。

王殿儒简介

王殿儒，男，1933年1月10日出生在河北省遵化县下庄村，中国钛金技术发明人，是北京及中关村民营科技企业第一代创业者。

1952年，就读于河北省唐山一中。

1955—1962年，就读于苏联"莫斯科动力学院"热能系工程热物理专业。

1962—1985年，在中科院力学所、电工所工作。

1980年，任北京市等离子学会秘书长，为陈春先、纪世瀛等人创办北京和中关村首家民营科技企业"北京等离子体学会先进技术发展服务部"作出贡献！

1981年8月1日，王殿儒在中科院力学所成功发明中国钛金技术，并使该项技术应用在手表壳上。

1981年8月20日，《人民日报》刊登《点铁成金》文章，详细介绍了中科院力学所发明中国钛金技术，由于当年的氛围，文章没有写王殿儒的名字。

1984年12月，正式辞去中科院电工所公职，调入"中华国际技术开发总公司"，出任该公司下属的"中华钛金研究所"所长。

1985年10月28日，因"中华国际技术开发总公司"与"中华钛金研究所"解散，在河北省遵化县工商局注册"遵化钛金厂"，任厂长。

1987年，在北京创办"北京长城钛金技术联合开发公司"，任企业法人代表、董事长兼总裁。

1985年

王殿儒。齐忠摄影。

1989年,王殿儒教授带领该公司,成功地为天安门广场国旗杆上宝顶换上钛金产品。

王殿儒教授现任北京长城钛金(集团)公司总裁,北京理工大学教授级高级工程师,北京民营科技实业家协会常务理事。

王殿儒拥有多项国际国内离子镀膜技术的专利,首创了钛金建材,是中国最具有权威的钛金技术专家。

王殿儒在离子镀膜领域的卓越贡献,为世人赏识。曾荣获首届"科技之光优秀企业奖""科技之光优秀产品奖",荣登《全球知识分子谁是谁》排行榜,获得"科学技术进步奖"、国家发明奖、北京市政府科技进步奖,还获得北京国际博览会"金奖"。

北京市人民政府人事局、中关村科技园区管委会,曾两度推荐王殿儒为中国工程院院士候选人。

1985年12月17日——陆宇澄批示快速推出北京民办科技机构条例

1985年12月17日，时任北京市委常委兼市科委主任、党组书记陆宇澄在江苏省制定的民办科技机构管理规定一文上批示，并指示要把北京的民办科技机构条例尽快搞出来。

陆宇澄简介

北京市原副市长陆宇澄，是北京市和中关村民营科技企业最强有力的支持者，他称北京市和中关村民营科技企业是"首都第六路科技大军"。

陆宇澄，男，1939年10月21日出生于浙江湖州。

1963年7月，北京大学化学系毕业。

1968年7月，中国科学院有机化学研究所研究生毕业。

陆宇澄。齐忠摄影。

1984年7月至1987年12月，任中共北京市委常委兼市科委主任、党组书记。

1987年3月28日，任北京民办科技实业家协会名誉理事长。

1990年11月7日，陆宇澄批准北京市科委、北京市科协、海淀试验区、北京民协四家联合在人民大会堂举办"庆祝北京民办科技实业创业十周年暨首届'科技之光'奖颁奖大会"，该大会推动了北京市和中关村民营科技企业发展。

1991年11月11日，在北京市科协第四次代表大会上，陆宇澄提议"北京市科协要有北京市和中关村民营科技企业的代表"。在他的提议下，北京民办科技实业家协会会长纪世瀛出任北京市科协常委，并连任三届。

1988年1月至1998年2月任北京市副市长、市委委员。

1985年1月至12月——北京市科协完成北京地区民办科技机构调查研究

1985年1月至12月，北京市科协研究室开展了"北京地区民办科技机构调查研究"，利用《科协动态》上报市政府。新华社北京分社高级记者黄威（女）根据此材料，写成新华社通稿发往全国各大媒体，受到有关部门的重视。

1985年北京及中关村民营科技企业概况

1985年，党中央公布关于城市经济体制改革的决定。

1985年春，党中央又公布了科技体制改革的决定。两大改革相互结合、融通、协调发展，在北京地区形成一股创办民办科技实业的热潮。

1985年，北京民营科技企业及国有民营科技企业达1000余家，从业人员2.8万人。（注：以上数据来自《北京民办科技实业大事记》第30页。《中国科学院促进高技术产业发展大事记1983—2002年》）

1985年，科海公司年总产值4520万元，利润384万元。京海公司年总产值3321.72万元，利润380.65万元。四通公司年总产值3200万元，利润360万元。

1985年，对北京及中关村83家民营科技机构调研结果发现，以上83家民营科技机构在1985年年总产值1.1亿元，向国家上缴利税4339万元。

1985年，对四通公司、京海公司等16家较大公司的统计调研结果发现，16家较大公司年总产值已达2.7亿元，向国家上缴利税1亿元以上。（注：以上数据来自《北京中关村建立高技术开发区的调查与研究》）

1985年，北京及中关村的民营科技企业，在没有国家投资的情况下，向国家上缴利税近两亿元，提供近3万多个就业职位，为国家作出巨大贡献。

1986 年

北京·中关村民营科技大事记(上卷) 1980—1990

1986年1月11日——中国新技术创业投资公司成立

1986年1月11日,经国务院批准,国家科委成立"中国新技术创业投资公司"(注:以下简称中创公司)。这是我国第一家创业投资、风险投资公司,成立初期,中创公司对中国创业投资业作出了很大的贡献。(注:国家科委现更名为科技部。)

中创公司注册资本为4000万人民币。由国家科委、财政部、中信公司等多方面筹资而成。

国家科委出资2700万元人民币,占中创公司40%的股份,财政部占中创公司23%的股份,徐振国出任中创公司法人代表。

1998年6月,中创公司因违规炒作房地产和期货而被中国人民银行宣布终止金融业务并进行清算而倒闭。

1986年1月12日——海威公司成立与震惊中关村的海威股份制改造事件

1986年1月12日,原北京通用技术研究所工程师科研人员、清华大学毕业生杨传智,在中关村创办"海威科学技术服务部"。后更名为海威公司,杨传智任公司法人代表兼总经理。(注:以下简称海威公司)

该企业为集体所有制企业,注册资金20万元,实际到账只有3万元。这笔钱来自海威公司的上级主管单位北京通用技术研究所。上级主管单位也叫挂靠单位,当年工商局规定开办公司必须有上级主管单位,否则不予注册。

海威公司当年的办公地点在魏公村中央民族大学附近。

1987年,当海威公司资产达到66.1万元时,杨传智推出公司股份制改造方案,向上级主管单位通用研究所提出申请,通用研究所又向它的上级北京市信息公司汇报该事,得到上级的批准。

杨传智的股份制改造方案的框架为，把国家历年来给企业减免税的优惠32.3万元，从66.1万元中扣除，保留在公司账上不动。余下的33.8万元折成股份分给公司全体职工。公司总经理为12万元股份，副总经理为8万元股份，职工分到1.5万元到几千元的股份。

1987年，海威公司年营业额1600万元，从业人员40名。（注：本资料来自《中国硅谷指南 中关村电子街企业名录》）

1988年初，杨传智把公司的产权股份量化到个人后，把海威公司更名为"北京海淀区海威电气股份有限公司"，正式向工商局申请变更企业名称并得到批准。

随后，海威公司把主管部门变为"北京市自然应用科学设计研究院"，也称为"挂靠"在"北京市自然应用科学设计研究院"。该院院长为北京及中关村民营科技企业开拓者之一纪世瀛。（注：该院现更名为北京市应用科学研究院）

（注：当年工商部门规定，成立公司等营业机构，必须有上级主管部门才能批准。所以北京市及中关村民营企业，往往以"挂靠"的方法，表明有上级主管部门）

1987年10月8日上午9点，海威公司在中关村魏公村门市部临街的铺面门脸房，向社会公开发售海威公司的股票，每股1元，当天海威公司卖了80多万股，收到现金达80万元。

1987年到1988年，杨传智从公司账上提取8万多元现金作为红利分配给公司持股人。8万元在当年是笔巨款，当时科级干部的月工资也就80多元，工人的月工资为60多元。海威公司的股份制模式，虽然是中关村股份制改造的萌芽，但是引起中关村公司老板的关注，他们也按照海威公司模式进行股份制改造，海淀区委调研室也对海威公司进行过调研，没有提出过什么意见。

新华社北京分社负责财经的记者夏俊生，把海威公司股份制改造事件写成新华社内参。

夏俊生在回忆录中写道："1988年3月29日，总社发了我就中关村出现的第一家私人股份公司——海威电气股份公司的成立情况写的内参。后来听说因为当时的某部门领导对我写的内参有批示，国家体改委派人到海威公司进行了调查。但国家体改委的调查是否是由领导批示了我的内参引起的，领导对我写的内参是怎样批示的？到现在我也不清楚。"（注：见夏俊生回忆录《新华社内参及领导的批示对中关村改革的推动》）

1988年5月，《中国经济体制改革》杂志第五期，发表夏俊生介绍海威公司股份制的文章《北京出现一家私人股份企业》，他在文章中写道："北京出现一家完全是私人股份的股份制企业——海威电气股份有限公司。位于中关村电子一条街上的海威电气股份有限公司，主要从事机电产品的设计、生产、计算机维修和计算机产品的销售、开发，是由原国家机械委北京自动化所工程师、今年39岁的杨传智创办的，目前挂靠在国家经委的中国新技术开发公司。"

1989年初，国务院发展战略研究中心的某某某，根据有关领导人的批示，到北京市海淀区做海威公司股份制改造事件的实地调研工作。

不久，某某某完成股份制改造事件调研报告，把这份调研报告上报到有关方面。

有关方面的某某某和某某，分别对海威公司的股份制作出批示。

某某某的批示是："可以试验一下。"

某某的批示是："坚决制止这种私分集体财产的行为。"

海淀区委、区政府领导决定按某某的指示办理，停止海淀区集体企业的资产，折股到职工个人名下的股份制改造，要求杨传智和海威公司职工退回分红所得。

1986年2月28日——中科院软件研究所技术开发公司成立

1986年2月28日，中国科学院软件研究所技术开发公司成立，注册资金 42 万元。孙四敏为公司法人代表兼总经理。

1986 年 3 月 3 日——"863"计划启动

1986 年 3 月 3 日，中科院王大珩、王淦昌、杨嘉墀、陈芳允四位老科学家，给邓小平同志写信，提出跟踪世界先进水平、发展我国高技术的建议。

经邓小平批示后，半年时间里，中共中央、国务院组织 200 多位专家，研究部署高技术发展战略，批准了《高技术研究发展计划纲要》，"863"计划启动。

我国"863"计划的启动推动了科技企业的发展。

1986 年 4 月 21 日——纪世瀛创办北京市理化应用技术研究所

1986 年 4 月 21 日，北京第一家民办研究所华夏所因经济纠纷濒临绝境，名存实亡。但华夏所人还在，心不死，纪世瀛带领原班骨干借款 3 万元，重整旗鼓、东山再起，创办"北京市理化应用技术研究所"（简称理化所），挂靠在国家科委人才开发服务中心。

理化所先后承担多项国防军事科研任务，被北京市科学技术委员会列为重点军事科研协作单位，有多项高科技产品被列入正式军事装备。

理化所主持军事装备研制工作的副所长徐小宁和理化所科技试验二厂厂长嵇光兢兢业业、呕心沥血、奋身攻关，"完成了一批军事装备的科研任务，其中 9 项高科技产品通过鉴定，有 5 项装备填补了我军现代化装备上的空白"（见北京市科委函件），多次受到北京市科学技术委员会的嘉奖和表扬。徐小宁和嵇光在科学试验中，因遭受强烈辐射，内脏受到严重损害，英年早逝，为我国军事装备现代化贡献出了宝贵的生

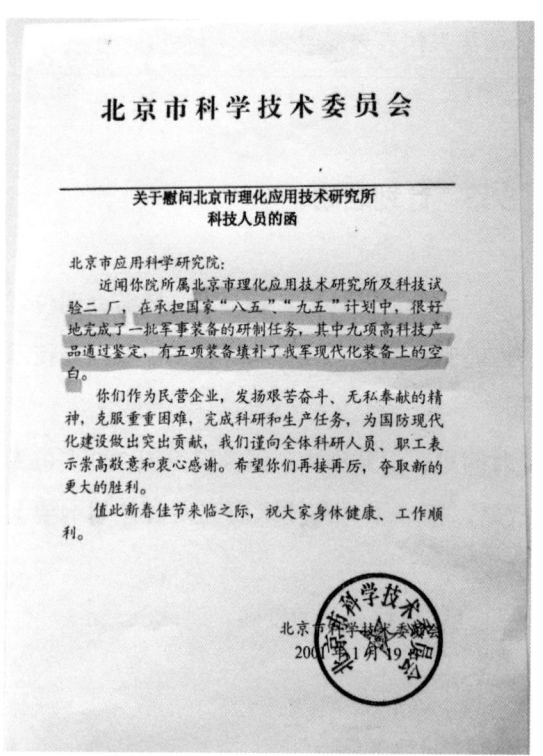

北京市科委给理化所的慰问信。照片来自理化所。

理化所副所长徐小宁在讲解科研产品。照片来自理化所。

1986 年

左起，理化所科技试验二厂厂长嵇光。照片来自理化所。

左起，理化所副所长徐小宁、北京市科委主任邹祖烨、理化所所长纪世瀛。照片来自理化所。

命。徐小宁享年 54 岁，嵇光享年 58 岁。

1986 年 4 月 28 日——张光华创办北京博达技术研究所

1986 年 4 月 28 日，科研人员张光华创办民营科技企业——北京博达技术研究所。张光华出任该所法人代表兼所长。

北京博达技术研究所是以研究开发新产品、新技术为主要方向，在医疗仪器方面开发了十多项新技术产品。

1986 年 5 月 10 日——北京四通集团公司成立

1986 年 5 月 10 日，海淀区政府决定批准成立"北京四通集团公司"，注册资金 1 亿元。北京四通集团公司为海淀区所属局、处级企业，由海淀区政府直接领导，由海淀区计经委管理，经济性质为海淀区属城市大集体企业。海淀区政府为此发出《关于成立"北京四通集团公司"的通知》。（注：见海淀区政府 1986 海发 30 号，海政发 85 号文件）

1986 年 5 月 15 日——四通公司推出四通 MS-2400 中文电子打字机

1986 年 5 月 15 日，四通公司在北京饭店宴会厅举行庆祝四通公司成立两周年，以及宣布推出四通 MS-2400 中文电子打字机新闻发布会。

四通 MS-2400 中文电子打字机中的"M"代表三井（Mitsui），"S"代表四通（Stone），"24"是打印头的针数，"00"表示第一代。

为了市场宣传方便，消除多数人对电脑的天生恐惧心理，四通 MS-

1986年

四通 MS-2400 中文电子打字机。齐忠摄影。

2400 中文电子打字机发明人王缉志,给该产品起名叫"中文电子打字机"。不久,四通公司又推出四通 MS-2401 中文电子打字机、四通 MS-2406 中文电子打字机等系列产品。(注:以下简称四通打字机)

四通打字机,不仅成为四通公司的拳头产品,也是中国 20 世纪最伟大的、最具有影响力的科研产品。

四通打字机使四通公司进入快速发展的轨道。

1986 年,四通公司年营业额达到 1 亿元。

1987 年,四通公司年营业额达到 3 亿元。

1988 年,四通公司年营业额达到 10 亿元。

1986 年 6 月 7 日——国家科委副主任吴明瑜称赞中关村科技企业

1986 年 6 月 7 日,国家科委副主任吴明瑜在北京大学举行的"全国智密区问题学术讨论会"上发表讲话，指出："对国际上高技术产品的消化、吸收和进行第二次开发方面，中关村电子一条街已取得了经验，他们的方向是正确的，遇到的种种困难是暂时的，对这条街要给予充分的肯定和评价。"

1993 年 11 月 28 日，吴明瑜出任中关村泰山会高级顾问，以及科瑞集团高级顾问，为创办中国民生银行，推动中国民营科技事业作出巨大贡献。

1986 年 6 月 9 日——《四通人》创刊

1986 年 6 月 9 日，四通公司创办企业内部刊物《四通人》，该刊在发刊词中写道："我们献身一种事业，改革的事业。我们在创造一种形象，改革者的形象。四通奉献给社会的，不仅是经济效益，更重要的是企业文化。这一文化最集中的表现是他所造就的人，四通人。四通人有一个困难的但是坚定不移的目标，成为中国的 IBM。"时隔三十多年的今天，《四通人》的发刊词仍然掷地有声，可以想象当年四通企业文化对四通员工的激励。

《四通人》不仅在四通公司内部发行，还通过邮寄的方式，向北京及中关村相关企业负责人、相关人士、管理机构对外发行，成为北京及中关村民营科技企业中影响最大的企业内部刊物。中信公司原内部刊物《中信人》的名称，也是受到《四通人》的影响，《中信人》在改为正式出版物后也还叫这个名字，由此可见《四通人》在当年的影响力。

《四通人》发行三十多年，是记录四通公司在不同时期动态与发展的日记。特别是四通公司企业文化在公司创办时期、发展时期、二次创业时期、股份制改革时期不同的变化。

在创业时期，四通公司企业文化的口号是"金钱只有诱惑力，事业才有凝聚力"。今天来看这句话是"假、大、空"的话，肚子都吃不饱，

1986 年

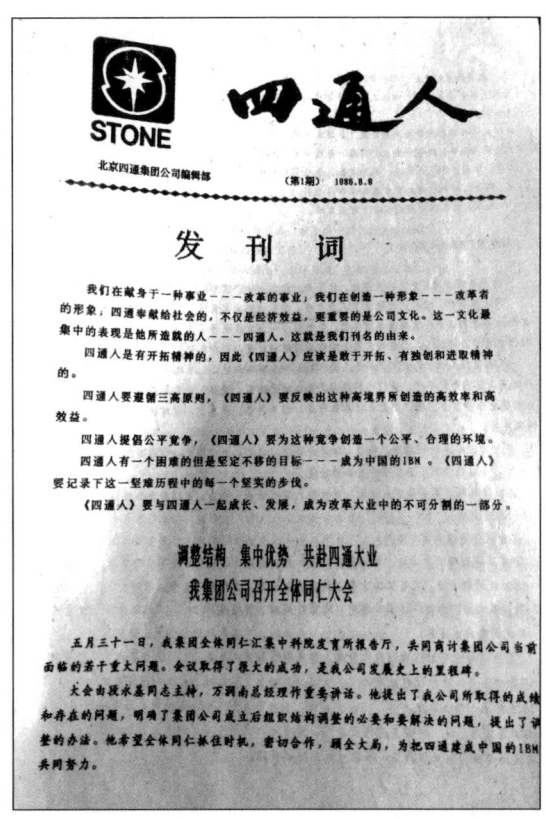

1986年6月9日，四通公司创办的企业内部刊物《四通人》发刊词。齐忠摄影。

还谈什么事业。还有四通公司的"你有多大本事，我给你搭多大的舞台""用能人，不能完人""用人不疑，疑人不用"，这些公司初期的企业文化，真正用意是把能赚钱的人招到公司，让公司快速发展起来。

四通公司董事长段永基，在《四通人》中发表回忆四通公司创业初期的企业文化时，他直白地写道："当年我的奖金最高也只有50多块钱，可以想到普通员工的奖金有多少。不用企业文化来吸引人，公司能留得住人才吗？"

1993年，四通公司原董事长沈国钧，在《四通人》上发表的一篇关于四通企业文化演变的文章，他写道："企业文化不应该永远不变，昔日四通公司手提肩扛，用三轮车送货。今日用桑塔纳轿车送货，在物质的变化之中，四通公司企业文化应该重新定位。"

从沈国钧先生的论述中，不难看到中关村科技企业在完成原始成本积累后进入发展阶段，企业文化内涵也应产生变化。这种变化是由企业内部结构变化所产生的。

1986年6月10日——国家科委成立课题组探索实施火炬计划

1986年6月10日，国家科委委托中科院等组成课题组进行"全国高技术开发区研究"，探索实施火炬计划，建立高技术开发区的可能性。经过一年的调查研究，课题组提出了在中关村建立高新技术开发区的战略设想。（注：本资料来自科技部火炬中心）

1986年7月9日——国务院发出《关于促进科技人员合理流动的通知》

1986年7月9日，国务院发出《关于促进科技人员合理流动的通知》。

通知指出："一九八三年国务院发布《关于科技人员合理流动的若干规定》（国发〔1983〕111号文）以来，各地做了大量工作，创造了许多推动科技人员合理流动的新经验。逐步开展起来的人才合理流动，对新技术的传播，城乡经济的发展，科学、教育事业的繁荣，起了积极的作用。但是，在某些地区和单位也曾发生过一些问题，需要解决和疏导。总的来说，科技人员流动工作刚刚起步，当前主要的问题，仍然是科技人员难以流动，积压、浪费和使用不当的现象还没有得到根本的解决。

"根据经济、科技、教育体制改革的精神，结合几年来的工作实践，需要逐步改革科技人员管理制度，促进科技人员合理流动，以充分发挥科技人员的作用，为四化建设服务。现就有关问题作如下通知：

"地方各级人民政府和国务院各部门要加强对科技人员合理流动工作的领导，努力创造人尽其才的环境，大力发掘科技人才资源，继续调整被积压、浪费和使用不当的科技人员，鼓励科技人员向急需人才的行业和单位流动，向更能发挥作用的岗位流动。在优先保证国家重点建设工程和重大科研项目人才需要的前提下，鼓励科技人员到工农业生产第一线，支援中小企业和城乡集体企业，加强企业技术改造和技术开发能力。鼓励和支持科技人员从城市到农村、从大城市到中小城市、从内地到边远地区去工作。"

1986年8月17日——科海公司携手中科院微生物所与天津河北制药厂联合攻关，首次成功研制出国产"硫酸妥布霉素"

1986年8月17日，科海公司携手中科院微生物所与天津河北制药厂联合攻关，首次成功研制出国产"硫酸妥布霉素"（Tobramycin），别名安欣、托普霉素，填补了我国医学上的一项空白，科海公司将该技术转给天津河北制药厂后，每年为国家节约100万美元。（注：本资料来自"硫酸妥布霉素精制过程研究"）

1986年8月20日——中央和国务院领导批示同意国家科委《关于明确对技术成果转让政策界限的请示》报告

1986年8月20日，国务院科技领导小组转发第04号通知。为了正确贯彻执行中共中央、国务院发布的中发〔1986〕6号文件，中央和国务院领导批示同意国家科委《关于明确对技术成果转让政策界限的请示》报告，指出："实行技术成果商品化，开拓技术市场，以适应社会主义商品经济的发展，是我国科技体制改革决定的重要内容，相应的技术开发机构和承担技术成果转让的中介组织则是推动技术成果商品化所必需的。"（注：国家科委现更名为科技部）

1986年8月21日——理科公司成立

1986年8月21日，北京大学开办的"北京理科新技术公司"，在海淀工商局注册成立。（注：以下简称理科公司）

该公司为全民所有制，注册资金30万元，楼滨龙任公司法人代表兼总裁，理科公司注册地址为北京大学健斋109、110室，该公司也是北大方正公司的前身。（注：以下简称理科公司）

理科公司是北大为和日本佳能公司合资而建立的，筹备时间长内幕曲折，主要是因为当年北大学生抵制日货的情绪太大。

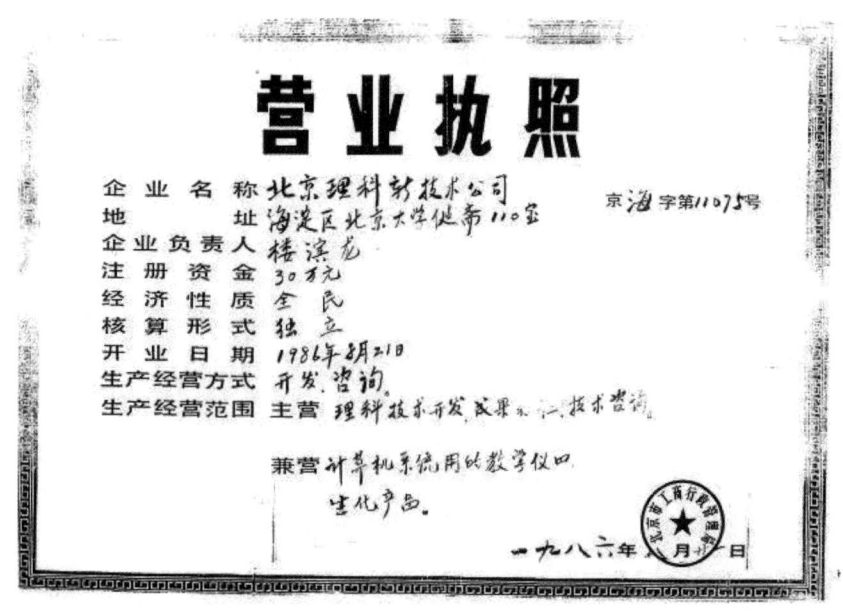

理科公司营业执照。齐忠摄影。

楼滨龙回忆说："北佳公司成立后有位北大学生干部得知，日本投资方每年可按投资比例分红，他怒气冲冲地到公司质问'你们为什么给日本人钱？'从这句话不难看出北大对成立合资公司，会引起学生情绪动荡的担忧。"

北大无小事，事事要报告。这句话是有关方面给北大的"座右铭"。北大开办合资公司就按照"座右铭"给有关方面打报告，给有关方面报告后来拿回来后，楼滨龙看到报告上有两处批示。

第一个批示是：国外市场不大。

第二个批示写在报告标题上："要做好学生工作，取得他们的理解。"

对合资公司这件事，国家教委还有几条意见。不能用北京大学的名义，避免学生闹情绪，公司不能办在校园里面。这些意见使北大总公司不能出面合资，只好成立理科公司，由理科公司出面与日本佳能合资。

1988年5月6日，海淀工商局正式批准，将"北京理科新技术公司"更名为"北京大学新技术公司"，使公司获得北京大学巨大的无形资源，楼滨龙任法人代表兼总裁。

1986年8月29日——石景山区首家民营科技企业成立

1986年8月9日，北京市石景山区科委批准成立了该区首家民营科技企业"北京市石景山科达技术研究所"。洪艺任该企业法人代表及负责人，注册资本为62.2万元。

1986年9月4日——北京市人民政府颁发《关于北京市集体、个体科技机构管理暂行规定》

1986年9月4日，北京市人民政府颁发《关于北京市集体、个体科技机构管理暂行规定》。

1986年10月1日，正式实施该规定。

规定指出："市科学技术委员会是全市集体、个体科技机构管理工作的主管机关。区、县科学技术委员会，在区、县人民政府领导下负责组织实施本规定。"

由于《关于北京市集体、个体科技机构管理暂行规定》明确指出北京民营科技企业由北京市科学技术委员会管理，极大地推动和稳定了北京民营科技企业的发展。（注：见京政发123号）

原北京市科委政策法规处处长王钢锋在回忆录《关于中关村电子一条街发展中法制建设的回忆》一文中写道：

从1984年底开始，市科委就组织人员起草民办科技机构管理方面的规定，由于各方面的看法极不一致，用了一年多的时间也没有成文。

1986年5月，市科委决定由我来接手这项起草工作。我分析了以前不成功的原因，主要是认识不一致，分歧很大，指导思想不明确。当时，有的认为他们是科技体制改革的先锋，是新生事物，应予支持、引导和管理；有的认为他们是"科技二道贩子""科技骗子"，应该限制甚至取缔。我是前一种观点的积极主张者和支持者，因为我曾做过调查研究和一些跟踪工作，我能举出很多好的事例，但是，人家也能举出反面的事例。那时，根据海淀区的估算在海淀区属于这类的科技机构就有300多家，全市有多少一时也难以估算，良莠不齐是肯定的，但是到底有多大的成绩，有多少问题，确实说不准。我下决心对海淀区的民办科技机构进行一次地毯式的全面的调查，把情况搞清楚。

首先在海淀区工商局查找登记注册的科技企业，共有380家，把全民性质的除去，真正属于集体性质的是289家，实际上很多是私营和个体，在当时不得不用集体的名义。这次调查主要是针对这289家，除去已转全民的12家，实际上是277家，共获得统计数据4.5万多个，其中有效数据2.8万多个。调查结果显示，成绩突出，问题不少。

主要问题是：有的登记后根本就没有开业，有的倒闭了。有的根本就是经商,不属于科技机构的。有的迁出了海淀区,更有甚者27家按登记地址多次寻找也找不到的。真正属于科技机构又有开发项目的并有较好效益的只有141家,只占调查对象一半。

突出的成绩是:这些科技机构的人均产值达4.1万多元,人均创造利润6000多元,这在当时与国营企业相比太显著了;他们的技术性收入占百分之二十三左右,而且逐年上升;人员素质较高,有技术职称人员占百分之四十以上;有不同于中国传统的管理模式、运行机制、决策机制、用人机制、分配机制、激励机制和企业文化。

从调查的结果看,问题确实很多,但成绩更突出,而且是代表着科技与经济结合的大方向,这就有一个站在什么立场、用什么观点来看待和分析的问题。尽管当时我们的认识并没有现在那样的清晰,但已经认识到科技企业的大方向是符合改革的大方向的,打着科技招牌经商、"骗子""二道贩子"也是有的,但只是少数并非主流。贬斥民办科技机构的观点主要来自传统观念,跟不上改革形势的发展,对在改革中出现的新体制认识不足,没有真正认识科技是生产力,否定脑力劳动的经济地位和智力的商品价值,看不到科技成果转化为产品、商品乃至形成产业的重要性,歧视科技人员经商办企业的行动,认为民办科技机构吸收科技人员的兼职是挖全民单位的墙脚。科技企业自身也存在问题和困难,需要通过完善管理和制定政策法规来解决。

没有调查就没有发言权,更没有决策权。通过这次调查,心里有了底数,形成了比较清晰的看法:海淀区的民办科技机构既不同于全民科研事业单位,也不同于一般工商企业,是改革中的新生事物,是对科技体制改革的大胆探索。是科学技术面向经济建设、把科技成果迅速转化为生产力的好形式;他们利用海淀区智力密集的潜力,不仅研制开发自身的产品,而且积极为中小企业、乡镇企业搞技术服务,提高了这类企业的档次。对技术改造、产品质量和结构优化、产业结构调整乃至高新技术产业的形成都具有重要意义和深远的影响。因此,我们在制定政策法规时有了明确的指导思想,即"积极支持,加强引导,完善管理,搞好服务，使民办科技机构健康发展"，有了明确指导思想，政策法规也就好制定了。

在这之前，海淀区委、区政府思路很清楚，就是要利用智力密集的优势，依靠科学技术繁荣海淀区的经济。他们利用政策法规的余度采取了强有力的措施，区人事局为与原单位脱钩的科技人员保存档案和档案工资，为初创民办科技企业寻找场地，以乡镇企业或知青企业名义解决他们的贷款问题和税收减免问题，为他们开拓国际市场疏通外事外贸渠道，等等。这些为科技企业发展创造了适宜的小气候和良好的具体环境，正因为这样才有"中关村电子一条街"的形成，这是我们制定政策法规的实践基础。

这样，我们在调查研究的基础上，结合海淀区扶植民办科技机构实践经验，以"积极支持，加强引导，完善管理，搞好服务，使民办科技机构健康发展"为指导思想，很快完成了《北京市民办科技机构管理办法（草案）》的第一稿，又反复征求有关部门和人员意见，经多次修改后，正式提交市政府审议。市政府法制办又反复征求有关各方面的意见，多次修改后提交市政府常务会议讨论，通过后，9月4日以京政发〔1986〕123号文件发布。正式发布的名称为《北京市集体、个体科技机构管理若干规定》，把原稿中的具体优惠政策都笼统化了，当我询问时，得到的回答是有些具体措施是只能做不能写出来的，有的只能说不能做。这是当时政府工作回避矛盾和激烈争议的一种手段。从此我也落下了"支持个体户"的名声，这虽然是半开玩笑的说法，但也反映了当时对民办科技的一种不以为然的态度。尽管这个规定不那么令人满意，但是，它给了民办科技机构的合法地位，从此，就可以名正言顺创建和发展民办科技事业了；它也体现了民办科技机构与一般的工商企业区别；规定中明确了市科委是主管机关，区、县科委在区、县政府领导下，负责组织实施，这为民办科技找到了一个娘家。虽然科委内部也有争议，但从科技体制改革的角度更容易统一认识，对民办科技的发展是有利的。从此，北京市的民办科技机构得到了迅速发展。到1987年底，海淀区的民办科技机构发展到148家，他们的固定资产、营业额、技术性收入、利税额和开发的新产品数量都在成倍增长。而且，涌现了一批很有实力的科技公司，造就一批科技企业家。在海淀区形成了中外有名的"中关村电子一条街"。

在123号文件发布的前后，市政府还发布了有关科技体制改革、技术市场、科研生产横向联合、科技人员流动、科技人员支援乡镇企业、技术性收入减免税等有关规定，这些规定中有很多是民办科技机构可以运用的。

1986年10月9日——李强创办北京三友专利事务所

1986年10月9日，李强女士创办三友专利事务所，担任所长。这是中国首家民营专利代理事务所。

李强是北京中关村民营科技企业第一代创业者。她热爱科技事业，为推动北京及中关村民营科技企业的发展作出了很大贡献。

与蒋淑云、金燕静、王小兰、张洁相同，李强也是中关村乃至北京民营科技企业界成功的女性民营科技企业家，她还是我国知识产权领域的著名专家。

事务所名称中的"三友"二字，取自岁寒三友松、竹、梅。松，迎风傲雪；竹，虚心有节；梅，应时而发。

1986年，李强辞去北京邮电大学的科研工作，创办了三友专利事务所。创业初期只有一间十几平方米的办公房，员工也只有她自己。所以，她以岁寒三友鼓励自己在艰难的环境中顽强坚韧，厚积薄发。

为了积累资金，李强白天做专利业务，晚上烧制黑陶花瓶、花盆，以这种投资少见效快的产品补贴事务所运营所需经费。因为烧制陶品，李强的脸和手经常被熏得很黑。作为一名女性，没有惊人的毅力和对这份事业的极大热忱，真的很难坚持下来。

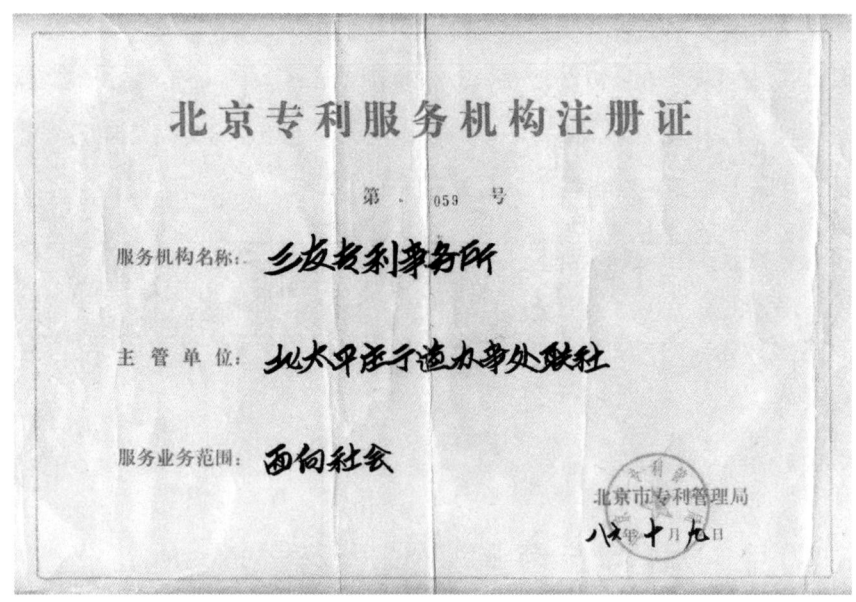

三友专利事务所注册证。照片由李强女士提供。

1996年10月，在庆祝三友专利事务所成立十周年晚宴上，李强回忆说："回想起创业初期艰难困苦的历程，让人无限感慨。记得有一次客户来访，但因为特殊原因，我只能在一家卖茶叶的柜台边上接待人家。是各级领导和客户的关爱以及全体员工的辛勤耕耘，才让三友取得了今天的成就。"

在场的科技企业家们，听后无不感慨万千，纷纷给予热烈掌声。

1996年，三友专利事务所更名为北京三友知识产权代理有限公司（注：以下简称三友公司），以期为客户提供更加全面的知识产权服务。李强出任公司法人代表兼董事长。

1998年底，三友公司取得了"涉外专利代理"资格。为了开拓海外知识产权业务市场，李强带领公司团队前往日本、韩国、欧美拜访客户，宣传中国的知识产权保护政策，介绍三友的知识产权代理业务。从一家家海外企业的专利代理业务做起，凭借多年积累的行业经验和三友一贯坚持的优质服务理念，三友逐渐获得了国外客户的认可，打开了海

1986年

早期三友专利事务所办公地。照片由李强女士提供。

外市场。

2011年，三友公司通过德国TUV公司的ISO9001服务质量认证，实现了全面标准化公司管理流程。

今天，三友公司已成为业务涉及中外专利、商标、法律诉讼、年金管理、版权、计算机软件著作权登记、知识产权海关保护备案、集成电路布图设计登记及其他知识产权相关事务的综合性知识产权服务集团。

三友公司是中国专利局首次颁发的中国专利工作先进代理机构称号获得单位，中华全国专利代理师协会副会长单位、中华商标协会常务理事单位、首都知识产权服务业协会会长单位、国际商标协会（INTA）和国际保护工业产权协会（AIPPI）会员。

创业初期的李强。照片由李强女士提供。

李强简介

李强（女），现任三友IP集团会长，北京三友知识产权代理有限公司名誉董事长，首都知识产权服务业协会会长，曾任北京三友知识产权代理有限公司董事长28年。

1977年，毕业于北京邮电大学通讯专业。

1977—1985年，在北京邮电大学从事教学、科研开发、科技成果转化工作。

1984年，取得专利代理人资格。

1986年10月9日，创办三友专利事务所并任所长。

1996年，三友专利事务所更名为北京三友知识产权代理有限公司，李强任公司法人代表及董事长。

1997年，参与制定《中华人民共和国国家标准——防伪激光产品通用技术条件》（GB/T17000—1997）、《中华人民共和国国家基准——防伪

1986年

李强。照片由李强女士提供。

激光产品技术用语》(GB/T17004—1997)。

2013年，参加中华全国专利代理师协会承接的《知识产权国际形势的研究》课题研究。并协同参与北京市知识产权局《符合创新主体保护需求的专利审查研究》课题研究，提供协助工作。

2014年，参加中华全国专利代理师协会承接的《专利代理国际化服务能力研究》课题研究。

2014年，参加中国知识产权局专利局条法司第四次专利法修改，专利代理制度部分的草案建议拟定工作。

2014年，参加中国知识产权局专利局复审委员会关于第四次专利法修改外观设计部分的研究工作。

2014年，领导完成北京市知识产权局承接的《专利代理机构内部管理研究》课题项目。

李强是个懂得感恩的人。她热爱并积极投身公益事业。2008—2013年，带领三友公司，出资为四川汶川县 183 名学生设立助学资金。

2013—2020 年，带领三友公司，为湖南省桑植县出资，赞助当地翻新校舍、扶贫蜂农、修桥、建设村文化活动广场等公益项目。

李强曾获得"科技之光优秀企业家奖"等奖项。

李强历任北京民协理事、常务理事、监事等职务。

1986 年 11 月 5 日——中关村首家个体科技企业成立

1986 年 11 月 5 日，经北京市海淀区科委批准，"北京市海淀区青龙桥永明电源技术研究室"成立。这是中关村电子一条街首家个体科技企业。

周大道任企业法人代表及负责人，企业注册资金为 0.7 万元。

1986 年 11 月 6 日——中科院颁布开办公司等两项规定

1986 年 11 月 6 日，中科院在中央关于科技体制改革方针的指引下，向全院颁布及印发《中国科学院新技术开发性公司开办与管理的暂行规定》《关于新技术开发公司与院、所关系有关事项的规定》。（注：以上资料来自《中国科学院促进高技术产业发展大事记》）

这两项规定的颁布，为中科院创办公司及所属公司创造良好的生存与发展氛围。

1986年12月10日——《人民日报》的报道首次把中关村称为中国"硅谷"

1986年12月10日,《人民日报》刊登该报记者蒋涵箴、张敏求写的新闻报道《北京中关村一场悄悄变革 中国"硅谷"正在这里孕育》。这是我国官方媒体首次把中关村称为中国"硅谷",以下是原报道部分文章。

本报讯 记者蒋涵箴、张敏求报道:位于首都西北角的海淀区中关村正在悄悄地发生变化。几十家新技术开发中心、公司,就像是常设的技术商店,在这里有买有卖,还做牵线搭桥的"中介方",生意兴隆,形成了一个十分活跃的技术市场。

海淀区集中了三十二所高等院校、八十多个研究所,科技人员及高校教师达四万五千人,还有十万名本科生、研究生,其智力密集程度居全国之冠。与人才结构十分不相适应的是海淀区工业落后,经济不发达。傻大黑粗的钢铁厂、锅炉厂占地面积大,产值低,还污染首都空气。北京工业学院的一位教授曾难过地说:"我们这些有声望的大学、研究院,如果不能把家门口建成一个高技术的产业区,脸上无光。"

《中共中央关于科学技术体制改革的决定》发表以后,使中关村的科技人员有了施展自己才能的机会,也使海淀区有希望成为我国知识密集的产业区。一位研究员找到海淀区科委说:"我进科学院三十年,写过三十篇论文,大都锁在铁柜里。想到这些心里难受,愿在有生之年为技术开发做些工作。"

从1981年开始,海淀区陆续兴起了一批民办科研机构。一大批科技人员、大学教师与海淀区联办各种科技开发公司,他们在不要国家投资的情况下,取得了十分显著的经济效益。据对一百四十一家的统计,他们创办时共集资五千万元,现已基本还清,并已有资产九千万元。从1984年到1986年3月的总收入达一亿七千万元;上缴税利五千八百多万元。他们共开展了三千七百多个科研和技术服务项目,其中十六项达到国际水平，二百多项属国内首创。

科海新技术开发中心组建了中间试验厂，推广中国科学院科研成果三十多项，使多年放置的成果转变为生产力，协助海淀区建起九个小工厂，这些工厂一年取得直接效益四百万元。他们向鞍钢转让一项节油技术，一年就节约油费四十六万元。海华科技中心为清华大学教师配备年轻助手，开发科技成果四十多项。他们为学部委员茅于海教授提供人、财、物等条件，使他半年就研制成功"激光打靶"技术。四通公司每年都有一个拳头产品投入技术市场。他们开发的 M-2024 打印机淘汰了日本东芝的 TH-3037 机，为国家节约外汇九百万美元。京海计算机技术开发公司设计建造的计算机机房，受到国内外专家的好评，已创收六千二百万元。

民办科技机构的兴起，已经引起了国内外专家的注意。电子工业部的一位领导称赞说："我们多年想搞而未搞起来的微机应用推广工作，'中关村电子一条街'已经开展起来了。"一些老科学家说："我们这代人希望看到'海淀硅谷'的雏形，下一代人一定要把它建成。"

1986 年 12 月 20 日——北京市昌平县首家民营科技企业成立

1986 年 12 月 20 日，北京市昌平县首家民营科技企业"北京十三陵应用技术研究所"正式成立。王树行任企业法定代表人，注册资金 20 万元。（注：北京市昌平县现为北京市昌平区）

1986 年北京丰台区出台多种支持民营科技企业规定

1986 年，北京丰台区委和政府在一年内制定了近三十种支持民营科技企业指导性和政策性的规定文件，其中主要有《中共丰台区委、区政府关于进一步加强科技工作的意见》《丰台区人民政府关于引进人才、引进技术的有关规定》《关于进一步放活专业技术人员的试行办法》等，强有力地支持和推动了民营科技企业的发展。

1986年北京及中关村民营科技企业概况

1986年北京及中关村民营科技企业，发展形势仍然迅猛。

1986年，四通公司年销售总额12358万元，利润934万元，上缴税收293万元，成为中国最大的民营科技企业。

1986年，京海公司年产值9400万元，利润469.1万元。（注：以上数据来自《希望的火光》）

虽然1985年8月20日—1986年上半年，由于清理、整顿公司中政策界限不清，使北京民营科技企业从700多家下降到400家。但是北京市政府及时采取了支持、扶植、引导、管理的原则，适时地发布了《北京市集体个体科技机构管理若干规定》保证了其合法地位，并为以后的稳定发展创造了条件。

1986年6月至12月，北京及中关村民营科技企业再次增长，再加上国有民营科技企业的再次增长，北京及中关村民营科技企业和国有民营科技企业仍保持在1000家左右。

仅海淀民营科技企业1984年到1986年3月的总收入就达到一亿七千万元；上缴税利五千八百多万元。

（注：以上数据来自1986年12月10日，《人民日报》刊登该报记者蒋涵箴、张敏求写的新闻报道《北京中关村一场悄悄变革 中国"硅谷"正在这里孕育》）

1986年，由于中关村地区的民营科技企业、国有民营科技企业的迅猛发展，形成中国"硅谷"，为成立"北京市新技术产业开发试验区"打下良好的基础。

1987年

北京·中关村民营科技大事记(上卷) 1980—1990

1987年1月3日——四达技术开发中心成立

1987年1月3日，北京海淀区四达技术开发中心成立。北京航空航天大学多体动力学专业工学博士、29岁的张征宇出任该中心法人代表兼总经理。该中心也是全国民政系统中首家科技企业。

张征宇简介

张征宇，男，1958年出生，是北京及中关村民营科技企业第一代创业者。

1978年被北京工学院录取，1982年本科毕业后考入北京航空航天大学攻读硕士、博士。

1987年1月3日，张征宇在攻读博士期间，创立高科技公司"北京市海淀四达技术中心"，任法人代表兼总裁。

1992年至2001年，兼任中国福利企业总公司副总经理、总经理。

1996年底，张征宇带领几名年轻学者，共同研发了一种"可以随身携带的小电脑"。

1998年10月，张征宇先后组建了恒基伟业电子产品公司等三家公司，分别经营"商务通"全中文掌上手写电脑和一系列自主开发的高科技产品。而后在短短一年的时间里，张征宇所领导的恒基伟业公司发展了控股公司和参股公司15家。（注：以下简称恒基伟业）

1999年底，恒基伟业的"商务通"就实现销售额7亿多元，市场占有率达到60%的奇迹，震惊了业内外，也使PDA家喻户晓，成就了一个"商务通"时代。

2003年3月，张征宇任恒基伟业投资发展集团有限公司董事长。

2004年6月，加入北京银行董事会。

所获荣誉：

1990年，"科技之光优秀企业奖"。

1993年，国家级有突出贡献的中青年专家。

1992年，国务院特殊津贴获得者。

1993年，中央国家机关"十大杰出青年"。

1993年，团中央"全国杰出青年企业家"。

张征宇现任北京恒基伟业电子产品有限公司董事长、北京民营科技实业家协会常务理事、全国政协委员、北京市政协委员、北京市工商联副会长、全国工商联常委、全国青联常委、中国青年企业家协会副会长。

1987年1月5日——华科公司成立

1987年1月5日，由电子工业部六所创办的"电子工业部六所华科通信技术服务公司"成立，注册资金30万元。许瑞洪任公司法人代表兼总经理。1988年，该公司更名为"华科通讯新技术开发公司"。

1987年1月6日——中科院启动光学研究所改革筹办中国大恒集团公司

1987年1月6日，中国科学院向中央领导和中央财经领导小组呈送关于《中国科学院光学研究所改革方案》。中央领导批示"对这项改革应给予支持"。

1987年4月29日，中央财经领导小组在召开的办公会议上，对中国科学院光学研究所的改革方案予以充分肯定与支持。

中科院光学研究所改革方案的基本点是：

（1）将中国科学院已有的六个光学研究所改为公司（同时仍保留原研究所建制），成为从市场出发，以组织商品生产为目的的科研生产经营体，实行技工贸相结合。研究所转化为公司后，仍保持一支精干的队伍从事科学研究，包括承担"863"任务和进行一些开拓性、高风险的技术研究。

（2）建立大恒企业集团公司。企业集团为全民所有制的独立法人，自主经营、独立核算、自负盈亏。公司实行董事会领导下的总裁负责制。六个光机公司为第一批成员单位，在自愿互利原则下，吸收其他企业参加，逐步发展为外向型企业。集团以光电子技术为发展方向，着眼于开发新产品、生产制造和销售服务一体化。

1987年6月8日至10日，中国科学院在京召开六个光学研究所负责人会议，讨论落实改革方案。决定在体制上将彻底改变现行研究所的结构；工作上实行战略转移，用主要力量发展国家光电子产业；同时大力加强联合，吸收企业参加，努力创出一条新路子。会议讨论了集团公司章程；决定了集团公司第一批成员单位名单。

1987年8月27日，中国大恒集团公司正式成立。

（注：以上资料来自于中科院官方网站"1987年中科院编年史"）

1987年1月7日——亚都研究所成立

1987年1月7日，何鲁敏创办"北京亚都建筑设备制品研究所"，地点为北京市西城区鼓楼附近，注册资金5万元是何鲁敏向街道办事处借来的，借款期为一年。该所专门从事人工环境科技及产品的开发与生产经营和技术服务等工作。何鲁敏任该所法人代表兼所长。当时何鲁敏用的是"何卢敏"名字注册的该所，这是亚都公司的前身。

何鲁敏是北京及中关村民营科技企业第一代创业者。

该所还有一个著名的合伙人孙寅贵，不久孙寅贵离开该所创办民营科技企业百龙绿色科技公司，以百龙矿泉壶获得巨大收益。

1988年，何鲁敏以每台300元的价格进口500台民用加湿器，对外零售价格690元一台，该产品在北京国外驻华机构销售势头良好，何鲁敏决定生产亚都民用加湿器。

1989年,何鲁敏与天津某乡镇企业合作获得资金,成立"天津亚都加湿器联营厂",生产亚都民用加湿器,亚都民用加湿器对外零售价格在360元左右。

1990年,何鲁敏在海淀魏公村118号成立"北京市亚都人工环境科技公司",何鲁敏任公司法人代表兼总经理。

1993年12月,经股份制改造,何鲁敏成立北京亚都科技股份有限公司,注册资本1.7424亿元,何鲁敏任公司法人代表兼总裁。

何鲁敏。照片由何鲁敏先生提供。

何鲁敏简介

何鲁敏,男,曾用名何卢敏。

1951年出生于保加利亚首都索非亚。

1982年,毕业于清华大学热能系,获硕士学位。

1982—1985年任职于中国建筑科学研究院空调所,承担"六五"国家重点科技攻关项目。

1985—1987年,何鲁敏赴日本理研钢机株式会社做访问学者。并在日本创办人生中首家公司,因经营不善而倒闭。

何鲁敏现任北京亚都室内环保科技股份有限公司董事长、总经理兼

《亚都物语》。(注:物语两字来自日文,是故事的意思)齐忠摄影。

首席设计师。兼任北京市工商联执行常委，北京工商大学、北京工业大学客座教授，北京民营实业家协会常务副会长等职。

何鲁敏曾获北京市劳动模范、"科技之光优秀企业家奖"、中国优秀民营科技企业家奖、"中国特色社会主义事业建设者"称号。何鲁敏创办的民营科技企业亚都公司，几十年来专注于空气产业的研发、制造和销售，在空气加湿器和净化器领域以执着和专业的精神称霸市场。

1993年6月，出版自传《亚都物语》。

1987年1月22日——周光召出任中科院院长

1987年1月22日，第六届全国人民代表大会常务委员会第十九次会议决定：任命周光召为中国科学院院长。

此前，1987年1月17日，中共中央批准周光召为中国科学院党组书记。

1987年1月24日——北京召开民办企业家座谈会

1987年1月24日，北京市科委在日坛宾馆召开部分北京民办科技实业家座谈会。北京市委常委、市科委主任陆宇澄，中国科协书记处书记陈绳武参加座谈会并讲话。

北京市华夏硅谷公司总裁陈春先（注：已故），北京理化所所长纪世瀛，京海公司总裁王洪德，北京市朝阳区未来科学研究所所长、老红军徐可倬（注：已故）等30多位北京民营科技企业家参加了座谈会。

1987年2月3日——吕克健创办丰台天安研究所

1987年2月3日,吕克健和叶玉古两人,在北京丰台区郑常庄创办民营科技企业"北京天安高效益技术研究所",注册资金3万元,吕克健任法人代表兼所长。

1988年,吕克健与杨振华(女)合作,推出保健产品"北京天安851超级营养液",简称"天安851",该产品当年在市场十分畅销,使天安研究所成为北京市最大的保健品制造商,也成为中国大陆最大的生产制造保健品的民营科技企业。

天安研究所内部刊物《天安人选萃》,由杨成武将军题名。齐忠摄影。

1989年7月13日，北京天安高效益技术研究所生产的"北京天安851超级营养液"，在日本通过了厚生省的食品卫生法和药品法的检查化验，并被厚生省正式批准进入日本市场。

吕克健简介

吕克健，男，1936年出生于湖北孝感市城关镇，少年曾在汉口当过学徒，是北京民营科技企业第一代创业者。

1961年，毕业于西北工业大学飞机系，曾任航空工程师，国家经

吕克健自传《我的企业观》。

委处长。

1985年，下海创办"北京天安高效益技术研究所"的前身"经济效益报专家咨询事务所"。

1987年2月3日，创办民营科技企业"北京天安高效益技术研究所"。吕克健任法人代表兼所长。

1992年，吕克健任天安制药集团总裁。

1996年9月4日，创办北京天安联合制药有限公司，注册资本1020万元。吕克健任法人代表兼董事长。

1992年8月，出版自传《我的企业观》。曾任北京民协常务理事，荣获首届"科技之光优秀企业奖"等多个奖项。

1987年2月10日——宋健委托中国科协召开全国民办科技实业家座谈会

1987年2月10日—13日，受国务委员兼国家科委主任宋健同志委托，中国科协召开全国民办科技实业家座谈会，80多名来自全国的民营科技企业负责人，各省市科委、科协代表参加了这次座谈会。中国科协主席、著名科学家钱学森也参加了这次会议。

中国科协书记处书纪陈绳武主持会议，中国科学技术协会副主席、党组书记高镇宁致开幕词，国家科委副主任曾宪林在大会上作了报告。

北京市科协代表及民营科技企业负责人共18人参加了这次座谈会。其中有北京市科协代表赵绮秋，中关村的华夏硅谷公司总裁陈春先（注：已故），北京理化所所长纪世瀛，京海公司总裁王洪德，科海公司总裁陈庆振，信通公司总裁金燕静（注：女，已故），北京市朝阳区未来科学研究所所长、老红军徐可倬（注：已故），北京市丰台区东升热处理公司总裁赵东升（注：已故）等。

1987年2月12日——国务院副总理万里、国务委员方毅等在中南海怀仁堂会见全国民办科技实业家座谈会代表

1987年2月12日下午，国务院副总理万里、国务委员方毅、严济慈、张劲夫、宋健、周培源、费孝通、茅以升、钱学森等，在中南海怀仁堂接见全国民办科技实业家座谈会代表。

北京市及中关村民营科技企业家有，首家中国民营科技企业创办者陈春先与纪世瀛、北京市科协副主席赵绮秋（女）、京海公司总裁王洪德、朝阳区未来所所长老红军徐可倬（注：已故）、丰台区东升公司总裁赵东升（注：已故）、信通公司总裁金燕静女士（注：女，已故）、海华公司总裁倪振伟（注：已故）、四通公司负责人等。

接见时，民办科技实业家代表向万里、方毅等汇报了他们顶住压力，不恋"铁饭碗"，致力于进行科研、科技开发工作的情况。

北京民营科技企业代表说："通过多年的实践，认为搞好科技工作，人才流动是很重要的。"

1987年2月12日，中央领导人在中南海怀仁堂与全国民办科技实业家座谈会代表合影。照片由京海公司总裁王洪德提供。

万里同意他的说法,并强调:"民办科技实业家是冲破束缚的'千里马',应该促进人才流动,使英雄有用武之地。"(注:以上资料来自《中国改革开放新时期年鉴》1987年)

1987年2月13日——国务委员宋健指出民办科技实业"贵在民办"

1987年2月13日,在全国民办科技实业家座谈会闭幕大会上,国务委员宋健到会并讲话,他赞扬中国民办科技实业是"贵在民办"。

1987年2月13日——北京民协、中国民协筹备组成立

1987年2月13日,在全国民办科技实业家座谈会期间,参会代表们提出倡议书,要求成立北京民协、中国民协。

宋健表示支持,并确定为"民办协会"。当年有不少代表对"民办"两字表示异议,宋健指出:"民办科技企业是今后的潮流。"并亲笔题词"贵在民办"。在这种情况下,参会代表们接受了"民办"这个名称。

1987年2月13日,北京与会代表组建"北京民办科技实业家协会"筹备组,筹备组成员有赵绮秋女士、王洪德、徐可倬(注:已故)、纪世瀛、赵东升(注:已故)等人。纪世瀛负责起草协会章程。

1987年2月13日,中国科协组建"中国民办科技实业家协会"筹备组。中国科协书记处书记陈绳武(注:已故)任筹备组组长,确定王美华等10人为筹备组成员。

宋健简介

宋健,男,1931年12月29日出生于山东荣成。中国科学院和工

程院院士、系统工程专家。

1953—1960年,宋健在苏联莫斯科包曼高等工学院学习,期间于1958年获得工程师学位,1960年从莫斯科大学力学数学系毕业,同年从莫斯科包曼高等工学院研究生毕业,获得副博士学位,后又获得科学博士学位。

1981—1984年,宋健在北京信息控制研究所工作,先后担任研究员、所长、七机部总工程师、七机部副部长、航天工业部副部长、党组成员。

宋健。照片来自中国工程院。

1984—1986年，宋健在国家科委工作，担任主任、党组书记。

1986—1993年，宋健担任国务委员兼国家科委主任、党组书记。

1992年1月，宋健当选中国科学院技术科学部学部委员（院士）。

1993年，宋健担任国务委员兼国家科委主任。

1998年3月至2003年3月，宋健担任第九届全国政协副主席。

1994年4月，宋健被聘为俄罗斯科学院外籍院士。

1994年6月，宋健当选中国工程院院士、主席团成员。同年11月，当选瑞典皇家工程科学院院士。

1998年6月至2002年，宋健担任中国工程院院长。

1987年2月14日——王洪德举办电子一条街科技沙龙会

1987年2月14日，王洪德在京海公司会议室举行"电子一条街"科技沙龙会。在会上国家科委副主任曾宪林等领导人与中关村科技企业家座谈，曾宪林再一次表示："国家将采取积极政策，扶持、引导民办科技机构健康发展。"

1987年2月20日——中顾委副主任薄一波在中南海接见京海公司王洪德并为京海公司题词

1987年2月20日，中顾委副主任薄一波，在中南海接见京海公司总经理王洪德，听取了王洪德的工作汇报。薄一波并为京海公司题词"发展科技事业，为祖国四化建设服务"。

1987年3月7日——北京西城区科委成立西城区民办科技实业工作者协会

1987年3月7日，在西城区政府的支持下，西城区科委、科协的扶植下，成立了"西城区民办科技实业工作者协会"，周鸿基任协会理事长。

1987年3月11日——国务委员方毅在中南海接见京海公司王洪德并举行座谈会

1987年3月11日，中共中央政治局委员、国务委员方毅在中南海接见京海公司总经理王洪德，并举行座谈会。

参加这次座谈会的有，京海公司科技顾问蒋士骦教授，国家科委、

方毅（左一）在中南海接见京海公司总经理王洪德（左二）。照片来自京海公司王洪德先生。

中科院、国务院科技领导小组办公室等负责人，王洪德向方毅汇报了京海公司情况。

方毅指出："今天这样的座谈会很好，民办科技机构今后路途遥远，一路坎坷，需要你们继续艰苦努力，也需要得到社会各方面的支持。"

1987年3月13日——对中关村民营科技企业四通公司姓"社"、姓"资"的调查

1987年3月13日，海淀区组织由海淀区委调研室、工商、税务、统计等部门十几名成员组成的调查组进驻四通公司，对四通公司的产权和分配进行了详细的调查。特别是企业资产存量和职工收入分配两大块调查组看得非常仔细，调查组调查后的一些数字还让四通公司核对认证。

1987年，社会上不少人对北京及中关村民营科技企业的评价是负面的，认为北京及中关村民营科技企业就是私营企业，北京及中关村民营科技企业家就是私营业主。四通公司就是北京及中关村最大的私营企业，应该姓"资"。

1987年，社会上对有关姓"社"、姓"资"的讨论还十分尖锐。只要企业纳入姓"资"的范围，在当时是要被限制和抑制的。在这种情况下，如果四通公司被纳入姓"资"的范围，四通公司及北京和中关村民营科技企业的前途很让人担心。

1987年，四通公司的营业额达5.1亿元。利润3600万元，纳税1694万元，创汇123万美元，人均销售额76万元，人均利润为6万元，高于北京国营企业人均产值和利润10倍以上。各项经营指标居全国十大计算机生产企业之首。四通公司还在全国建立了近百个经销点，形成了健全的销售网络，公司内部实行职工入股，明确企业财产关系，四通公司已经从一个地区性公司成为全国性公司。

1987年

四通公司宣传手册。齐忠摄影。

调查组对四通公司的调查结果，有以下两组关键的数据：

一、四通公司的资产来源

1987年，四通公司的有形资产在8000万至8300万元。这个数字与海淀区政府历年来给四通公司减免税的数字差不多，四通公司的领导层经过讨论，对公司有形资产总量的数字给以认定。

调查组的这组数据表明，四通公司的全部资产来自于国家历年来给四通公司减免税，没有优惠税收政策的扶持，四通公司资产就等于零，所以四通公司应该是集体企业，不是私营企业。

从今天来看，这种只计算四通公司的有形资产是不对的，四通公司的资产应包括有形和无形资产两大部分。四通公司的无形资产有四通公司品牌，四通 MS 中文系列打字机的知识产权、专利、市场占有率和前景，四通公司在全国各地的营销网络等。

1987 年，四通公司这些无形资产的价值已超过上亿元，比有形资产大很多。可惜的是，那个年代对四通公司这些无形资产是从不计算的。

二、四通公司职工的收入

1987 年，四通公司员工平均月工资为 360 元左右。当年海淀区国有企业职工，中科院科研人员的平均月工资收入只有 70—80 元。对比之下，四通公司员工的月工资显得比较高，有吃光、分光的嫌疑，这组数据对四通公司很不利。

四通公司领导层经过研究，给这组数字加上"注解"。

四通公司在"注解"中说明，四通公司的员工收入虽然比较高，但是，员工收入分配只占到公司毛利润的三分之一。国有企业职工收入虽然比较低，但是，国有企业职工收入分配已经占到企业毛利润的二分之一。从这个角度来看，四通员工的收入分配，比国有企业职工还是低。

四通公司的这个"注解"很管用。调查组向有关领导汇报有关四通员工的月收入时，他们很惊讶，认为四通公司的分配特别高，肯定有违反政策地方。当有关领导听完"注解"后，对国有企业的分配比例很惊讶，就不再说什么了。

1987 年夏，调查组正式宣布："结束对四通公司的调查。"

1987 年，国家规定："国有企业有 5% 的营业额可以作为研发费用。"国家还规定："中外合资企业有减税、半税、三年免税一些优惠政策，深圳特区企业也有一些优惠政策。"北京及中关村电子一条街民营科技企业，无法享受这些税收优惠政策。

1987 年，对中关村民营科技企业四通公司姓"社"、姓"资"的调查事件,虽然平静地结束,却折射出当年对北京及中关村电子一条街民营科技企业姓"社"、姓"资"的大争论,以及北京和中关村电子一条街民营科技企业坎坷的发展历程。(注:本文数据来自于四通公司原副总裁谈锋回忆录《1987年对四通公司姓"社"、姓"资"的调查事件》)

1987年3月18日——王选院士获得EP0095536欧洲专利与中国"748工程"

1982年,王选在香港登记并递交专利申请,作为"高分辨率字形在计算机中的压缩表示"唯一发明人申请欧洲专利。

1987年3月18日,获准授权为EP0095536欧洲专利。

1975年12月,王选院士发明了高分辨率字形的高倍率信息压缩技术(压缩倍数达到500∶1)和高速复原方法,率先设计了提高字形复原

王选院士。齐忠摄影。

速度的专用芯片，使汉字字形复原速度达到 700 字/秒的领先水平，在世界上首次使用控制信息（或参数）描述笔画宽度、拐角形状等特征，以保证字形变小后的笔画匀称和宽度一致。

一、中国"748 工程"的历史

20 世纪 60 年代后期，西方发达国家把计算机从数值计算与数据处理，发展到文字处理、图像处理和管理领域。

20 世纪 70 年代初期，全电子版的英文、法文等表音文字照排系统已有多家公司生产。中国要想进入计算机时代，把计算机技术应用到政治、经济、文化和社会生活之中，首先要解决表意文字的汉字，如何进入计算机领域，如何再快速地用计算机技术输出。也就是说汉字要代码化进入计算机，还要用计算机技术，把代码快速还原为汉字出现在显示器中。这项技术关系到汉字的生死，关系到中国能否进入计算机时代的问题。

20 世纪 70 年代，四机部科技司提出解决汉字信息处理方案，即"汉字信息处理系统工程"，为解决今后出版系统电子化、自动化奠定基础，整体改造铅字排版的印刷行业。由四机部、一机部（注：四机部后更名为电子部、信息产业部，一机部后来更名为机械工业部）、中科院、国家出版局、新华社 5 家为发起单位，新华社既是发起单位又是第一用户。中科院计算所倪光南院士，当年也参加过"748 工程"会议。

1974 年 8 月，国家计委以"汉字计算机信息处理重大工程"报请国务院，经周恩来总理批准正式成立。人们又将该工程称为"748 工程"，该工程分为 3 个系统的研究。

1. 汉字精密照排系统，供印刷出版业使用。

2. 汉字情报检索系统，供信息查询和检索使用。

3. 汉字通讯系统，供远距离信息查询和检索使用。

二、王选院士进入"748 工程"的过程

1975 年春，"748 工程"有关人员到北京大学进行项目座谈会，向北大科研人员征求有关该项目的技术方案。王选的夫人陈堃銶参加了座谈会，回到家中向王选院士述说了该项目。王选院士决定抓住这个机会，选择擅长的汉字精密照排进入"748工程"。通过对国外印刷技术发展状态的了解，王选认为计算机技术会取代古老的铅字印刷，将在印刷领域中占统治地位。他在这个基础上推出"数字存储、信息压缩和小键盘输入"的总体方案，作为北大老师自选项目，争取列入"748工程"。

以下是北京大学计算机科学技术研究所官方网站的记载：

1975年，王选获悉"748工程"项目，对其中的"汉字精密照排系统"项目产生了浓厚兴趣，开始调研、设计该项目方案，并提出了汉字字形信息压缩及快速复原的技术方案——数字存储、字形的轮廓和参数描述，既保证了文字的再现质量，还使字形信息量下降几百倍。

1976年，北京大学成立"748工程"会战组，由当时任教务部主任（后任校长）的张龙翔任组长，王选、陈堃銶成为会战组技术骨干。

王选、陈堃銶等会战组成员完成了字形信息压缩及快速复原技术的研究，并试验成功，使北京大学获得"748工程"中的汉字精密照排系统研制任务，王选负责该系统的总体设计和研制工作。

三、王选进入"748工程"数字存储方案的过程

不久"748工程"精密照排系统论证会在北京召开，在这次会上亮相的有：

云南大学研制的字模管三代机和小键盘编码输入方案。

中科院自动化所研制的飞点扫描西文3代机方案。

新华印刷厂与清华大学合作研制的字模平板移动静止曝光的2代机。

王选研制的数字存储方案。

这次会议确定"748工程"采用2代机方案。王选落选了。但是王选在这种情况下仍继续研究。

1975年12月，王选院士发明了高分辨率字形的高倍率信息压缩技术（压缩倍数达到500：1）和高速复原方法，率先设计了提高字形复原

速度的专用芯片，使汉字字形复原速度达到 700 字 / 秒的领先水平，在世界上首次使用控制信息（或参数）描述笔画宽度、拐角形状等特征，以保证字形变小后的笔画匀称和宽度一致。

换句话说，王选的这项发明，使汉字的压缩倍数高达 500∶1，字形复原速度为 700/ 秒。实现汉字由计算机自由输入与输出，打破中文进入计算机时代的瓶颈。

1976 年 5 月，王选的发明引起"748 工程"发起人、四机部科技局副局长郭平欣的关注，他亲自出题写出 10 个汉字：山、五、瓜、冰、边、效、凌、纵、缩、露，后来又添加"湘"字，对方案进行模拟实验考核，王选顺利通过考核。

1976 年 9 月 8 日，"748 工程"有关领导决定，放弃速度慢、灵活性差、机械故障多的 2 代机方案。四机部正式下文把"精密汉字激光照排系统"研制项目交给王选。

四、九死一生——王选对研制工作的感叹

"这个过程是九死一生的，松一口气就会彻底完蛋。"这句话是王选对"748 工程"激光照排技术研制的感叹之言，也是他为科研耗尽毕生精力，充满血与汗水的感慨之言。

王选院士回忆当年开始研制激光照排技术时说："当年为节省五分钱，我要少坐一站车，从小黄庄走到和平里。"

中国在 20 世纪 70 年代中期是封闭的，只有位于北京东城区和平里的中国科技情报所，有国外出版界的科技杂志和报纸，王选院士当年为了进入"748 工程"，经常到中国科技情报所撰写相关方案。从北京大学东门到和平里的车票为 2 毛 5 分钱，王选虽为北大老师，因得肺结核在家养病很长时间，每月工资降到吃"老保"的几十元钱。因为"748 工程"是他自选的项目，干什么事要自掏腰包。为节约 5 分的车票钱，每次去和平里他都买 2 毛钱的车票到小黄庄下车走到和平里。

孟子曰：天将降大任于斯人也，必先苦其心志，劳其筋骨，饿其体肤。王选院士恰恰是最好的证明。

有人说："现在的北京大学没有培养出过大师级人物！"其实这是痴人之话，王选院士就是北京大学培养出的大师级人物，他的科研精神，光照中华千秋万代！

王选简介

王选，男，江苏无锡人。1937年2月5日出生于上海。

王选一生追求科研，并且廉洁自身，连2.3元的收益也上交国家。在担任北大新技术公司重要职务时，每年只收下北大新技术公司的几本挂历，其他礼物全部拒绝，是中国最受人尊敬的科学家之一。

王选是计算机文字信息处理专家，计算机汉字激光照排技术创始人，当代中国印刷业革命的先行者，被称为"汉字激光照排系统之父"。

1958年，毕业于北京大学数学力学系。

1984年，晋升为教授。

1985年10月26日，王选荣获"中国十大科技成就奖"。

1991年当选中国科学院院士。

1994年当选中国工程院院士。出任电子出版新技术国家工程研究中心主任，北大方正技术研究院院长，方正控股有限公司董事局主席。

1995年加入九三学社。

2002年2月1日，获2001年度国家最高科学技术奖，是陈嘉庚科学奖获得者。

2003年，当选全国政协副主席。

2006年2月13日，因病逝世于北京，享年70岁。

1987年3月28日——中国最早、最大的地区民营科技企业协会北京民办科技实业家协会成立

1987年3月28日，中国最早、最大的地区民营科技企业协会——

1987年3月28日,"北京民办科技实业家协会"成立大会合影。第一排,京海公司总裁王洪德(左一),赵绮秋(左二女),原北京市科委主任邹祖烨(左三),原中国科协书记处书记、后任中国民协理事长陈绳武(左四已故),封明为(左五已故),原北京市副市长陆宇澄(左六),徐可倬(左九已故)、赵东升(左十已故)。第二排,原中国科协干部、后任中国民协秘书长、泰山会秘书长华贻芳(左一已故),信通公司总裁金燕静(左七女已故),陈春先(左八已故),原海淀科委副主任孙景伦(左十已故)。第三排,科海公司总裁陈庆振(左一),海华公司总裁倪振伟(左八已故)。第四排,纪世瀛(左四)。照片来自王洪德先生。

北京民办科技实业家协会在民族文化宫礼堂召开成立大会,出席大会的有国家科委、中国科协、北京市政府、北京市科委、北京市科协有关领导,北京市各区县民营科技企业家等400多人。(注:以下简称北京民协)

在大会上,北京市副市长封明为在发言中指出:"北京市民办科技企业,是北京市各区、县第一路大军。"

北京市委常委、北京市科委主任陆宇澄,在大会发言中对北京民办科技机构给予高度评价,他说:"北京民办科技机构,是首都第六路科技大军。"

在这次大会上,纪世瀛作了协会筹备过程及起草协会章程的说明两项报告。

在这次大会上选举产生北京民协常务理事、理事人选，以及领导架构。

1992年，北京民办科技实业家协会更名为北京民营科技实业家协会，现名为中关村科技企业家协会。

北京民协第一届领导架构及常务理事会名单

（1987—1990年）

北京民协顾问：裴丽生、吴几康、曹绵焕、蒋士骦。

北京民协名誉理事长：北京市副市长张健民、北京市科委主任陆宇澄。

北京民协理事长：北京市科协副主席赵绮秋（女）。

北京民协常务副理事长：京海公司总裁王洪德。

北京民协副理事长：北京未来科学技术研究所所长、老红军徐可倬（已故），北京东升热处理工业炉公司总裁赵东升（已故）。

北京民协常务理事：胡定淮、纪世瀛、沈国钧、陈庆振、金燕静（女，已故）、王钢锋、李大林、周鸿吉、郭湘泗、徐烨、徐荣根、腾俊峰。

北京民协秘书长：京海公司办公室主任周聚泰。

北京民协办公地址在海淀魏公村，京海公司总部。

1987年3月28日——北京未来所所长、老红军徐可倬自费创办杂志《民间科技文摘》

1987年3月28日，北京未来科学技术研究所所长、老红军徐可倬（已故），自费、自编、自印、自办发行杂志月刊《民间科技文摘》。

1993年7月9日，《民间科技文摘》更名为《科技文萃》杂志，正式获得国家出版刊号。该杂志不刊登商业广告、有偿新闻，深受广大民

《科技文萃》杂志。齐忠摄影。

营科技企业家、科研人员的喜爱。

1987年4月3日——中国科学院科仪厂推出ACT监测仪

1987年4月3日,中国科学院科仪厂技术服务公司试制成功我国第一台A-1000型ACT监测仪,填补国内一项空白。

1987年4月7日——陈春先创办华夏硅谷公司

1987年4月7日,陈春先创办"北京华夏硅谷信息系统有限公司"。该公司与美国硅谷太平洋模拟公司合资组建,注册资金50万美元。

陈春先任董事长,李玲瑶任副董事长兼总经理。

1987年4月11日——宣武区民办科技企业家要求对民办企业政策放宽

1987年4月11日,北京宏达机电技术咨询开发公司、北京宣武液压应用技术开发公司等七家民办科技企业,在宣武区科委召开的座谈会上,联名要求民办科技企业应与第三产业有所区别,在税收及奖金等政策上,应对民办科技企业进一步放宽。

1987年4月15日——北京市政府颁布文件推动北京民营科技企业的发展

1987年4月15日,北京市政府颁布《实施"国务院关于进一步推进科技体制改革的若干规定"和"国务院关于推进科研设计单位进入大中型工业企业的规定"的若干措施》(注:见1987年"京政发47号文件")。

该措施规定:"对集体、个体科技机构要继续大力支持和扶植。对这些单位遇到的困难要认真研究,给以疏通渠道或合理解决,促进集体个体科技机构健康地发展。"对北京民营科技企业的发展,起到良好的推动作用。

1987年5月3日——中国民协正式成立

1987年5月3日,中国民办科技实业家协会(注:以下简称中国民协)在北京海淀中国农业科学院召开成立大会。全国政协副主席费孝通、中国科协主席钱学森,中国科协顾问、中科院原副院长裴丽生,全国各省、市民营科技企业家共70多人参加了成立大会。

1987年5月3日,中国民协在中国农科院举行成立大会合影。照片来自王洪德先生。

第一排,左二鲍克,左五钱学森,左六费孝通,左七裴丽生,左八陈绳武,左十一王洪德,左十五华贻芳;第二排,左三为老红军徐可倬。

1987年5月4日,中国民协举行理事会,作出以下选举:

中国民协名誉理事长:方毅、张劲夫、费孝通。

中国民协理事长:中国科协书记处书记陈绳武。

中国民协常务副理事长:四通公司负责人。

中国民协副理事长:李太航、慕山君、张永明。

中国民协秘书长:中国科协干部华贻芳。

中国民协由国家科委领导与管理,中国民协还拥有《中国民办科技实业》杂志,有正式出版刊号。因为中国民协财力有限,只好委托中国民协常务理事、山东快报集团总裁鲍克负责筹办和出版。

1988年3月,中国民协刊物《中国民办科技实业》杂志创刊号。齐忠摄影并收藏。

中国民协还创办内部刊物《会讯》,每月一期,记录协会重大事情,向全部会员单位免费邮寄。

陈绳武简介

陈绳武,男,1925年出生。

1948年,陈绳武参加了爱国学生团体活动,1949年加入中国共产党。大学毕业后历任中共北京市委组织部干事、办公厅秘书,北京市规

1990年11月23日,陈绳武在庆祝北京民办科技实业创业十周年暨首届"科技之光"奖颁奖大会上讲话。齐忠摄影。

划委员会组长,北京市炼焦化学厂副厂长,北京市化工局副局长,北京市科委主任,山东省对外经济贸易委员会主任和党组书记,中国科协党组副书记、书记处书记,中国民协理事长等职。陈绳武为中国民营科技事业作出巨大贡献。

1998年10月28日,陈绳武在北京逝世,享年73岁。

1987年5月16日——四通公司推出2401打字机荣登该年中国计算机行业前20大企业营业额排行榜榜首

1987年5月16日下午两点，四通公司在友谊宾馆召开公司成立三周年恳谈会，并对外宣布推出新产品"四通2401打字机"。于光远、吴明瑜、陈绳武，北京市、海淀区等领导出席了大会并在发言中充分肯定了民办科技企业的地位和作用。

四通公司总工程师王缉志，向来宾讲解了四通2401打字机的新功能。

四通2401打字机还是由四通公司总工程师王缉志主持研发，该打字机外壳由于采用注塑成型外观漂亮，性能上用3.5软盘代替磁带机，打印速度比2400打字机快一倍，增加了显示屏宽度并具有了图形功能，打印时可以图文并茂。

四通2401打字机是一个相对成熟的产品。该产品问世后，击败所

四通公司推出的2401打字机。齐忠摄影。

有竞争对手，垄断了中国大陆打字机市场。

1987年，四通2401打字机市场零售价格为13500元，为四通公司带来巨大财富。四通公司不仅成为中国大陆最大的民营科技企业，还成为1987年中国大陆计算机行业的第一名。

1988年，《计算机信息报》公布"中国1987年计算机行业前20大企业营业额排行榜"，四通公司以1987年营业额5.1428亿元荣登榜首。

第二名是国有企业"中国计算机发展公司"，1987年营业额为3.81889亿元。

1987年5月18日——徐荣祥创办北京光明中医烧伤创疡研究所

1987年5月18日，徐荣祥在北京宣武区创办"北京光明中医烧伤创疡研究所"，徐荣祥任所长。

徐荣祥是北京民营医药科技事业第一代创业者。

1988年，徐荣祥发明的湿润烧伤膏，获得中国卫生部新药证书，成为1984年中国《药品管理法》实施后第一个被批准的中药新药。该药物与烧伤湿润暴露疗法（MEBT/MEBO）是"八五"规划中卫生部向全国推广普及的十项医药技术之一。

1992年，徐荣祥成为获享受国务院津贴的国家级科学家。不久，徐荣祥又创办"北京美宝高科技公司"，任董事长。他还出任《中国烧伤创疡杂志》主编。

徐荣祥简介

徐荣祥，男。1958年2月生于中国山东省沾化县。

1982年，毕业于中国青岛医学院医疗系。

1982年，任济南市第三人民医院外科医师。

徐荣祥与北京民协领导合影，前排左起王小兰（女）、张本正、徐荣祥、纪世瀛、张家林、田志强（已故）。照片来自北京民协。

1987年5月18日，在北京宣武区创办"北京光明中医烧伤创疡研究所"，任所长。

1990年，创办"北京美宝高科技公司"，任董事长。

2002—2015年，徐荣祥任美国SKINGENIX，MEBO公司董事长、首席科学家。

徐荣祥荣获中国第四届十大科技英才奖、联合国科学与和平奖、"科技之光优秀企业家"奖。

徐荣祥历任北京民协副会长、中国医师协会常务理事、中国青年科技工作者协会副会长、中央国家机关青联副主席。

2015年4月14日，徐荣祥于美国家中逝世，享年57岁。

1987 年 5 月 22 日——北京海淀星河科技开发公司成立

1987 年 5 月 22 日，海淀区供销社与广东省佛山市无线电八厂，联合创办的"北京海淀星河科技开发公司"正式成立。这是南方开放地区在中关村电子一条街与当地联合开办的第一家科技企业。该公司注册资金 100 万元，黄显平任公司法人代表。

1987 年 5 月 24 日——王缉志当选海淀人大常委 蒋士骦当选人大代表

1987 年 5 月 24 日，海淀区第九届人民代表选举中，中关村民营科技企业四通公司总工程师、四通打字机发明人王缉志，当选海淀人大常委会委员，中关村民营科技企业京海公司顾问、计算机专家蒋士骦，当选人大代表。

1987 年 5 月 26 日——宣武区民办科技工作者协会成立

1987 年 5 月 26 日，"北京宣武区民办科技工作者协会"正式成立。宣武区副区长张顺芝任协会名誉理事长。

广外液压技术开发公司的经理滕俊峰为协会常务副理事长兼秘书长。该协会为推动宣武区民营科技企业的发展作出巨大贡献。

1987年5月27日——四通公司与日本三井合资成立北京四通办公设备有限公司

1987年5月27日,四通公司与日本三井物产株式会社合资经营的"北京四通办公设备有限公司"正式成立。

段永基出任该公司总经理,王缉志任副总经理。

这是北京及中关村电子一条街民营科技企业中首家中外合资企业。公司地址为海淀区四季青乡北坞村。

北京四通办公设备有限公司,英文名称为"SOTEC"索泰克,来自五个英文词"Stone Office Terminal Equipment Co"的第一个字母。中文意思是"如此技术"。(注:以下简称索泰克公司)

日本三井物产株式会社出资100万美元现金,占该公司25%的股份,四通公司的技术占该公司30%的股份,四通公司提供合资公司办公

位于海淀区四季青乡北坞村的北京四通办公设备有限公司招牌。照片来自王缉志先生。

场地等，占该公司 45% 的股份，该公司主要生产四通打字机。

1987 年初，四通公司出资 250 万元，向四季青乡政府购买四季青乡北坞村一块地产，合资时作价 500 万人民币入股。

索泰克公司享受外资与合资企业免缴三年企业所得税的优惠税收政策，使四通公司与日本三井公司制造、生产四通系列打字机，获得良好的生存与发展空间。

四通公司也凭借四通系列打字机在中国大陆的霸主地位，在全国各省、市建立起庞大的销售网和销售体系，使四通公司快速发展。

1987 年 7 月 15 日——宣武区科委颁布《集体与个体科技机构的审批办法》

1987 年 7 月 15 日，北京市宣武区科委颁布"宣科技字〔87〕10 号文件《宣武区科委关于集体、个体科技机构的审批办法》"，该文件对北京市宣武区民营科技企业的管理更加规范化。

1987 年 7 月 21 日——北达服务部成立

1987 年 7 月 21 日，北大方正首任总裁楼滨龙，在海淀工商局领取"北京市海淀区北达科技服务部"营业执照。（注：以下简称北达服务部）北达服务部企业性质为"安置城市知识青年的集体所有制"，免缴企业所得税 3 年，注册资金为人民币 30 万元，地址为北京大学中关园 2 公寓甲楼。

1987 年 5 月，经北大副校长谢青批准，北大从校科研经费中调拨 40 万元，借款给楼滨龙作为经营计算机的流动资金。此事后来误传为，丁石孙校长借给楼滨龙 40 万元开公司。

北大为规范管理，规定北达服务部为理科公司下属公司，黄晚菊任北达服务部总经理，北大物理系老师张玉峰参加计算机经营工作，出任副总经理，后来出任方正第三任总裁。

不久，北达服务部通过港澳地区商人购进首批计算机和打印机散件，组装好的计算机和打印机，在1个多月的时间内全部售出，获得利润10多万元。

1987年8月15日——北京市颁布《关于解决科技人员流动中擅自离职问题的通知》

1987年8月15日，北京市人民政府颁布《关于解决科技人员流动中擅自离职问题的通知》，该通知为北京市民营科技企业的发展起到巨大推动作用。通知规定如下：

各区、县委，区、县人民政府，市委、市政府各部、委、办，各局（总公司）、高等院校：

我市人才流动工作的开展，对新技术的传播、城乡经济的发展起了积极作用。但在1985年京组发〔85〕4号文件《北京市关于促进专业技术干部合理流动的几项试行意见》下发前，由于有关人才流动的政策尚不完备，曾出现过少数科技人员未经单位批准、擅自离职到新单位工作的现象。这些科技人员有的已被原单位开除、除名，有的虽未做处理，但至今没有转移人事关系和档案。这是改革过程中出现的新问题。为进一步推动人才合理流动，根据国发〔1986〕73号《国务院关于促进科技人员合理流动的通知》的文件精神，现将对人才流动中擅自离职科技人员的处理办法通知如下，请按照执行：

一、在中央提倡人才合理流动以后，至1985年9月底以前，科技人员因擅自离职流动到其他单位工作，而受到开除、除名处理的，一律予以撤销，并按以下精神重新处理。

1. 对离走前工龄超过5年、流向合理的科技人员，若他们在离走前曾提出过调动申请（包括先申请调动后又提出辞职的），应按补办调动手续处理。其余人员原则上按补办辞职手续处理。

2. 离走前未提出调动或辞职申请，属于不辞而别，事后又未提出补办手续要求的，可按自动离职办理。

3．对离走时私自带走原单位的科技成果、技术资料、仪器设备，侵犯原单位技术权益的，要由原单位实事求是地作出处理结论，追回技术资料、停业设备，然后才能补办手续。

4. 凡科技人员本人要求返回原单位的，现用人单位要予以放行，原单位要欢迎，并妥善安置好工作，不得歧视。

二、1985年9月底以后发生的科技人员擅自离职问题，仍按《北京市关于促进专业技术干部合理流动的几项试行意见》办理。若处理不符合《试行意见》规定的，按《试行意见》予以纠正。

三、档案转移。

对人才流动中科技人员的档案，要严格按照国家有关规定转移，任何单位不得无故扣压或拖延转移时间。批准调动的科技人员，其档案及行政、工资关系按职工调转有关规定转移至新单位。新单位是乡镇企业、城市集体企业或民办机构的，转至其所在地的区县人事部门，原单位要负责将转移情况通知科技人员本人和现所在单位。批准辞职的科技人员，其档案由原单位转至新单位或本人户口所在地的街道办事处，并将转移情况通知科技人员本人。按自动离职办理的科技人员，其档案转至本人户口所在地的街道办事处。档案转移一般要在3个月内完成。档案转移至街道办事处的，各用人单位经科技人员本人同意后，可持单位人事部门或上级人事部门的介绍信至街道办事处提取档案，办理有关录用及聘用手续。街道办事处向接收单位转移档案及录用、聘用科技人员必须征得本人同意，并不得以任何借口扣压他们的档案。

四、各单位要认真执行本通知的各项规定，在通知下达后尽快将需要重新处理的人员处理完毕。今后，科技人员流动，必须遵守国家政策规定和劳动纪律，按照北京市和国务院有关文件规定办理手续，不得擅自离职。各用人单位在录用科技人员时要严格遵守国家人事管理的有关规定。

1987年8月24日——宣武区科委推出宣武区民办科技机构现状调研报告

1987年8月24日，北京市宣武区科委在《宣武调研》第六期，发表《宣武区民办科技机构现状的调查》调研报告，是研究北京市城区民营科技企业重要的历史资料。

1987年8月27日——中国大恒公司成立

1987年8月27日，由中国科学院出资1000万元人民币创办的"中国大恒公司"成立。原中自公司总裁张家林出任该公司总裁。

1998年12月14日，"中国大恒公司"改制更名为"大恒新纪元科技股份有限公司"，张家林任总裁。

2000年11月29日，"大恒新纪元科技股份有限公司"在上海证券交易所上市，名为"大恒科技"，股票代码：600288。

中国大恒公司"大恒"两字，是以中科院王大珩院士的名字谐音命名。王大珩院士是中国大恒公司的第一任名誉董事长。

王大珩简介

王大珩，男，江苏吴县人。1915年2月26日出生于日本东京，2011年7月21日病故，享年96岁。

1936年，毕业于清华大学物理系。

1938年，赴英国留学，先后就读于伦敦帝国理工学院、谢菲尔德大学。

1948年6月，从香港乘船至上海，后经北平研究院物理研究所所长严济慈先生聘请，到该所从事光学研究工作。

1949年3月28日，从上海到香港，辗转朝鲜、沈阳等地抵达大连，参加创建大连理工大学，并主持创建应用物理系，任系主任。

1951年，中国科学院邀聘王大珩去北京筹建仪器研制机构。

1952年，中国科学院仪器馆长春光机所在长春成立，他被任命为馆长、所长。该所在他的领导下，30多年来使中国应用光学研究及光学仪器制造从摇篮而发展成为重要科研基地。

1979年，由于在中国国防光学科研中所做的贡献，王大珩荣获"全国劳动模范"称号。

1985年，"现代国防试验中的动态光学观测及测量技术"项目获国家科学技术进步特等奖，王大珩是首席获奖者。

王大珩是"两弹一星功勋奖章"获得者，应用光学家，中国光学事业奠基人之一，中国科协副主席，中国科学院院士、中国工程院院士。

1987年9月2日——夏俊生采访中关村写出内参，引发某部门负责人批示，开启创办海淀新技术试验区

1987年9月2日，新华社北京分社领导派该社财经记者夏俊生，采写一篇反映中关村电子一条街的科技企业在科技体制改革发展方面的综合性报道，作为新华社北京分社庆祝国庆38周年的重点成就稿。

夏俊生采访了华夏公司总裁陈春先、科海公司总裁陈庆振、京海公司总裁王洪德、四通公司负责人、信通公司总裁金燕静、中科院计算所计算机技术公司（注：联想公司的前身）副总裁李勤、希望电脑公司总裁周明陶等民营科技企业和民营科技企业家（注：当时称为民办科技企

业),以及中国科学院、国家科委、北京市科协、北京科技发展研究中心、北京市科学研究中心、海淀区政府研究室、海淀区科委、海淀区税务局等有关部门和研究机构,听取民营科技企业家的要求和呼声,了解各方面对发展民营科技企业的看法、意见和建议。

1987年9月底,夏俊生写了一篇1300多字的新闻稿发到新华社总社。

1987年10月3日,新华社总社将夏俊生的新闻稿,作为通稿向全国播发,这篇新闻报道全文如下:

首都"科学城"边出现一条高技术产业街

新华社北京10月3日电(记者夏俊生) 在首都西北郊"科学城"附近,近几年出现了一条新型的高技术产业街——中关村电子一条街。它以其独特的生命力,引起国内外科技经济界的瞩目。有的外国人称它为"推动中国现代化的'硅谷'"。

从西直门外白石桥到中关村长长的林荫道两旁,各种新技术开发中心、公司一家挨着一家。据统计,这条街和附近地区新办的科技企业,已有300家左右。它们涉及电子技术、生物工程、工程物理、自动控制等多种高技术领域。

这条街上1983年7月白手起家的京海公司,已发展成为有22个分公司的全国最大的计算机房工程公司,今年产值可达1.2亿元。1984年借款2万元创业的四通公司后来居上,去年销售额为1.2亿元,在全国十大计算机企业中居第2位,今年可望超过3亿元。据了解,这条街上的大多数高技术企业,人均年创利润都在万元以上,比一般工商企业高出二三倍。

更可喜的是,电子一条街上的企业,在短短的几年中,已开发出4000多项科技成果,都迅速转化为生产力。其中有16项达到国际水平,62项获得国家专利,27项获各级科技成果奖。

中关村高技术产业街的崛起,充分显示了科技与生产相结合的巨大威力。

被称为"科学城"的中关村地区，集中了中国科学院和各部门 80 多个科研机构，附近还有清华、北大等 30 多所高等院校，共有 4.5 万多名科技人员、高校教师，人才密集世界罕见。但是，长期以来的封闭型科研旧体制，隔断了科学技术与经济建设之间的紧密联系，不少科技人员无法施展自己的才能。

改革、开放，使这片科技沃土孕育出新的生命。许多科技人员冲破种种阻力，走出高楼深院，到"一条街"上艰苦创业；中国科学院和所属的研究所，也到"一条街"上设立扩散新技术的"窗口"。"一条街"很快出现了科技实业家群星灿烂、各种科技企业并起争雄的兴旺景象。

这些科技企业既不同于科研机构，又不同于一般工商企业。它们的共同特点是：由科技人员领办；主要从事高技术的开发和推广；实行技（技术开发）、工（技术加工）、贸（与业务有关的商品销售）综合经营，以技促贸，以贸养技；没有"皇粮"可吃，自选题目，自定计划，全靠市场吃饭；企业人员不多，但科技人员的比重大，信息灵，效益高。

在这些企业中，最引人注目的是民办科技实业。这些企业自筹资金，自负盈亏，自主经营，自主决策，自担风险，自定内部分配，人员自由组合，从根本上打破了"铁饭碗""大锅饭"。在这里，谁不好好干就被"炒鱿鱼"，谁不愿意干也可辞职。灵活的用人制度和严格的按劳取酬，使大家都有很高的积极性和工作效率，每个人的才能得到充分的发挥。

完全在市场经济中拼搏的民办科技实业，以最大的风险为代价，换来了最大限度的经营自主权，靠着全新的经营管理方式，取得了令人刮目相看的高效益。"四通""信通""京海""科海"四大公司去年产值 2.77 亿元，占整个海淀区工业总产值的 20%。"四通""信通"人均创利都在 4 万元以上。"科海"三年来开发了 94 项科技成果，1 项达到国际先进水平，3 项填补国家空白。这些仅有三四年历史的公司，都已发展成为各具特色、各有拳头产品，在国内外有一定影响的科技型企业。

"电子一条街"的实践,为我国科技体制改革提供了宝贵经验,也造就了一批科技企业家。这些企业家一改过去科技人员只懂技术不懂经营管理的旧观念,成长为高技术与商品经济相结合的带头人。

(注:1982年12月22日,京海公司正式成立,以上新闻报道有误)

这篇新闻稿发出后,夏俊生决定通过"新华社内参"的方式,向中央领导反映中关村电子一条街的情况,特别是民营科技企业发展中遇到的困难和问题以及各方面的意见与建议。夏俊生的决定得到新华社北京分社领导的支持。(注:新华社内参是新华社把全国各省、市、自治区各方面的新动态写成稿件,专供中央、国务院领导看的一种内部刊物)

1987年10月初,夏俊生完成《中国的"硅谷"》《经营活 效率高 效益好》《民办科技企业家的希望和建议》《民办科技企业几个值得研究的问题》4篇内参。

1987年11月中旬,发给新华社总社。

1987年11月30日,新华社总社发出了前两篇,将《中国的"硅谷"》的标题改为《科技的春天 高技术的产业》。

1987年12月1日,发出了后两篇。

以下是4篇内参全文。

科技的春天 高技术的产业
——北京中关村电子一条街调查之一

新华社北京讯 在北京海淀区,从西直门外白石桥到中关村的大街两旁,各种名称的"电脑公司""新技术开发中心""高技术发展公司"一家挨着一家。这就是我国在改革中出现的高技术产业街——中关村电子一条街。美联社今年8月5日在报道这条街的消息中,称它是"推动中国现代化的'硅谷'"。认为这条街现在的情况"十分类似美国硅谷的初创阶段"。

据统计,这条街及附近地区以科技起家的新企业已有300家左右,涉及微电子、生物工程、工程物理、自动控制、光学电子等多种高技术领域。

这些新型企业具有既不同于科研机构又不同于一般工商企业的新特点：由科技人员领办、管理和经营；主要从事新技术的开发、转让和应用推广；实行技（技术开发）、工（技术加工）、贸（高技术产品销售）综合经营，以技促贸，以贸养技；根据市场需要自选科研课题，自负盈亏，靠开发技术商品吃市场经济饭；企业人员不多，多则几百人，少则几个人，但科技人员比例大，经济效益高。据北京科技管理研究中心对83家企业调查，科技人员占职工总数的48%，多数企业人均年创利都在万元以上。

近几年，这条街上的新型企业已经开发了4000多项科技成果，其中16项达到国际先进水平，62项获得专利。像京海公司的计算机新型冷轧抗静电活动地板，四通公司的中外文电子打字机，科海新技术开发中心的新型高效抗生素托普霉素，信通公司的微机朝鲜文处理系统，海华新技术开发中心的激光对抗军事演习系统中的电子遥测遥控系统，北方电脑公司的32位超级微电脑等技术成果，都达到世界先进水平或填补了国内空白。

中关村电子一条街上的新企业，有70%从事计算机软件、硬件的开发、经营和技术推广，是全国最大的计算机专业市场，业务覆盖面遍及全国。电子工业部的领导曾感慨地说：多年想搞都没搞成的计算机推广和应用工作，由电子一条街推广开了。

一些经济学家认为，这种以技术为核心、以科技人员为主体、向社会提供技术产品和技术服务的企业，可以称为技术产业或科技型企业。

作为我国技术产业的标志，中关村电子一条街的出现不是偶然的。它是在中央提出要迎接世界新技术革命挑战和深入进行经济体制、科技体制改革这个大气候中的产物。

被称为"科学城"的中关村地区，集中了国务院和各部门80多家科研机构和北大、清华等30多所高等院校，有4.5万多名科技人员和高校教师。这些科技人员在过去无法施展自己的才能,而在改革、开放的新形势下,才发挥了很大的作用。中科院物理所研究员陈春先,受美国的硅谷等新技术扩散区的启发,在北京市科协的支持下,和一些科技人员与海淀区的单位合作,于 1980 年 10 月办起了中关村地区第一家民办科技机构——北京先进技术发展服务部。陈春先的做法,在当时受到不少人的责难。1983 年 1 月,胡启立、方毅等领导同志在新华社反映陈春先创办民办科技机构的内部材料上作了指示,肯定了陈春先的做法。于是,越来越多的科技人员冲破阻力,到"一条街"上创办科技企业。中科院和所属的研究所也把创办科技企业作为科技体制改革的一条路子,使电子一条街很快红火起来。

中关村电子一条街的实践说明,技术产业在我国的兴起,对于开拓技术市场、推动我国技术进步和科技体制改革、促进人才的合理流动等方面都有重大意义:

一、科技企业搞科技开发,搞出的成果不能是展品、样品,必须是得到市场承认的商品。这就逼着企业把科研同经济建设紧密结合起来。这条街上的科技企业,不仅自己开发的技术成果迅速变为生产力,而且把中科院积压多年的科研成果变为实用技术,投向市场。中科院计算技术研究所研制的计算机抗干扰稳压电源,曾荣获 1978 年全国科技大会奖,但一直不能投入生产。信通公司成立后,委托计算所加工,由信通公司推广和销售,现已投放市场 300 多台,获利 15 万元。

二、科技企业的科技成果,有不少是高技术产品,有些还进入了国际市场,但更多的是用于支持乡镇企业和改造传统产业。据北京市科委、科协等单位的调查,北京市 200 家民办科技企业去年开发科技项目和新产品 1355 项,其中向乡镇企业推广和转让 247 项,占 18.2%;改造传统工业 77 项,占 5.6%。这说明,科技企业的发展,会使技术市场上的"商品"更为丰富多彩,有利于加快企业的技术进步和产品更新换代。

三、科技企业不吃"皇粮"、自负盈亏的经营方式,为国家科研机构改革提供了借鉴，应用科研机构完全可以自己养活自己。

四、技术产业的兴起，科技型企业的发展，使一批科技人员成长为既懂科学技术又懂经营管理的新型企业家。过去，科技人员重研究，轻开发，更瞧不起做买卖，办企业。现在，越来越多的科技人员到科技实业中大显身手。

鉴于技术产业在我国还是一种新产业，又是需要大发展的产业，目前还缺少一整套适合技术产业发展的政策、法规和管理办法，一些科技人员建议国家对个体、集体和全民科技企业通盘考虑，研究技术产业的政策、法规和管理办法，以促进我国技术产业的发展。（记者夏俊生）

经营活　效率高　效益好
——北京中关村电子一条街调查之二

新华社北京讯　北京中关村电子一条街上的高技术产业，形式多样，经营活跃，经济效益好。

这条街上的高技术产业的主要形式是：（一）由离职、辞职的科技人员自由组合，或者是由高等院校的教师自己组织起来，与北京海淀区的单位合办的集体科技企业，国家在税收、信贷等方面给予扶持。有人称为"民办官助型"，这类企业以"京海""四通""海华"为代表。"京海"公司开始是中科院计算所工程师王洪德等8名科技人员辞职后创办的。"四通"公司开始是由中科院计算中心等单位的7名技术人员与四季青乡合办的。"海华"是以倪振伟为首的清华大学教师自己组织起来与海淀区合办的。这些企业归海淀区管理，但区政府对企业的经营管理并不干涉。（二）由国家科研机构与海淀区的单位共同投资入股或借资联办，由科技人员管理经营的集体科技企业。有人称为"官有民办型"。这类企业以"科海""信通"为代表。"科海"是中科院与海淀区政府共同借资联办的。"信通"是中科院计算所、科学仪器厂和海淀区新兴产业开发公司三家各入股100万元联办的。这种企业的人员由联办各方派出，主要由中科院系统的科技人员进行管理和经营，人员的隶属关系不变。企业实行由联办各方组成的董事会或管委会领导下的总经理负责制,除了大政方针交由董事会或管委会进行讨论决定外,企业由总经理自主经营。(三)由各部委和北京市的国家科研机构兴办的全民科技企业。如中科院及所属研究所创办的几十家公司。中科院系统的公司分为院管公司和所管公司两种。

这三种科技企业中,前两种通常被人们称为民办科技企业。民办科技企业由于受到的行政干预少,活力大。其中第一种民办科技企业用最大的风险换来了最大限度的经营自主权,搞得最为活跃。民办科技企业自筹资金,自主经营,自负盈亏,自定内部分配,人员自由组合,具有一套全新的经营管理方式:

在经营上,完全是市场导向。国家不给钱,也没有什么计划内课题,更没有计划内物资,不干就没有饭吃,全凭企业到市场上去拼搏,根据市场需要确定科研课题和经营项目。

在管理上,实行经理负责制。内部实行分层次目标管理,分公司经理由总经理聘任,定出经营目标,达不到目标者下年不再聘用。由于领导核心或是共同创业的"亲密战友",或是由总经理挑选的志同道合者,没有个人恩怨,很少有内耗和摩擦,又不需要层层请示和汇报,工作效率高,决策快。

在用人上,实行灵活的制度。谁不好好干就被"炒鱿鱼",谁不愿意干可以随时辞职,来去自由。企业内部职工也可以自由流动。民办科技企业都聘请了不少兼职科技人员。企业用人以"才能"为先,只要是"能人",就大胆任用。

在分配上,严格按劳取酬,拉开档次。这些企业中各部门的奖金分配一般都实行与效益挂钩的办法。领导骨干和科技骨干的报酬比较高。有些民办科技企业职工的奖金分配实行"发红包"或直接给职工存入银行信用社的秘密分配形式。

民办科技企业比较彻底地打破了"铁饭碗"和"大锅饭",调动了职工的积极性,比较好地适应了市场经济的竞争机制,取得了高效率和高效益。许多企业的营业额几乎每年都以200%的速度递增，人均年创利三四万元以上，三四年时间就发展成为具有拳头产品和经营特色的全国性企业集团。

以赶超世界上最大的计算机公司IBM为奋斗目标的四通公司，1984年5月借款2万元创业，去年营业额达到1.2亿元，在全国十大计算机企业中名列第一。今年营业额可望达到3亿元，成为我国目前营业额最大的民办科技企业，并以研制的中外文电子打字机作为技术入股，与日本三井公司建立了合资企业。

"科海"公司1983年5月创办时只有7个人和10万元借款，近几年开发了近百项科技成果。除上缴税利外，已积累固定资产和流动资金800多万元。

北方电脑公司1985年的营业额只有380万元，1986年达到1530万元，今年可达7000多万元。在美国IBM公司宣布研制成功32位超级微电脑386系统之后15天就推出中国的32位超级微电脑。去年人均创利10万元。

民办科技企业不要国家一分钱的开办费和科研费，却开发了大量的高技术产品，创造出显著的经济效益和社会效益，应予支持。但是，目前社会上对民办科技企业还存在着不少偏见。一位民办科技企业的总经理说，对民办科技企业，上面有些人犯的是"白眼病"，社会上有些人犯的是"红眼病"。一些领导总信不过民办科技企业，认为科技人员辞职办企业是为了个人发财，民办科技企业经营管理中问题很多；社会上一些人不看民办科技企业的高效率和高效益，不说民办科技企业职工冒的风险和与全民企业职工不同的劳保福利待遇，只看到这些人拿的钱多一些，就大喊大叫。这些都不利于民办科技企业的发展。

目前，全民科技企业，特别是中科院各所办的公司活力远不如民办科技企业，应当进一步放宽政策。比如，在人事制度上，中科院系统的公司，是否作为独立核算的企业，调进人员可以不占用中科院的编制。因为其工资由公司支付而不用国家出钱。中科院在院管公司、所管公司之间的人才流动也可适当放宽，把人才流动搞活。对于所办公司，可以实行责、权、利统一的经营承包责任制，进一步调动所办公司经营管理人员的积极性。（记者夏俊生）

民办科技企业家的希望和建议
——北京中关村电子一条街调查之三

新华社北京讯　在中关村电子一条街上，最有活力的是由辞职、停薪留职或离退休科技人员创办的四通、京海等民办科技企业，这样的民办科技企业全市已发展到519家。它们的创立，使我国的技术产业出现了个体、集体、国营一齐上的新局面。

民办科技企业作为国营科技机构的补充和竞争对手，正发挥着越来越大的作用。但是，民办科技企业在发展中也遇到不少困难和问题。一些民办科技企业家和北京民办科技实业家协会的同志，就国家如何改善民办科技企业的管理和促进民办科技企业的发展，提出了一些希望和建议：

一、工商管理部门对新办科技企业的审批，像审批一般"公司"一样，必须有上级主管部门担保，否则不准开业。这就使民办科技企业不得不到处找个"婆婆"来管自己。有的找到乡镇企业，有的找到街道。有些"婆婆"对科技企业并不能提供什么支持和帮助，只是收管理费和要利润。找不到"婆婆"或不愿找"婆婆"的个体、集体科技企业，看文件、鉴定和申报科技成果、评定职称、涉外活动、向银行贷款等，都没有渠道。有的连人事档案、党团关系都无处接收，只好放在自己家里。有的几家合办的民办科技企业，党团关系也没有理顺。

为此，一些同志提出，北京市已经制定了民办科技机构管理办法，对于新开办的个体、集体科技企业，由各级科委按照规定的开办条件进行审批，工商局核发营业执照。个体、集体科技企业开业后，统一由所在地区的科委管理和协调。也有的同志建议，考虑到由科委管需要增加管理人员，可建立在科委或科协领导下的民办科学院或授权给民办科技实业家协会，统一管理民办科技企业，为民办科技企业提供服务，疏通各种渠道。民办科学院可以通过收取服务管理费的办法实行经费自给。不管归谁管理，民办科技企业作为独立法人自主经营，依法纳税，资产不能清偿债务时就宣布破产。

二、要解决人才流动问题。国家科研机构人才流动的闸门不打开，民办科技企业就难以发展。人才合理流动的阻力，主要来自国家科研机构。有些要到民办公司工作的科技人员并非业务骨干，也不被重用，单位就是卡住不放。不放人的理由是"你也走，他也走，都走了怎么办？"有些单位宁可开除也不允许科技人员辞职或停薪留职到民办科技企业去工作。民办科技企业则常常站在"挖国家科研机构墙脚"的被告席上。京海公司经批准今年4月在社会上公开招聘科技人员，准备招80人，报名者多达1300人，但至今招进的还不足10人，主要是想要的人原单位不放。信通公司是中科院计算所、科仪厂和海淀区三家合办的公司。但中科院系统的科技人员要来信通公司，必须首先调进计算所或科仪厂。这两个单位受编制限制又不能进人，就只能由中科院除名，把人事关系转到海淀区再进信通公司。这就使中科院不少不愿丢掉"院籍"的科技人员下不了去民办科技企业的决心。

据北京市科委等单位的调查，北京市40家国营科技机构去年共有科技人员12202人，投入课题研究的人员只占36%。这说明国营科研机构的"富余"人员是很多的，放出一些并不影响科研工作。全市519家民办科技企业中，中等专业职称以上的科技人员约有5000人，只占北京地区科技人员总数45万人的1.1%。而这1.1%科技人员所创造的效益和释放出的能量，却成倍地超出他们所占的比例。如果作为民办科技企业"人才库"的国家科技机构再放出一些科技人员，就会大大推动民办科技企业的发展。为解决这个问题，一些民办科技企业家建议，国家制定有关人才流动的法规，设立人才流动的仲裁机关，对于因人才流动引起的纠纷，由仲裁机关依法解决。

三、要求民办科技企业与国家科技机构和国营企业在平等条件下竞争。目前，民办科技企业意见最大的是得不到进口许可证和国家科技项目。有的民办科技企业负责人反映，电子工业部只给系统内企业发放计算机进口许可证，而不发给民办科技企业。有的国营电子企业拿到许可证便高价倒卖。一台计算机的进口许可证批文竟卖几百元甚至1000元。卖上1000台的批文就赚几十万元。这笔钱让倒卖进口许可证的企业赚还不如由国家赚。他们建议国家像发行重点建设债券一样发行电子振兴债券，购买一定数量债券的企业发给一台进口计算机的许可证。国家可利用发行债券集中的资金来实现计算机国产化。

一些民办科技企业家建议，对于国家的科技攻关项目，不要只下达给国家科研机构，而应当在社会上公开招标，由民办科技企业和国家科研机构、大专院校等科技机构进行竞争，谁中标谁进行承包，把竞争机制引进科技领域。

四、经营场地困难，希望北京市统一规划和开发，把中关村地区建成类似外国科技园区的中国高技术产业区。

五、希望国家对科技企业实行优惠的税收政策。科技企业作为一种风险性企业，以轻税为宜。

六、稳定国家对民办科技企业的政策，制定法律。民办科技企业虽然在经过1983年前后的大发展、1985年下半年的落潮之后开始进入稳定发展阶段，但不少人对国家关于民办科技企业的政策仍然没有底。科技人员对政策的变化最为敏感而且承受能力又低。不少民办科技企业家反映，他们办企业不仅要冒经营上的风险，还要冒政策上的风险。这正是许多科技人员想去民办科技企业又下不了决心的原因。

民办科技企业家们希望，国家进一步明确和稳定对民办科技企业的政策。否则，既容易助长民办科技企业"分光吃净"等短期行为，也不利于民办科技企业的发展。一些民办科技企业家还提出，世界上不少国家都有科技企业法，建议我国也要研究和制定科技企业法规，使科技企业的发展和管理有章可循。（记者夏俊生）

民办科技企业几个值得研究的问题

——北京中关村电子一条街调查之四

新华社北京讯　记者在调查中感到，民办科技企业有几个问题值得研究：

一、关于民办集体科技企业的性质。像四通、京海这样的民办集体科技企业，不同于二轻系统那样的老集体企业，也不同于近几年国家资助办起来的街道集体企业，而是在不要国家一分钱的情况下，由一些自由组合的科技人员自筹资金创办起来的。公司的财产到底归谁所有？像有的公司那样干几年把赚的钱分掉散伙行不行？四通这样的民办公司，如果停办了，公司的财产是归全体职工，还是归几个创办人，还是归国家？如果创办者不想干了离开公司，他应不应该得到一定的报酬？这些问题谁也说不清楚。从道理上讲，既然是集体所有，就应是全体职工所有，而创办人又应占有较多的份额。但也有的人认为，国家虽然没有投资，可是对企业免征了所得税，实际上等于国家投了资，因此企业最终还应属国家所有。

二、对民办科技企业的高收入要不要限制？民办科技企业的收入到底有多少，大多对记者保密。不过多数民办科技企业家都对记者说，科技人员1个月有300元左右的收入也就可以了，太高了在社会上显眼。据北京科技管理研究中心调查，中关村地区民办科技企业1986年人均年收入2022元，其中四通、京海、科海、信通几家大公司人均年工资和奖金3000元左右。当然，民办科技企业中的领导人和科技骨干的收入要比一般职工高1倍左右，年收入可达四五千元甚至更多。据税务部门介绍，大的民办公司的负责人每月都交纳个人收入调节税，说明月收入都在400元以上，多的据说1个月收入600多元。

民办科技企业中科技人员的收入高于国家科研机构，是合理的。因为劳动量大、企业经济效益高，又没有国家职工那样多的劳保福利待遇，还要冒风险。当然，收入过高，就会形成对国家科技机构的冲击。对于民办科技企业的收入要不要有一定的限制？有两种意见，一种意见认为，要有一定的限制，不应与国家科技机构相差过于悬殊。另一种意见认为，国家已有奖金税和个人收入调节税对企业内部分配进行限制，大多数民办科技企业会进行自我约束，不必再对民办科技企业的分配进行硬性限制。否则，不利于民办科技企业的发展。如果收入不高于国家科技机构，民办科技企业对科技人员就不会有吸引力。目前，创办民办科技企业的科技人员不是多了，而是太少了。

另外，也确有民办科技企业存在分光吃净的现象，不顾自己的经营情况盲目追求高分配。要解决这个问题，可对企业税后利润的分配做出具体规定（海淀区集体科技企业税后利润要求按5∶3∶2安排企业发展基金、奖励基金和集体福利基金；中科院则要求所属公司税后利润按6∶2∶2的比例分配），奖励基金不准挤占另外两项基金，特别是企业发展基金，每年还要从奖励基金中提取一定的风险基金，以丰补歉。

三、关于兼职人员的报酬。目前大多数民办科技企业都聘有顾问和兼职科技人员。有的按月长期支付报酬，有的则支付课题研究费。按月支付报酬的每月给二三十元不等，支付课题研究费高低差别更大，少的几十元，多的近千元。这些报酬的支付全由经理决定。有些同志认为，这些报酬在成本中列支，直接影响到国家税收，国家应当有个统一的标准。但另一种意见认为，兼职人员贡献多少不同，只有民办科技企业自己了解，民办科技企业之间还有个人才竞争问题，很难制定统一的标准，就是制定了标准，企业也很难执行。有的同志提出，为了控制企业乱发顾问费和兼职人员费，这部分报酬可列入企业职工奖金中支出，多发多交奖金税。但有些同志认为这样不合理，因为兼职人员确实为企业的技术开发付出了劳动，其报酬应列入成本。而且聘请兼职科技人员有利于民办科技企业的发展，也有利于充分发挥社会科技人员的作用，应当支持和提倡。

税务部门还反映，民办科技企业普遍重视技术开发和经营而轻视管理，财务制度不健全，白条报账多。由于实行科技开发、生产、销售综合经营，销售有批发，又有零售，税率都不一样，现有的工业或商企业会计管理办法都不适用，应当专门研究和制定适合科技企业的会计管理办法，督促和帮助民办科技企业加强财务管理。

四、关于"民办"的含义。按目前通常的说法，都把个体、集体科技企业称为民办科技机构。但有些同志不同意简单地按所有制来区分"官办"与"民办"。中科院的一些院管公司，虽然是全民所有制，但由科技人员自主经营，不好就笼统地称为"官办"。一些同志认为，"民办"是与"官办"相对而言，"官办"企业由国家投资，企业领导人是政府官员，企业是政府的附属物。"民办"企业是民间投资，由非政府官员经营，完全由市场调节。按经营权来划分企业是"民办"还是"官办"更为合理。如果实行了所有权与经营权的分离，国家科研机构和国营企业有了充分的经营自主权，就都从"官办"变成了"民办"。"民办"企业是企业管理体制改革的方向。也有些同志认为，科技企业不论是"民办"的、"官办"的，都有共同的特点，同属技术产业，应当作为一个整体来研究，制定合理的政策和法规。（记者夏俊生）

夏俊生简介

夏俊生，男，1947年9月出生，河北泊头人。

1965年6月，被选调进入新华社工作。

1970年8月，到新华社北京分社当记者。

1992年12月，任新华社北京分社党组副书记兼副社长。

1993年11月，被评为新华社高级记者。

1987年10月3日，采写的关于中关村电子一条街的一组内部调查报告，引起了当时中央领导的重视。中央书记处组织调查组对中关村电子一条街进行了全面调查后，肯定了它的方向和经验。

1988年5月，国务院正式批准以中关村电子一条街为基础建立北京新技术产业开发试验区。

著有《夏俊生新闻作品选》《北京的脚步》等。

夏俊生。照片由夏俊生先生提供。

1987年10月10日——太极计算机公司成立

1987年10月10日，太极计算机公司正式成立，朱新甫任公司总经理。公司地址在海淀德胜门外苇子坑卧虎桥甲2号。

太极计算机公司，是由原电子工业部第十五研究所，现为中国电子科技集团公司第十五研究所发起设立的。

2002年经国家有关部门批准，太极计算机公司整体改制为股份公司，更名为"太极计算机股份有限公司"。

2010年，太极计算机股份有限公司在深圳证券交易所中小板上市，名为"太极股份"。

1987年10月18日——中关村标志DNA雕塑竣工

1987年10月18日，中关村的标志DNA雕塑竣工，竖立在海淀区黄庄路口。该 DNA 雕塑由中国科学院与海淀区政府出资建造。

1987年2月，北京师范学院美术系讲师孙贤陵（注：女），用英国科学家沃森（Watson）、克里克（Crick）DNA 双螺旋结构的分子模型，设计并完成中关村标志 DNA 雕塑，并命名为《生命》。

［注：1953年2月，英国科学家沃森（Watson）、克里克（Crick）通过维尔金斯看到了女科学家富兰克林（Rosalind Franklin）在1951年11月拍摄的 DNA 晶体 X 射线衍射照片，激发了他们的灵感。他们确认了 DNA 一定是螺旋结构。1953年2月28日，人类第一个 DNA 双螺旋结构的分子模型终于诞生。1962年，沃森、克里克、维尔金斯3人获诺贝

中关村的标志 DNA 雕塑。齐忠摄影。

尔生物及医学奖,女科学家富兰克林1958年去世,未得此殊荣。]

中关村标志DNA雕塑高1013cm,直径250cm,基座高90cm,初期是由铝皮板和钢管支架组成呈白色。不久,因风吹雨淋中关村标志DNA雕塑生锈变形,很不雅观。

1992年5月18日,由北京长城钛金公司总裁王殿儒出资,将该DNA双螺旋结构"生命"雕塑模型重新制作,镀上钛金使之金碧辉煌,成为中关村永久性的标志。

孙贤陵简介

孙贤陵,女,1942年4月出生,福建闽侯人。擅长雕塑、中国画。1960年毕业于中央美院附中,1966年从中央美术学院雕塑系毕业。曾任职北京美术公司教具组,北京师范学院美术系讲师,北京建筑雕塑工厂研究室副研究员,国家一级美术师,中国美术家协会会员。

1987年2月,孙贤陵用英国科学家沃森(Watson)、克里克(Crick)DNA双螺旋结构的分子模型,设计并完成中关村标志DNA雕塑,并命名为《生命》。

1995年,荣获"北京市优秀奖科技人员一等奖"。

1987年10月19日——华海公司产品获尤里卡发明银奖

1987年10月19日,华海公司研制的彩色光线画产品,获1987年第36届布鲁塞尔尤里卡发明银奖。

1987年10月20日——昌平科委解决民营科技企业筹建问题

1987年10月20日,北京昌平县科委、县工商局、税务局等共同检查了昌平县当代模具研究所等七家民营科技企业的情况，现场解决了这些企业在筹建过程中的一些具体问题。

1987 年 10 月 21 日——京科公司成立

1987 年 10 月 21 日，经石景山区工商局、区科委、区农委审核批准，石景山区民营科技企业"北京市石景山京科技术开发公司"正式成立。该公司注册资金 3 万元，张楚翘出任公司法人代表兼总经理。

1987 年 11 月 2 日——北京首家以农业生物为主的民营科技企业"北京四海农村技术研究所"成立

1987 年 11 月 2 日，北京四海农村技术研究所成立，它是北京及中关村首家以农业生物蜂毒制药为主的民营科技企业。

该所注册资金 22 万元，由中国农民大学投资。中国农业科学院生物防治研究室副主任、副研究员张盛出任该所法人代表兼所长。

1987 年 11 月 17 日——东欧五国驻华大使参观中关村科技企业

1987 年 11 月 17 日，由外交部安排，东欧五国驻华大使及夫人，参观中关村电子一条街的科技企业。海淀区科委主任胡定淮代表海淀区科委表示欢迎，并陪同参观了有关科技企业。

1987年12月5日——全国民办科技实业首次成果展示会在京举行

1987年12月5日，由中国民办科技实业家协会、北京民办科技实业家协会，联合发起的"全国部分省市民办科技实业首次成果展示会"在北京图书馆报告厅正式开幕。中国民协理事长陈绳武主持开幕仪式。

国务院副总理方毅，中国科协副主席、党组书记高镇宁，中科院原副院长裴丽生，北京市副市长孙孚凌等领导参加了开幕式，全国各省、市、自治区共110家民营科技企业参加了成果展示会。

北京及中关村民营科技企业京海公司、科海公司、四通公司、信通公司、钛金公司、王永民中文研究所、未来科学研究所、东升公司、天安所等参加了成果展示会。这次成果展示会受到全国各界人士的关注，推动了中国民营科技企业的发展。

在成果展示会上，纪世瀛（左一）向国务院副总理方毅（左二）介绍成果展示会。照片来自北京民协。

1987年12月14日——七部委联合调查组对中关村电子一条街调研计划正式启动，与中央创建中国首家科技园海淀试验区的决策过程

1987年12月11日，中央办公厅调研室科技组的负责人于维栋，走访中国科协书记处李宝恒、中国民办科技实业家协会秘书长华贻芳，听取了他们的意见。他们和中关村科技企业家有密切联系，熟悉中关村科技企业的情况。（注：以下简称中办调研室）

一、中关村电子一条街调研方案

1987年12月12日，于维栋起草完对中关村电子一条街调研方案。

方案内容主要有以下四点：

1. 调研的主题。

2. 调研的重点。

3. 调研组的构成。

4. 调研的时间安排、步骤和方法等。

方案里还提出要组成一个由七家单位组成的联合调查组，因为中办调研室科技组只有于维栋、余永龙、李莉三个人。

1987年12月14日，中办调研室主任陈进玉批示："电子一条街的调研计划已经批复，可以开始运作。"

1987年12月15日下午，于维栋陪同芮杏文到中关村电子一条街视察，访问了一批科技企业，并和企业的创办者、企业家们交谈，了解中关村民营科技企业及国有科技企业情况。

二、联合调查组的成员单位

1987年12月17日下午，在中南海152小会议室召开会议，研究成立"中关村电子一条街"联合调查组的问题，芮杏文、温家宝出席并主持了会议。

参加会议的有：

郭树言（注：国务院科技领导小组办公室副主任、国家科委副

主任）

陈绳武（注：中国科协书记处书记、中国民协理事长）

侯自强（注：中国科学院副秘书长）

高原（注：北京市科委副主任）

邵干坤（注：海淀区副区长）

中办调研室于维栋、余永龙、李莉。

这次会议，主要是研究落实联合调查组组建问题，出席会议的七个单位的代表，成为调查组成员单位，于维栋为调查组负责人。

芮杏文在会议中提出，中关村这么多高等学校，教委应该有人参加调查组。因为国务院科技领导小组办公室设在科委，这两个单位可以合二为一，所以联合调查组仍为七个单位派人组成。

这次会议还明确了调查期间的三个问题。

1. 中共中央书记处领导同志要亲自参加一些调查活动，主要是一些重要座谈会。

2. 调查中的重大问题，要召开七单位负责同志会议讨论取得共识。

3. 七单位要有一个单位牵头，即由中办调研室牵头。

三、联合调查组的调查方向

1987年12月21日，在中南海丙楼（中办调研室所在的办公楼）101会议室召开了联合调查组工作人员第一次会议。全体调查组成员参加了这次会议，会议从21日到23日共开了三天。

参加会议的人员有：

国家科委：张正清、侯逸民

国家教委：金石、王晓君

中科院：王平生、赵正甫

中国科协：朱建国、杨春明、华贻芳

北京市科委：王钢锋

北京科学学研究中心：彭树堂

海淀区政府：胡定淮、张振武

北京科技管理研究中心：李国光、王建华

中办调研室：于维栋、余永龙、李莉

以上参加会议人员就是联合调查组的第一批成员。事实上，在调查进行过程中，调查组的成员不断扩大。一部分是从始至终参加了全过程的工作，有一些则是参加了部分工作。

其后参加联合调查组的有：教委科技开发中心肖兴化，清华大学科研处吴荫方，海淀区政府李祖权、李抗英、余冰，当时在国家科委研究中心做毕业论文的博士生蔡莉、硕士生范先乐，中科院统计局邬来坤提供计算机数据出席服务，还有一些同志参加过部分研究问题的会议。

1987年12月21日—23日，联合调查组会议确定了调查方向、调查报告形式、调查报告分类、调查报告分类撰写负责人等。

确定联合调查组的调查报告分为三部分——主报告、副报告、案例与原始材料细分化报告，在调查报告中文字显示量是1∶10∶100。

四、联合调查组的调查报告具体分工及负责人

联合调查组的调查报告具体分工及负责人如下：

联合调查组"主要调查报告"，执笔人：于维栋。

联合调查组调查报告中副报告"电子一条街的基本情况分析"，执笔人：王钢锋。

联合调查组调查报告中细分化调查报告分工及负责人为：王钢锋。

调查报告中"电子一条街的过去、现在和未来"，执笔人：胡定淮、金石、王平生。

调查报告中"各种类型的民办科技企业分析"，执笔人：王建华。

调查报告中"民办科技企业的运行机制研究"，执笔人：彭树堂、侯逸民。

调查报告中"电子一条街环境因素研究"，执笔人：张正清、王钢锋、余永龙。

调查报告中"企业文化与精神文明建设"，执笔人：朱建国、王晓君、彭树堂。

调查报告中"知识分子状况调查",执笔人:侯逸民、肖兴华、金石、王建华。

调查报告中"中关村地区的产业结构、规模经济及效益分析",执笔人:张振武、王平生、肖兴华、王建华。

调查报告中"民办科技企业的收益分配研究",执笔人:张振武、赵正甫、李莉。

调查报告中"中关村的模式与研究",执笔人:李国光。

调查报告中"新技术革命与中关村电子一条街",执笔人:蔡莉、范先乐。

调查报告中还收集和整理了26个案例,负责人是王建华和赵正甫,文字工作是由王建华、周卫民、翟杰金、董文杰完成,由王建华校审。

主报告、分报告和案例后来都收入《希望的火光》一书。(注:1988年5月,《希望的火光》一书由中国人民大学出版社出版)

这些材料和报告最后由于维栋负责审核、修改、统校和定稿,最后交给出版社。

五、联合调查组工作计划

调查组的工作计划分为三阶段进行:

第一阶段是准备工作,1987年12月底以前完成。

第二阶段是调查,主要是收集资料,召开各种座谈会,听取各方面的意见,1988年1月底完成。

第三阶段是讨论、研究、撰写调查报告,1988年2月完成。实际执行结果是主报告首先完成,1988年3月,各种分报告才完成。

六、对中关村电子一条街的科技企业调查工作

1987年12月23日,第一次联合调查组全体工作人员会议结束之后,还有一件工作要在准备阶段完成,就是对中关村电子一条街的科技企业调查,并且把有关调查表分发到企业,调查表的设计工作由彭树堂负责。

联合调查组考虑到中关村电子一条街的范围并不大,决定把调查表发到每一个科技企业，力求掌握全面的情况。

1987年12月28日，联合调查组在海淀区召开"中关村电子一条街"调查动员会，参加会议的除联合调查组全体成员外，还有海淀区主要负责同志、海淀区里各委办局的负责同志、中关村电子一条街的科技企业的代表。此次会上主要由于维栋介绍了这次调查的意图、指导思想、方法、步骤、时间的安排，并提出了要求。

1987年12月30日，联合调查组还专门召开了一次有关填写调查表的会议，请中关村电子一条街的科技企业派人参加，布置了调查表的填写方法、要求和时间等。

1988年1月，联合调查组的调查工作，主要是召开各种座谈会，到中关村电子一条街的科技企业中去参观访问，在参观访问中听取企业家和科技人员的介绍、意见、建议，并和他们展开讨论，回收调查表并初步处理数据，同时进一步收集和消化中关村电子一条街的科技企业资料。在调查过程中，调查组也召开了一些会议，对主报告和分报告的结构和观点不断交换看法。

1988年1月，联合调查组共召开12次座谈会。

1988年1月3日，联合调查组召开离职下海科技人员座谈会。

1988年1月4日，联合调查组召开科技企业家座谈会。

1988年1月5日，联合调查组召开中科院、高校所属科技企业的科技人员座谈会。

1988年1月6日，温家宝在中南海召开科技企业家座谈会。

1988年1月7日，联合调查组召开企业文化座谈会。

1988年1月8日，联合调查组召开中科院所属科技企业的企业家座谈会。

1988年1月9日，联合调查组召开中科院、高校未离职下海的科技人员座谈会。

1988年1月11日，联合调查组召开北京市、海淀区两级政府工商、税收、财政、银行、物价、外汇、劳资、人事等业务部门负责人座谈会。

1988年1月15日，芮杏文在中南海召开国家工商局、税务、财政、银行等部门负责人座谈会。

1988年1月18日，联合调查组召开业务部门座谈会。

1988年1月22日，联合调查组召开海淀区领导干部座谈会。

1988年1月23日，联合调查组召开海淀区领导干部座谈会。

联合调查组12次座谈会，除了1月6日和15日两次在中南海召开的座谈会由中央书记处领导同志主持以外，其余的都是由于维栋主持，地点安排在海淀区政府、中科院或国家教委。

1988年1月3日，温家宝到中关村电子一条街参观视察，参观了京海、四通、海华等民营科技企业，由海淀区张振武陪同。

1988年1月15日，温家宝再次到中关村电子一条街参观视察，参观了中国科学院所属的"国有民营"科技企业，温家宝由中国科学院院长周光召陪同，参观视察中国科学院计算所计算机技术公司等。（注：中国科学院计算所计算机技术公司，是联想公司的前身）

七、联合调查组在中南海举行座谈会情况简介

1988年1月6日上午9点—12点，联合调查组在中南海152大会议室召开举行首次座谈会，会议由温家宝同志主持，主要是听取中关村电子一条街的科技企业家的汇报、意见和建议。

参加会议的中关村科技企业家有：

王震西（中科院三环公司总经理）

陈庆振（中科院与海淀区合办企业科海公司总经理）

张素澄（北京工业学院技术开发公司总经理，北京工业学院现更名为理工大学）

屠焰（中科院科理高技术公司总经理）

许纯儒（清华大学华海公司董事长）

倪振伟（民营科技企业海华技术开发中心总经理）

陈春先（中外合资企业华夏硅谷公司董事长）

金燕静（女，中科院与海淀区合办企业信通总公司总经理）

某某某（民营科技企业四通公司总经理）

王洪德（民营科技企业京海公司总经理）

王殿儒（民营科技企业钛金公司总经理）

柳传志（中科院计算所公司总经理）

周明陶（中科院希望公司总经理）

联合调查组各单位负责人及全体工作人员参加了会议。

参加会议的调查组各单位负责人有：

郭树言、魏永和（国家科委）

朱育理（国家教委）

陈绳武（中国科协）

侯自强（中国科学院）

高原（北京市科委）

邵干坤（海淀区政府）

座谈会还邀请有关部门的负责同志列席会议：

刘绍楚（中国工商银行总行）

李唯一（劳动人事部）

李靖林（国家税务总局）

郑直方（中国农业银行）

刘敏学（国家工商局）

刘林亭（中国银行）

王耀同（外经贸部）

这次座谈会主要是听取企业家的意见，温家宝在听取了企业家的意见和建议后发言，他指出："十一届三中全会提出了两个重要问题：一个是检验真理的标准问题，一个是发展生产力问题。拿什么东西来衡量中关村这几年走过的道路呢？唯一的标准，就是看它是否对发展生产力有利，对改善人民生活有利。研究中关村的经验，首先要打破某些旧观念，打破某些老框框，要看实际效果。我希望各部门的同志，也应该这样看问题。"

1988年1月15日上午,联合调查组在中南海152大会议室举行第二次座谈会,由芮杏文同志主持。

这次会议的内容主要是请中央有关部门座谈"中关村电子一条街"的科技企业政策环境问题。

参加会议的有:

刘敏学(国家工商局)

翁天真(劳动人事部)

李靖林(国家税务总局)

罗洁(农业银行)

王耀同(外经贸部)

刘林亭(中国银行)

连工(工商银行)

李晔、董泽博(电子工业部)

联合调查组各单位负责人:

阮崇武、胡平、王瑞民(国家科委)

朱育理(国家教委)

张宏(中国科学院高企局局长)

高原(北京市科委)

邵干坤(海淀区政府)

联合调查组全体工作人员出席了这次会议,认真听取了各部门负责同志的意见和建议。

芮杏文最后发言说:"中关村电子一条街原来议论纷纷,众说纷纭,组织调查组就是解剖一下麻雀,看看成功在哪里,问题在哪里。我感到这是搞活科技和经济的一条路子。现在看来甩掉大锅饭,自负盈亏,情况就不一样。在上海(注:芮杏文同志曾任上海市委书记)我们搞了科技机构和产业结合,把科技机构并到企业去,搞了半天大家都没有积极性。科研机构到了企业,项目也得不到,待遇也没有提高,企业没有钱让他们搞新产品，搞科技改革，没有新的机制，硬从组织上合并并不解决问题。透过对中关村的经营方式的调查，看能不能得到一些启发，总结一下，立足于扶持，搞出一个政策来。透过中关村也要看看科研问题，中关村科研力量这么集中，有中科院的，大学的，各部门的，地方的，科技发展怎样和生产力发展结合起来。科技和经济结合这个大方针，中央已经确定了，大政策也有了，就是没有具体政策。没有具体政策还是不行。理论上大家都赞成，碰到实际问题最终是束手无策。"

1988年2月，联合调查组的工作重点转入第三阶段，到了内部，消化1月份采集到的各种资料，经过讨论和交换意见取得共识，调查工作采取集中讨论和执笔人分散拟稿相结合的方法，总报告、分报告、案例材料交叉进行。这一阶段主要是文字工作。

八、联合调查组调查报告的完成

1988年2月1日，温家宝把于维栋叫到他的办公室，谈了起草报告的思路。他强调："这次调查要着眼于推动，着眼于把调查的成果转化为中央的决策。"

其后，于维栋向联合调查组全体成员传达了温家宝同志的意见，在此基础上，又讨论了总报告的大纲。

1988年2月5日，联合调查组完成调查报告的初稿并付印。

1988年2月6日，初稿向15个单位（7个调查组成员，8个有关部委）发出，征求修改意见。

1988年2月8日，调查报告改出二稿，再次向上述单位征求意见。回收二稿的意见后，又改出三稿。改出的三稿报送芮杏文、温家宝并联合调查组七单位的负责同志，请他们审阅提出意见。

1988年2月25日，联合调查组又召开了工作会议，讨论各分报告的初稿，提出了修改意见。

1988年2月24日，芮杏文、温家宝同志主持会议，最后敲定了调查报告的基调。联合调查七单位负责人参加了会议，调查组全体工作成员都出席了会议。会议展开了热烈的讨论，讨论的焦点是调查报告的基调定在哪里,是建立中关村科技工业园区,还是支持民营科技企业?

一种意见认为,中关村电子一条街出现民营科技企业,有强大的生命力,应加以肯定和支持。

另一种意见认为,应该建立科技园区。支持民营科技企业,需要有一种有效的载体,而科技工业园正是最好的载体,这也符合国际潮流。会议还对支持中关村园区的政策原则进行讨论,取得了共识。

芮杏文最后做了总结,他说:"今天的会议开得很好,调查组做了不少工作,电子一条街的情况大体上搞清楚了,议论的一些问题总的认识基本统一了。"

芮杏文同志对报告的结构逐条肯定之后,他特别强调:"我赞成搞一个新技术开发区,搞一点特殊政策,甚至比经济技术开发区还要灵活一点。"

芮杏文在讲话中还强调了机制问题,他说:"所谓机制,一条是以市场为导向,一条是完全自主经营,所谓'四自',总的说来就是自主、完全的自主。我赞成问题不是所有制,而是经营机制。中关村之所以有活力,根本问题是机制。"

九、中央创建中国首家科技园海淀试验区的决策过程

1988年3月,联合调查组的工作已经收尾。主报告已经上报给有关方面负责人等,分报告和一部分案例材料等待修改定稿。

1988年3月2日,有关方面负责人对该报告进行批示,指出这篇调查报告很值得一读,建议印发中央财经领导小组会议。

(注:中央财经领导小组,是党中央在财经方面的最高决策机构,组长通常由总书记担任,小组其成员则是由国务院总理及主管财经方面的党内领导同志担任。在当时,科技方面的重大事项,也由这个小组讨论决定,决定后再由国务院或其他部门去贯彻执行)

1988年3月7日上午,中央财经领导小组会议在中南海勤政殿会议室举行。

参加会议的中央财经领导小组成员有田纪云、张劲夫、安志文、杜

星桓、李东治、周建南。

温家宝和宋健同志也参加了会议。

因为是讨论科技问题，有关部委的领导也出席了会议。

阮崇武、蒋民宽、郭树言、朱丽兰（国家科委）

张寿、蔡大烈（国家计委）

周光召、胡启恒（中国科学院）

丁衡高（国防科工委）

朱开轩（国家教委）

胡平（国家经委）

胡兆森（国家自然科学基金委员会）

刘堪史（国务院农村政策研究室）

外交部、财政部、劳动人事部、税务总局、人民银行的负责同志也参加了会议，还有中办和国办的负责人及杜润生和吕东。

这次会议大家发言热烈，讨论了科技工作的指导思想问题，强调了要为经济建设服务，当前特别要为沿海经济发展战略服务；讨论了科技体制改革如何深化的问题；讨论了高技术产业发展的问题；讨论了如何使各种国家级的科技计划如"863计划""攻关计划""火炬计划"等协调起来的问题。在讨论我国高技术产业发展问题的时候，特别把中关村"电子一条街"调查报告结合起来讨论，发言的同志一致赞成调查报告提出的建议，同意建立中关村科技工业园区。

1988年3月7日，中央财经领导小组会议上决定，我国首家由国务院批准建立、国家级的高新技术产业开发区诞生了。

会议结束后，中央财经领导小组秘书组发放了这次会议的简报，简报内容如下：

"在科技力量密集的地区兴办高科技产业开发区，是发展高技术产业的可行办法。可先集中力量搞两三个试点，不要一下子搞得很多，北京'中关村电子一条街'兴办高技术产业的经验值得重视。要在总结他们的经验的基础上，制定一个建立高科技产业开发区的条例，研究、解决好有关政策问题。关于在中关村试办高科技产业开发区问题，委托北京市为主，和科委、科学院、教委等有关单位研究后，提出具体扶持其健康发展的方案。财政之税收、银行等有关部门要大力支持，开绿灯，减少扯皮。"

1988年3月9日下午，温家宝在中海南勤政殿小会议室召开有北京市、科委、教委、中科院和海淀区五单位负责人参加的会议，传达了中央财经领导小组关于建立中关村科技工业园区的决定意见。参加会议的人员有：

陆宇澄、高原、王钢锋（北京市政府、北京市科委）

蒋民宽（国家科委）

朱育理（国家教委）

侯自强（中科院）

邵干坤（海淀区政府）

1988年3月9日，于维栋参加在京西宾馆举行的"全国科技工作会议"上，传达了中央财经领导小组"关于建立中关村科技工业园区"的会议决定。

1988年3月12日，《人民日报》在一版发表中共中央联合调查组的调查报告，标题为"中关村电子一条街调查报告"。

1988年5月10日，国务院批准了北京市政府制定的《北京市新技术产业开发试验区暂行条例》，即18条，宣布了它的正式诞生。

1988年5月27日，汇集了这次调查的主报告、分报告及调查案例的《希望的火光》一书出版，并举行了该书座谈会暨新闻发布会。芮杏文同志为该书写了序言并出席了座谈会。在会上，芮杏文同志寄语进入试验区的科技企业，他说："一定要坚持市场导向和'四自'原则，千万不要走样。"

（注：本文相关数据来自于维栋回忆录《中共中央开创中国首家科技园的决策过程》）

2007年于维栋与《希望的火光》。齐忠摄影。

于维栋简介

于维栋，男，1960年毕业于北京航空学院。（注：北京航空航天大学前身）

曾任兵器部47厂中央实验室技术员、实验室主任，核工业第二设计研究院工程师、研究室主任，科技部国家高新区专家委员会委员、国家大学科技园指导委员会委员。

1982—1995年，先后在中央书记处研究室和中央办公厅调查室从事科技政策研究，并担任研究员、科技组组长、调查室副主任、党委书记等职务。

1987年12月15日——芮杏文视察中关村电子一条街

1987年12月15日，中共中央书记处书记芮杏文视察中关村电子一条街，他对中关村科技企业非常重视。陪同芮杏文视察的有中央办公厅调研室科技组负责人于维栋。

芮杏文在北京市科委主任陆宇澄、副主任高原，海淀区委书记张福森、副区长邵干坤等人的陪同下，视察四通、信通等公司。

1988年4月25日，芮杏文亲笔为中关村电子一条街调查报告《希望的火光》写了序言。

芮杏文在序言中写道："《希望的火光》这本书是中关村电子一条街的调查材料汇编。中关村电子一条街早已闻名全国，众说纷纭，引起了大家的议论和广泛的关注。这里有许多令人感兴趣的问题，例如，为什么电子一条街这几年得到迅速发展？它究竟是成功的，还是不成功的？它的成就和经验是什么？这些经验有没有普遍意义？电子一条街是怎样把科学技术成果转化为生产力？一些困扰我们多年的问题，比如技术进步问题和经济效益问题等，能否从电子一条街中得到一些启示呢？这次调查，用大量事实对这些问题作了肯定的答复；而特别是对于如何解决一些困扰我们的问题，从中关村的实践经验中，我们看到了希望的火光。"

1988年5月27日，中央联合调查组的研究报告《希望的火光》一书出版座谈会在人民大学召开。中央书记处书记芮杏文参加该座谈会，他在座谈会上发言时指出："新技术企业必须坚持'四自原则'，坚持技、工、贸一体化，坚持市场导向。"

芮杏文简介

芮杏文，男，1927年4月1日出生，江苏涟水（今灌南）县人。

1982年4月，任航天工业部副部长、党组成员。

1983年12月，任国家计划委员会副主任、党组成员。

1984年4月，任国家城乡建设环境保护部部长、党组书记兼国家计划委员会副主任、党组成员。

1985年6月，任中共上海市委书记，同年9月增选为十二届中央委员。

1987年，当选中央委员、中央书记处书记。

2005年6月5日，在北京逝世，享年78岁。

1987年12月24日——中国首家民营金融机构四通集团财务公司成立

1987年12月24日，四通集团财务公司，经中国人民银行总行批准成立，这是中国首家民营科技企业金融机构。

1987年北京及中关村民营科技企业概况

1987年，北京及中关村民营科技企业快速增长，民营科技企业上升到1100多家，海淀中关村地区形成科技企业集群。

1987年，北京及中关村电子一条街的民营科技企业总销售额达到10亿多元。

1988年，《计算机信息报》公布"中国1987年计算机行业前20大企业营业额排行榜"，民营科技企业四通公司以1987年营业额5.1428亿元荣登榜首。

1987年，四通公司再次推出拳头产品"2401中文打字机"，垄断了中国打字机市场，有形资产在8000万—8300万元。

1987年，四通公司利润3600万元，纳税1694万元，创汇123万美元。人均销售额76万元，人均利润分别为5.2万元和6万元，高于北京国营企业人均产值和利润10倍以上。

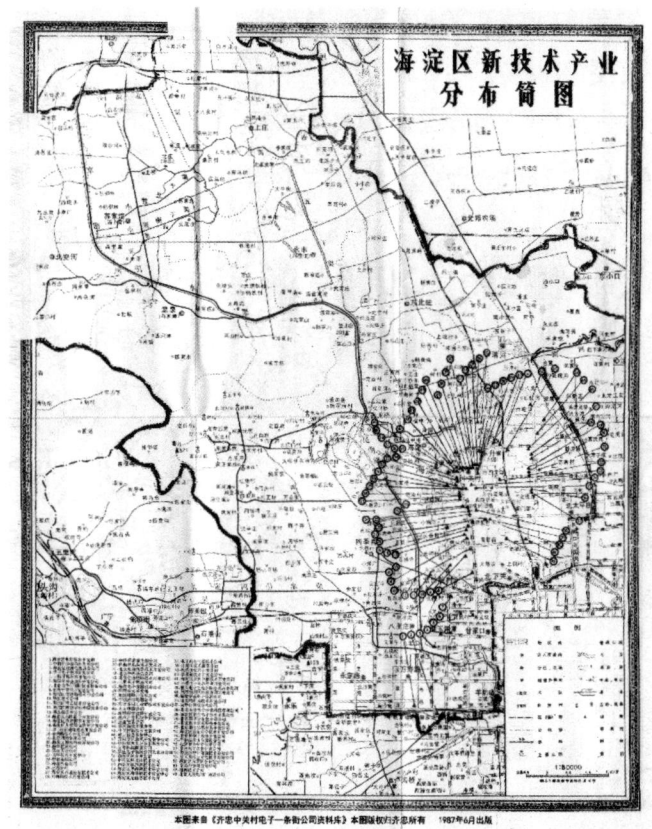

1987年，海淀区新技术产业分布简图。齐忠摄影并收藏。

　　四通公司还在全国建立了近百个经销点，形成了健全的销售网络，四通公司已经从一个地区性公司成为全国性公司，以及中国大陆最大的民营科技企业。

　　1987年，民营科技企业京海公司年营业额1.3亿元，利润1002万元。

　　1983—1987年，科海公司四年营业总额2.1亿元，利润2066万元，上缴利税1342万元。

　　1987年，信通公司营业额7700万元，利润440万元，人均销售额80万元。

1987年，中关村电子一条街成为全国最大的计算机、电子元器件批发、销售市场，每日客流量达到10万人次。

1987年，在中关村电子一条街，民营科技企业、中科院创办的"国有民营"科技企业，北京大学、清华大学、理工大学等创办的高校科技企业，航天部、电子部所属的大院、大所创办的高校科技企业组成的高科技产业集群，已经具有美国硅谷雏形，为创办中国首家科技园——"北京市新技术产业开发试验区"打下良好的基础。

相关参考资料：

于维栋回忆录《中共中央开创中国首家科技园的决策过程》《希望的火光》、谈锋回忆录《1987年对四通公司姓"社"、姓"资"的调查事件》、《北京民办科技实业大事记1980—1990》。

1988 年

北京·中关村民营科技大事记（上卷）1980—1990

1988年1月3日——温家宝视察中关村民营科技企业

1988年1月3日，中共中央书记处候补书记、中共中央办公厅主任温家宝，到中关村电子一条街参观视察民营科技企业。温家宝在海淀区负责人张振武的陪同下参观了京海公司、四通公司、海华公司等民营科技企业，并与企业负责人进行了座谈。

1988年1月6日——联合调查组在中南海举行中关村企业家座谈会

1988年1月6日上午9点—12点，联合调查组在中南海152大会议室召开举行首次座谈会，会议由温家宝同志主持，听取中关村电子一条街的科技企业家的汇报、意见和建议。

参加会议的中关村科技企业家有：

王震西（中科院三环公司总经理）、陈庆振（中科院与海淀区合办企业、科海公司总经理）、张素澄（北京工业学院技术开发公司总经理，北京工业学院现更名为理工大学）、屠焰（中科院科理高技术公司总经理）、许纯儒（清华大学华海公司董事长）、倪振伟（民营科技企业海华技术开发中心总经理）、陈春先（中外合资企业华夏硅谷公司董事长）、金燕静（女，中科院与海淀区合办企业信通总公司总经理）、某某某（民营科技企业四通公司总经理）、王洪德（民营科技企业京海公司总经理）、王殿儒（民营科技企业钛金公司总经理）、柳传志（中科院计算所公司总经理）、周明陶（中科院希望公司总经理）。

1988年1月15日——温家宝视察中关村计算所公司

1988年1月15日，温家宝再次到中关村电子一条街参观视察，参观中国科学院所属的"国有民营"科技企业。温家宝在中国科学院院长周光召陪同下，参观视察中国科学院计算所计算机技术公司等，并与企业负责人进行了座谈。（注：中国科学院计算所计算机技术公司是联想公司的前身）

1988年1月24日——北京及海淀区政府启动北京新技术产业开发试验区的组建

1988年1月24日，海淀区委书记张福森，召开海淀区研究室、科委、经委、财政局、税务局、工商局负责人会议，研究起草北京新技术产业开发试验区的各项综合性政策。（注：以下简称试验区）

一、试验区十八条条例的形成

试验区的各项综合性政策条例，均由海淀区各部门主管业务的副局长亲自起草。

试验区财务政策，由财政局副局长罗青起草，财务政策由税务局副局长高大江起草，工商政策由工商局副局长王平起草，科委把原认定科技企业的标准整理出书面材料。各部门的意见集中之后，由罗青整理出"条例初稿"，各项综合性政策条例共三十余条。

1988年3月初，海淀区将"条例初稿"上报北京市政府。北京市副市长陆宇澄以海淀区上报的条例初稿为基础，组织有关部门负责人修改，共归纳出46条政策，然后交与北京市法制办公室。

北京市法制办主任张耀宗认为条款太多，重点不突出，应压缩合并。

1988年3月9日下午，温家宝在中南海勤政殿的小会议室召开有北

原北京新技术产业开发试验区办公室大楼,已拆除,现为海龙大厦。齐忠摄影。

京市、科委、教委、中科院和海淀区五单位负责人参加的会议,传达了中央财经领导小组关于建立中关村科技工业园区的决定意见。

温家宝在会议上明确提出:"要在总结经验的基础上,制定一个建立高技术产业开发区的条例。"

1988年3月9日晚,北京市副市长陆宇澄,召集北京市计委、经委、工商、税务、外贸、银行等部门并邀请国家科委有关部门开会,传达了中央财经领导小组的意见。讨论、研究制定北京市高技术产业开发区条例的有关问题。会上对高新技术企业认定条件和审批办法、工商登记和税务登记、税收和进出口关税优惠政策、银行贷款支持、税前还贷、风险投资、进出口经营权和外汇收入优惠政策、人才流动政策、区内基本建设、外资高新技术企业政策，还有条例的名称都做了探讨。

1988年3月10日，陆宇澄审改海淀区的"条例初稿"，考虑到我国当时技术产业水平，名称暂定为《北京市高新技术产业开发区条例（暂行草案）》。随后，海淀区又按照"条例"要求经多次修改后，形成"条例讨论稿"。

1988年3月16日，陆宇澄召集北京市有关委、办、局和海淀区政府，又对"条例初稿"征求意见。根据大家意见又进行了反复修改，形成了大约是26条。上报北京市政府后，北京市政府法制办张耀宗牵头又反复征求有关委、办、局和海淀区的意见，形成了18条的暂行条例的报审稿。

"条例报审稿"上报北京市政府、北京市法制办，并向国家教委、科委、科学院征求意见。

1988年3月21日，北京市与海淀区汇总各方意见，形成"北京新技术产业开发试验区暂行条例"（报审稿）共16条。

1988年3月25日晚，在北京市委225会议室，由北京市委书记李锡铭主持召开第六届市委常委会第十四次会议，会议有八位常委参加，北京市有关部委负责同志列席会议，海淀区委书记张福森、常务副区长邵干坤也列席了这次会议。

会议首先由北京市副市长陆宇澄传达1988年3月7日中央财经领导小组会议精神，并汇报"试验区条例"的起草工作情况。

北京市法制办主任张耀宗，在会上作了"试验区条例"报审稿的报告。北京市委常委委员对"试验区条例"逐条进行讨论，发言十分热烈，没有提出反对意见。会后又进一步征求国务院有关部门意见。

1988年3月29日，"试验区条例"草案，由原来的16条增加到18

条。其中政策条款没有太大的变化，把原十六条中"关于新技术企业所缴各项税款以 1987 年入库税款为基数，新增部分年内由市税务局退库返还给海淀区，用于试验区的开发建设的内容"单列为第十五条。增加了"本条例由海淀区人民政府组织具体实施"和"本条例经国务院批准后实施"等条款。

1988 年 4 月初，北京市以"京政文字〔1988〕34 号"文件报送国务院。

二、国务院有关部门对"试验区条例"草案的支持与质疑

1988 年 4 月 5 日，1988 年 4 月 12 日，国务院就北京市政府上报的"试验区条例"草案，邀请国家科委、教委、财政部、经贸部、税务总局、中科院、中国科协、海关总署、中国人民银行负责人进行座谈讨论，海淀区委书记张福森和北京市法制办主任张耀宗也被邀请参加了会议。

这两次会议没有达成共识，出现支持与质疑两种截然不同的意见。

支持"试验区条例"的国务院有关部门负责人认为："建立新技术产业开发区，是我国发展高新技术的需求，不能完全比照经济特区，也不要顾及外商的意见，要实行特殊的政策扶持和鼓励我们自己的新技术产业的发展。"

质疑意见主要有以下两点：

1. 国务院部分部门负责人认为"试验区条例"对于什么是新技术企业没有明确规定是一个重大缺陷。

2. 国务院部分部门负责人还认为对新技术企业优惠政策，超过国家对三资企业的优惠政策，可能引起歧视外商的质疑。新技术企业优惠政策还超过特区优惠政策，怕影响特区稳定，还可能引起连锁反应，在全国一哄而起建立试验区。

对"试验区条例"意见最多的是国家税务局，他们对中关村试验区减免税收无法干预。国家税务局向国务院反映最大担心的是，全国各地会纷纷效仿中关村试验区，竞相减免税收，会影响国家的财政大局。事实证明这种担心确实值得注意,就在北京紧锣密鼓抓紧制定"试验区条例"时,各地纷纷向国家科委报送建立科技产业开发区的报告,列出了更加优惠的税收政策。

针对国家税务局这种意见,国务院法制局、秘书四局先后和国家有关部门、北京市政府法制办、市科委多次座谈讨论后,坚决按中央财经领导小组的意见办,先搞中关村试点。

三、宋健批示加快"试验区条例"的批准

在第二次座谈会结束后,张耀宗和张福森分别向北京市领导、海淀区领导作了汇报。北京市政府由法制办与北京市科委协商准备修改补充意见,主要研究解释什么叫新技术企业。

海淀区把广大知识分子对即将成立"新技术产业开发试验区"的积极反映整理出一份材料《中央关于建立"新技术产业开发试验区"的决定在大专院校、科研单位和广大知识分子中引起强烈反响》,报北京市政府。

1988年4月13日,北京市政府办公厅立即把海淀区提供的材料编入《昨日市情》特刊第43期。

1988年4月14日,陆宇澄副市长把这期特刊作为急件呈送给国务委员宋健参阅,并在特刊上签字"试验区的开发建设已引起全社会的关注,许多科研院所纷纷涌向海淀,望国务院能尽快将我们上报的《条例》批下来,以便落实下一步工作"。

1988年4月18日,国家法制局写出关于《试验区条例(草案)》审查情况的报告,经张文寿签字报给宋健。报告主要内容是国家各有关部门座谈情况和法制局的意见。

国家法制局:"建议北京市政府与国家科委尽快制定新技术企业标准及审批行政程序。"

张文寿同志向宋健表示:要"抓紧催办此事"。

1988年4月29日,国家法制局、北京市政府、国家科委拟定增加第三条,即:"本条例适用于研究、开发、生产、经营一种或多种新技术

及其产品的技术密集、智力密集的经济实体。"这是国家第一次从法规上对新技术企业范围的界定。

1988年4月30日,将《试验区条例》修改稿发给北京市征求意见,并要求当天反馈意见,先由北京市法制办提出补充修改意见,然后请北京市各相关领导阅批。最后由陆宇澄副市长签发报国务院。《试验区条例(草案)》上报之后,宋健同志和国家科委副主任郭树言同志曾来北京市调研,由海淀区委书记张福森汇报建立试验区的准备工作和《试验区条例》的起草情况。

1988年5月8日,国务院法制局局长黄曙海,亲自约谈北京市法制办主任张耀宗、北京市科委政策法规处处长王钢锋,说明了国务院对《暂行条例》的发文形式和办法,是由国务院批复、授权北京市政府发布实施。

1988年5月10日,国务院以国函〔1988〕74号文下发了《国务院关于〈北京新技术产业开发试验区暂行条例〉的批复》,正式下达给北京市政府。

1988年5月20日,北京市政府以京政发〔1988〕49号正式发布了《北京市新技术产业开发试验区暂行条例》(后来被简称为"十八条"),并自发布之日起施行。

四、北京市新技术产业开发试验区名称来源

1981年,海淀区人大代表建议在海淀区范围内设"特区"。

1984年初,海淀区委书记贾春旺提出,在海淀区建立"新型产业区"。

中国社科院副院长宦乡曾提出在海淀区建"科学城"。

1984年10月20日,在海淀区第四次党代会上,海淀区委书记张福森在报告中提出建"新技术产业开发区"。

1986年6月,国家科委经过调研,1987年8月形成调研成果,提出建立"高技术开发区"的设想;中央联合调查组初步设想叫"工业园区或新技术开发区"。归纳起来有五六种说法,要制定《条例》了,就必须把名字定下来。

海淀区委书记张福森在回忆这件事情时写道:"1988年2月,陆宇澄、高原、我和邵干坤四人认真地议论一番,运用'排除法',先说能不能叫'特区'。因为'特区'是专指国务院在20世纪80年代批准的经济特区。能不能叫'高新技术开发区'?我首先不同意,因为高技术企业当时还没有一个确切的界定标准,电子一条街上的科技企业,绝大多数处于起步阶段,标准高了它们就进不了开发区,这将违背建立开发区的初衷。最后,四人比较一致的意见叫'新技术产业开发区'。陆宇澄建议加'试验'两个字,因为这是全国第一家,没有经验,运行中难免有闪失、走弯路;有'试验'两个字,容易获得中央批准。就这样上报的《条例(草案)》中就定名为'北京市新技术产业开发试验区',国务院批复中同意了这个名字。"

五、试验区的位置与面积的确定

1984年6月,国家计委副主任张寿邀请国家科委、中科院、教育部、北京市、海淀区的有关负责同志参加,讨论以中关村为核心建立一个80平方公里的开发区。

1986年,国家科委调研时,又征求海淀区意见。

1987年,又进行第三次研究。三次研究的共同点是"新技术开发区"一定要设在中关村地区,因为这里集聚着30多所高等院校,130多家科研机构。

1987年底,中关村电子一条街的各类科技企业有148家,其中有83家集中分布在自白石桥起沿白颐路(注:现在的中关村大街)向北至成府路西口和中关村路至海淀路一带,东至学院路。

1988年5月10日,国务院颁布的《条例》,只保留了"以中关村地区为中心,在北京市海淀区划出100平方公里左右的区域",具体范围体现在北京市政府发布的《〈北京新技术产业开发试验区暂行条例〉实施办法》。

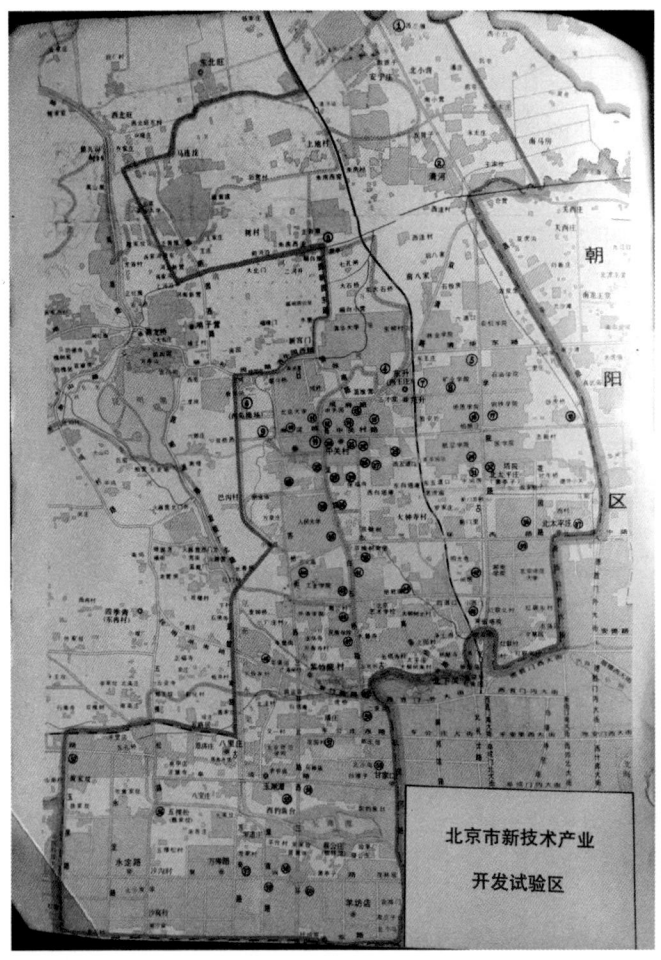

北京市新技术产业开发试验区位置与面积地图。齐忠摄影。

六、试验区管理机构的设置

试验区管理机构的设置，最初有三种方案：

1. 试验区不设单独机构，由海淀区委、海淀区政府直接管。因为中关村电子一条街的科技企业，海淀区委、海淀区政府管得很好，管好试验区也没有问题。

2. 试验区学习某些经济特区的做法，建立完全独立的管理机构。

3. 试验区建立起人数不多、非常精干的机构，作为海淀区政府的派出机构，集中一部分行政职能，如对新技术企业的认定、登记注册、核定减免税、返还资金管理和对新技术企业的日常管理等。

1988年3月15日，在海淀区委常委扩大会议上，海淀区委书记张福森在讲话中强调："北京试验区是建在中关村单位密集、人口较多的建成区，不同于某些经济特区在新开发的一片土地上建立，有独立的边界，需要一套独立的行政管理机构。试验区的新技术企业散落在以中关村地区为核心的100平方公里范围内，与各种建筑、各种不同类型的单位融为一体，独立管理的难度相当大，但没有相对独立的管理，要高效、创新就是一句空话。"张福森的讲话在这次常委会上得到大家同意，决定试验区管理机构的设置，采用第三种方案。

1988年4月初，由海淀区研究室徐文华执笔，完成《新技术产业开发试验区机构设置等问题的设想》方案。（注：以下简称"机构设想"）

"机构设想"提出"试验区的机构设置应与区政府现行的管理体制保持相对的独立性和权威性。试验区的建设和管理，将涉及区政府十多个职能部门，但其中只有6—7个部门与试验区内的企业经常发生关系。把这些部门的职能集中在试验区办公室，重新组织内部机构，形成集中办公形式，将大大提高工作效率"。

"机构设想"还提出"试验区办公室是区政府的派出机构，区政府授予它对试验区的行政管理职能。试验区办公室，相当于副区级，所属各职能部门为副处级。试验区办公室对试验区新技术产业的发展行使较全面的管理、协调和服务等职能"。

"机构设想"对试验区办公室内部机构设计方案为"四部三所"，即"行政联络部、企业管理部、企业发展部、规划房产部、工商所、税务所、财政所"。

1988年4月9日，海淀区委常委扩大会议原则通过了研究室的"机构设想"。对机构设置，提出把企业管理部和企业发展部合为一个部。考虑试验区办公室设"规划房产部"意义不大，最后统一的意见是暂时设"两部三所"，即"行政联络部、企业管理部、工商所、税务所、财政所"。

1988年4月14日，海淀区政府依据1988年4月9日海淀区常委会议精神，向北京市政府提交《关于北京市新技术产业开发试验区机构设置问题的请示》。

1988年6月27日，北京市机构编制委员会批复海淀区政府：试验区办公室为副区级，行政编制30人（不含三所人员），所需经费由海淀区财政包干解决。试验区办公室的主要职能，是对试验区的发展进行全面规划并组织实施，对新技术企业进行协调、服务、管理和引导。内设行政联络部、企业发展管理部、工商所、税务所和财政审计所。

七、招聘试验区工作人员的创新

试验区成立后，开始进行人员招聘，海淀区首先成立招聘工作领导小组，小组成员由海淀区委书记张福森和区委主管干部工作的副书记、区委组织部部长、人事局局长以及与试验区"两部三所"相对应的区政府部门领导组成。

领导小组下设办公室，主管单位是海淀区委组织部。并在《北京日报》上公开报道，向社会招聘。同时向北京市各大单位，中央、北京市委、市政府各部门，各区、县通报了招聘信息。招聘信息公开后，报名十分踊跃，几天时间就有1500余人应聘。

当年北京市对国家干部进行招聘没有先例，试验区工作人员施行招聘制，是一种管理制度的创新。

试验区工作人员施行招聘制，这种方案当时很难得到认可。海淀区的意见也不一致。

有人说企业招聘技术人员可以，国家机关招聘干部没有先例，应该慎重。

有人坚决反对，说北京市区干部很多，有挑选余地，为什么不从内部挑选，还要向社会招聘？

有很多年轻干部很想到试验区这块新天地一显身手，一听说招聘，感到自己被选中的概率小了，也反对招聘。

海淀区的一些老同志还有一种顾虑,怕招一些"生面孔",日后会"胳膊肘往外拐",把试验区分离出海淀区。经过多次协商和讨论,终于决定试验区工作人员施行招聘制。

1988年5月12日,由北京市副市长陆宇澄主持,北京市委组织部常务副部长杨心辉等领导,面试四位试验区主任应聘者。面试时主要问了两个问题:一是为什么要应聘到试验区;二是到试验区后怎样开展工作。时任北京市医药总公司副总经理的胡昭广,结合他到硅谷学习考察的体会对答如流。再经过综合考察、政审等环节,最终确定:

胡昭广为试验区主任。

随后又确定胡定淮出任试验区常务副主任。

赵凤桐出任试验区办公室副主任。

王思红(女)出任试验区办公室副主任。

郑建中出任试验区总工程师。(注:郑建中,男,时任中科院高级

邵欣平与他设计的新技术企业证书铜牌。齐忠摄影。

工程师）

1988年6月20日，开始招聘试验区两部、三所负责人和工作人员。邵欣平笔试成绩排名第一，面对严格的面试考官，他作出满意的应答，最后成为企管部副部长，后来他出任海淀科技园区管委会常务副主任。

1988年8月5日，北京市新技术产业开发试验区在人民大会堂召开新闻发布会，宣布第一个国家级高新技术产业开发区成立，试验区办公室正式对外办公。

胡昭广简介

胡昭广，男，1939年出生。

1964年，毕业于清华大学电机系。

1982年，在瑞典毕业于由联合国主办的管理研修班。

1983年，在北京市医药总公司工作，任总工程师、常务副总经理。

1988年5月，任北京市新技术产业开发试验区主任，后任海淀区区长、区委副书记，北京市副市长，中国海外发展有限公司香港上市公

胡昭广。齐忠摄影。

司独立非执行董事，北京控股有限公司香港上市公司董事局主席，京泰集团党委书记、董事长，国家发明奖励评审委员会委员等职务。

赵凤桐简介

赵凤桐，男，辽宁辽阳人，1954年12月出生。

1973年2月参加工作，1974年10月加入中国共产党，大学普通班毕业，工学硕士，高级经济师。

1978年9月，毕业于吉林工业大学电子工程系。

1978年9月—1988年6月，任北京工业学院化工系教师、系办公室副主任、系副主任、党总支副书记。

1988年6月至1994年11月，任北京市新技术产业开发试验区办公室副主任，北京市海淀区委常委，北京市新技术产业开发试验区工委书记、办公室常务副主任。

赵凤桐。齐忠摄影。

王思红简介

王思红,女。

1961年7月,就读于哈尔滨军事工程学院并参加中国人民解放军。

1965年,加入中国共产党。

1966年,毕业于哈尔滨军事工程学院。

1969年,在黑龙江省龙江县钢铁厂劳动锻炼。

1970年12月,任哈尔滨工程学院导弹系教员。

王思红。照片由王思红女士提供。

1977年，任第八机械工业部工程师。

1981年，任航天工业部计划司副处长，高级工程师。

1988年5月12日，任北京新技术产业开发试验区副主任。1991年，任北京实创总公司总经理。

1993年，任北京新技术产业开发试验区主任、北京市海淀区副区长。

1997年，任北京中关村科技园区管委会副主任。

1999年，先后任北控高科技投资公司总经理、董事长，北京北控宏创科技有限公司董事长等。

曾荣获航天部科技进步奖、国家科技部火炬先进个人、中国火炬计划十年优秀工作者、"三八红旗手""拓荒牛"等荣誉称号。

1988年1月30日——京海总裁王洪德当选北京市第九届人大代表

1988年1月30日，中关村京海公司总裁王洪德，当选北京市第九届人大代表，成为北京及中关村首位当选北京市人大代表的民营科技企业家。

1988年3月5日——中科院院长周光召推出"一院两制"

1988年3月5日，中科院院长、党组书记周光召，在全国科技工作会议上发表讲话，提出"一院两种运行机制"，后来称为"一院两制"的建院模式构想。

中科院"一院两制"的基本点是对中科院的科学研究和技术开发两种不同类型工作，根据其不同的特点和规律，采取不同的运行机制、管理体制和评价标准，是中国科技体制改革伟大的创举！

1988年11月5日至7日，在召开的中科院工作会议上，对"一院

有关中科院院长周光召"一院两制"的新闻报道。齐忠摄影。

两制"问题进行了深入讨论。周光召在论述"一院两制"模式时指出:"中国科学院的发展,必须从中国的国情出发,遵循科学技术自身的发展规律,走适合中国科学技术发展的道路。依据'一院两制'模式,中国科学院科学研究体系,改革目标是打破封闭体系,形成开放的、流动的、联合的、富有活力的新局面,通过引入择优汰劣的竞争机制,保持一支精干的富有创新精神的研究队伍。高技术开发体系改革目标是建立一个适应市场机制的宏观调控体制、生产经营体制,及其相应的支持系统,并与国内外企业界建立广泛的合作与联系,使中国科学院的开发工作进入经济领域,为国家产业结构调整,以及开拓和发展中国高技术产业作出贡献。"

中科院"一院两制"办院方针,是符合改革开放的英明决策。

1988年3月16日——石羽章创办通州区首家民营科技企业通州新技术开发所

1988年3月16日,科研人员石羽章,创办通州区首家民营科技企业,"北京通州新技术咨询开发所"。该所注册资本人民币30万元,石羽章任该所法人代表兼所长。研制出我国首台国际标准粮食小包装机、半自动包装机、自动系列包装机等,曾在市场十分畅销。

石羽章,男,1956年就读于北京航空学院(注:现为北京航空航天大学)。

石羽章为北京民协理事,曾荣获"科技之光优秀企业家奖"。

石羽章。齐忠摄影。

1988年4月30日——五笔字型发明人王永民获得国务院直接授予的全国劳动模范

1988年4月30日,国务院直接授予的十名"全国劳动模范"颁发证书大会在人民大会堂举行。五笔字型发明人、王码公司总裁、民营科技企业家王永民,荣获国务院直接授予的全国劳动模范。国务院总理李鹏与全国劳动模范获得者王永民握手祝贺。

1988年5月3日——国务院发布《关于深化科技体制改革若干问题的决定》

1988年5月3日,国务院发布《关于深化科技体制改革若干问题的决定》,国发〔1988〕29号。

该决定提出:"党的第十三次全国代表大会把发展科学技术放到我国经济发展战略的首要位置。经济、政治体制改革的发展也对科技体制改革提出了新的要求。当前,科技体制改革必须从社会主义初级阶段的实际出发,适应有计划商品经济的需要,发挥科技优势,以发展生产力为目标,进一步建立科技与经济紧密结合的机制,促进传统产业技术改造和新技术、高技术产业的形成,提高我国科学技术水平,推动经济和社会发展。"

国务院发布的该决定,极大地推动了我国科技体制改革的进程。

1988年5月3日——北京市朝阳区民办科技实业联合会成立

1988年5月3日,经北京市朝阳区政府常务会批准,"朝阳区民办科技实业联合会"正式成立。

1988年5月26日，朝阳区召开民办科技实业联合会成立大会。

1988年5月4日——北京市自然应用科学设计研究院正式成立

1988年5月4日，北京市第一家集体所有制研究院"北京市自然应用科学设计研究院"，在友谊宾馆召开正式成立大会。

该研究院由北京市科学技术委员会〔88〕京科管字第50号文和北京市编制委员会正式批准，全国人大常委会副委员长严济慈为其题词"坚持科技开发，为四化建设服务"，并在大会上做书面发言。裴丽生、陈明绍任名誉院长，纪世瀛任院长，应怀樵、张光华、刘元干任副院长。

该院由理化所、博达所、东方所、现代所组成，由北京市科委批准成立，他可以成为主管单位，管理民营科技企业。

纪世瀛在北京市自然应用科学设计研究院成立大会上讲话。照片来自纪世瀛先生。

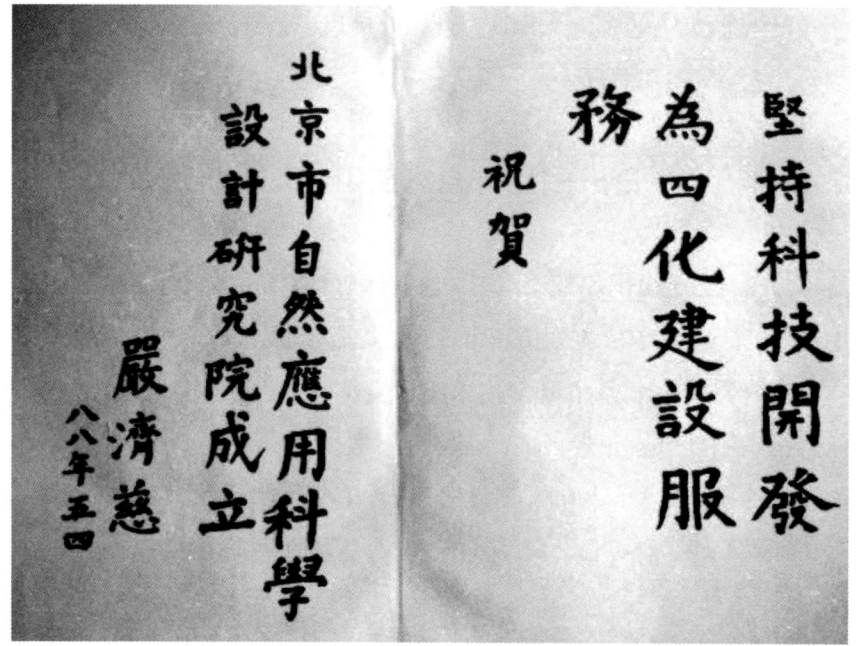

全国人大常委会副委员长严济慈,为"北京市自然应用科学设计研究院"的题词。照片来自纪世瀛先生。

北京市自然应用科学设计研究院成立大会来宾合影。照片来自纪世瀛先生。

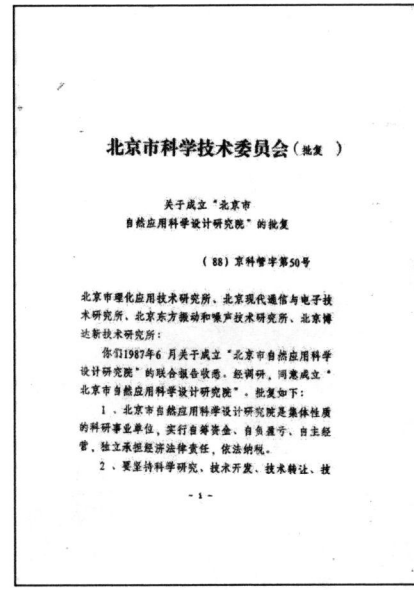
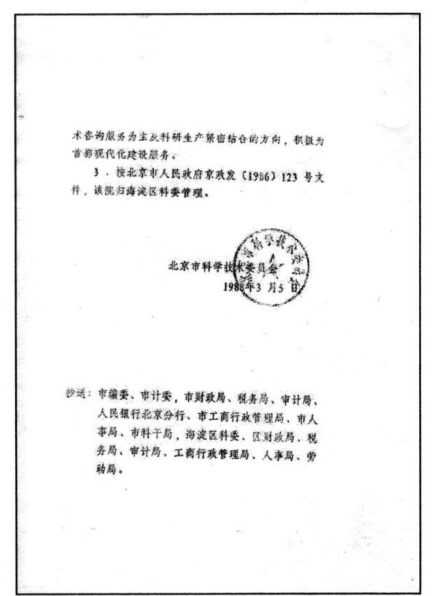

1988 年 3 月 5 日，北京市科委关于成立北京市自然应用科学设计研究院的批复。照片来自纪世瀛先生。

中国科协顾问裴丽生、中国民协理事长陈绳武、北京科协副主席赵绮秋等参加了成立大会。

1988 年 5 月 21 日——中国高校首家中日合资企业北佳公司成立

1988 年 5 月 21 日，中日合资的"北佳信息技术有限公司"批准成立（注：以下简称北佳公司）。"北佳"之名是各取北京大学和佳能公司的第一个字，公司注册资本为 70 万美元。

中方为"北京理科新技术公司"，中方占合资公司 50% 的股份，以 35 万美元折合 130 万人民币的现金投入。

日方为佳能公司和乐思公司，佳能占合资公司 40% 的股份，乐思占

原北佳公司在中关村的办公处。齐忠摄影。

合资公司 10% 的股份。两公司全部以现金入股。

北佳公司董事会中方有时任北大副校长陈佳洱、花文廷、王选、楼滨龙。日方有佳能公司的山路敬三、北村乔，乐思公司的仁谷正明 7 人组成。陈佳洱任董事长，佳能公司社长山路敬三任副董事长，楼滨龙兼任公司总经理，不久由唐晓阳担任公司总经理。

一、北佳公司成立的原因

1986—1988 年，北大总公司已经与王选院士合作，开办北佳公司是协助王选院士的激光排版系统。

这个系统输出部分用的是佳能打印机，这种打印机能打印 4 开纸，正好是报社出版报纸前的"小样"。印刷界把《北京晚报》大小的纸样叫"4 开"纸。把《北京日报》大小的纸样叫"对开"纸，两张"4 开"纸粘在一起正好是对开纸。

当年这种打印机，是佳能公司为美国惠普公司做的贴牌产品，不能在中国销售，只能用高价钱向惠普公司购买。再有王选院士的"北大计算机研究所"不能与国外公司合资，所以由楼滨龙出面成立理科公司后再与佳能合资。因为是合资伙伴可以用便宜的价格购买佳能打印机，佳能公司承诺提供给合资公司的激光打印机价格，是相同产品在国际市场标准零售价的40%，保证了激光排版系统的低成本质量的稳定性。

佳能公司为什么跟理科公司合作？并不是为在中国销售这款佳能打印机。北大方正公司从1987—1997年，10年的时间里买进3万多台佳能打印机，这个数量只占佳能公司全球销量的很小部分。佳能公司是看中北大"价低、物美"的知识分子，当年北大老师的月工资折合十几美元，每天不到两美元。这么便宜的软件编程人员在日本、美国是找不到的，为佳能公司的软件开发工作降低了巨大的成本。

王选院士在回忆使用佳能打印机时，他写道："20世纪80年代以来，我就不断关注国外激光打印机的发展。1984年在北京的惠普公司办事处，看到即将推出的，基于佳能LBP机芯的HP Laserjet激光打印机产品广告，产品的体积很小，价格之低使我吃惊。惠普的工作人员说，佳能机芯采用一种新技术，但具体不清楚。1984年我认识一位日本朋友。他小时候在天津待过，说一口标准的普通话。他告诉我，佳能的激光打印机在美国获得了巨大成功。我请他买两台佳能LBP CX，即打印机芯。不久他来到北京，带来了LBP CX，并且把该机的视频接口手册送给我。这大概是最早进入中国的佳能LBP机。我们就按手册在TC83上设计了LBP CX的接口和对应的微程序，调试工作主要由潍坊公司的同志承担。从1987年起到现在，共销售3万多台佳能LBP机。系统连接佳能激光打印机后，意味着杭州通信设备厂的激光打印机将无人问津，这是不可避免的。我对杭州通信设备厂的同志说，假如不连佳能打印机国产系统肯定垮台，照排机也卖不出去了，他们接受了我的观点。"

从王选院士的回忆中不难看出，佳能激光打印机对激光照排系统的重要性。

二、赚钱的北佳公司

中国大陆高校第一家中日合资企业——北佳信息技术有限公司成立以后经营势头很好。3年的经营纯利润为558万元，投资回报率在214%以上。

1991年，北佳公司销售额4016万元，纯利560万元。

1993年，北佳公司技、工、贸总收入为7015万元。在海淀试验区4000家企业中名列第21位。700家合资企业中名列第3。这在当年是非常不错的企业，超过北京地区一些国有大中型企业的业绩。

1996年，北佳公司销售额达到1.6亿元，纯利800万元。令人吃惊的是这样十分看好的公司，在1997年终止营业清算资产，原因出在中、日双方的经营分歧。

三、北佳公司合资双方的分歧

北佳公司中、日合资双方最初的分歧是低层次的。中方因为日方掌控激光打印机和软件订单，抱怨日方提供的激光打印机价格高，有些日本的软件订单不落实，让北大新技术公司吃亏。日方看到新技术公司经营轻印刷系统很赚钱，要求由北佳公司独家经营北大轻印刷系统。

1995年以后，中、日双方的分歧提高档次，在经营方向、产业化等方面提出各自的要求。

四、日方对经营方向新的要求

1995年，在北佳董事会上日方明确提出北佳新的经营方向。他们认为北佳公司应以中文文字处理技术为核心，作为今后的经营方向。也就是说要绕开北大方正公司，直接与王选领导的计算机所在中文文字处理方面开始技术合作。

当年王选的中文激光照排技术如日中天，北大方正公司经营业绩也如火如荼，全力筹划在香港上市。北大面对日方的合作新要求，自然提出对等的要求。

五、中方对经营方向新的要求

北大提出在中国合作生产激光打印机，加快北大方正产业化的步伐。北大还提出，为满足北大方正在香港上市的要求，希望北佳并入北大方正，并提出各种合作方案任其选择。

方案1：北佳公司成为香港方正的一部分，佳能公司将拥有香港方正上市公司的部分股票。

方案2：北佳公司分为软件、硬件两家合资公司，佳能和北大方正各控股1家。

激光打印机是佳能公司核心技术之一，在中国以佳能品牌独立的销售方式，扩大激光打印机市场份额，是佳能公司不可动摇的目标。

北大让佳能公司参与北大方正公司在香港上市运作是"与虎谋皮"，自然不会得到佳能公司的同意。因为佳能公司不会把潜在的竞争对手北大方正培养成为商业巨人，而且还要冒着不可预测性的上市失败、持股比例等多种风险。北佳公司生命结束是自然的。

六、北佳公司终止营业清算资产

1997年10月，北佳公司董事会决定，北佳公司10年合资经营期满后，终止营业清算资产。结果为北佳的硬件和销售网并入北大方正，软件部分归佳能控股组建的新合资公司。

1988年5月18日——王洪德作为北京民营科技企业代表访问美国

1988年5月18日，京海公司总裁王洪德随中国企业家代表团赴美访问，参加在纽约世界贸易中心举行的美中企业家贸易研讨会，他是该代表团中唯一的北京及民营科技企业的代表，并担任代表团第三分团副团长。

1988 年 5 月 25 日——昌平区颁布《关于民办科研机构若干问题的决定》

1988 年 5 月 25 日，北京市昌平区政府颁布《关于民办科研机构若干问题的决定》，以吸引和鼓励昌平区内、外科技人员，来昌平区创办集体、个体民营科技机构，并明确了民办科技机构的性质、发展方针、政策等。

1988 年 6 月 23 日——香港联想电脑有限公司在香港成立

1988 年 6 月 23 日，"香港联想电脑有限公司"在香港成立，柳传志任公司董事长。（注：以下简称香港联想公司）

香港联想公司是由中国科学院计算技术研究所新技术发展公司（注：以下简称新技术发展公司）、中国技术转让有限公司香港分公司（注：以下简称中技公司）、香港导远电脑系统有限公司（注：以下简称香港导远公司）各出资 33.3 万元港币，共 100 万元港币在香港成立股份制公司。三方各占 33% 的股权。

香港导远公司在香港联想公司实际控股决策人，是香港导远公司总裁吕谭平。

1989 年 14 日，"中国科学院计算技术研究所新技术发展公司"正式更名为"北京联想计算机集团公司"，并在北京举办成立大会，这是中国内地把"联想"作为企业及集团名称的开始。

1988年6月25日——中国"军转民"科技企业的旗帜康拓公司成立

1988年6月14日,航天五院下属502所正式下发文件,确定成立"北京海淀康拓科技开发公司",任命秦革为总经理,王九山、朱家峰、邹志膺为副经理。

"康拓"的名称来自英文的"Control",它的中文意思就是"控制",502所是擅长控制技术的研究所,所以采用"Control"的中文音译"康拓",也是让公司办得要健康、要开拓。

1988年6月25日,海淀工商局正式批准"北京海淀康拓科技开发公司"成立,当年注册规定必须在公司名称前加所在区、县地区名称,所以公司名称前面有"北京海淀"名称。康拓公司注册登记号为"京海字第11800号",公司注册资本为"90万元",核算形式为"独立核算",企业负责人为秦革,当年的企业负责人相当于今天的企业法人。

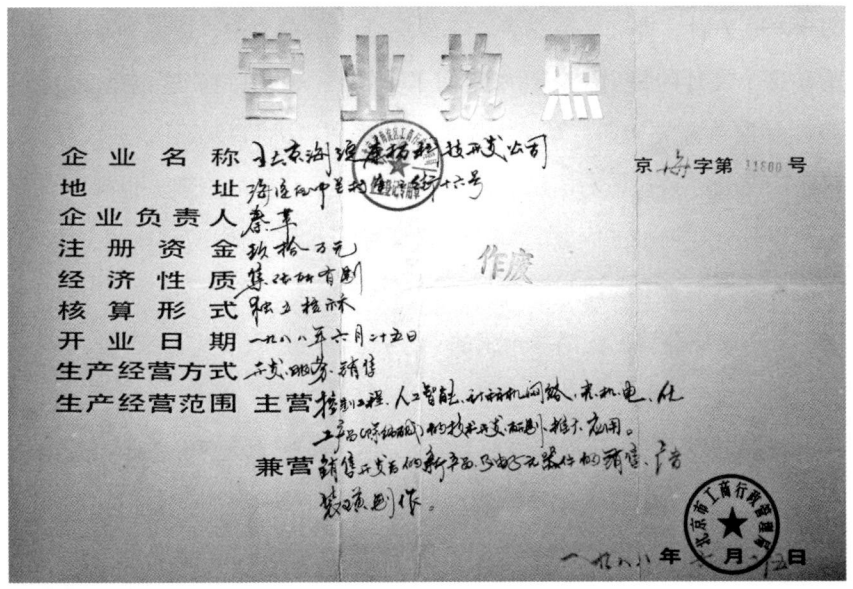

康拓公司营业执照。齐忠摄影。

1993年12月颁布《公司法》后，公司在注册时企业负责人改为企业法人。

康拓公司注册的企业性质为"集体企业"，也就是说企业是集体所有制，所有财产为企业全体职工所有。公司注册资本90万元人民币来自502所。

一、航天五院与502所的组建

1965年，在周恩来总理亲自主持制订下，推出我国发射人造地球卫星的第一个航天计划。

1968年2月20日，经聂荣臻元帅建议，毛主席亲自批准成立"中国人民解放军第五研究院"。

1978年11月，五院以"中国空间技术研究院"名义对外开放。

1969年初，中科院自动化所划归五院，简称"502所"。

二、中国"军转民"工程的来源

1978年12月18日，党的第十一届三中全会在北京举行，党中央向全国各族人民提出改革开放的伟大号召，也为军工企业指明发展方向。国家有关部门对我国军工企业和军工科研单位提出"军转民"改革开放的十六字方针，即"平战结合，军民结合，以军为主，以民养军"。502所在这个方针的指引下，开始走向"军转民"的道路。这也是20世纪80年代改革开放初期，军工大院大所利用所有的科技人才、科学技术、科研产品开办公司，为国民经济服务推进改革开放的进程，也解决自身经费不足生存艰难的问题。"军转民"科技企业，是中国科技体制改革、中关村科技企业中的一朵奇葩。

三、康拓公司三大闻名全国的科技产品

1. 增值税发票"防伪识别卡"

1993年7月29日，在国务院某次会议上，航天工业总公司总经理刘纪原，向有关负责人主动请缨，提出用航天技术解决增值税收领域中利用假发票偷税、骗税的问题，使国家增值税税收避免流失，有关负责人当即同意。随后刘纪原和副总经理夏国洪，又联名写信给有关负责

人，提出"关于建立全国税控收款系统方案及有关工作的设想"。

康拓公司抽调三十多名技术骨干，组成金税工程项目攻关小组，魏庆福为负责人。

1994年1月21日，中南海紫光阁小礼堂举办金税工程科研成果汇报会，有关负责人、邹家华、李岚清，国务委员李铁映、宋健、陈俊生及国务院、电子部等各部委领导，观看航天系统八个单位有关金税工程的系统方案，以及电子部的有关金税工程的"税控收款机"的产品演示。李岚清等领导对康拓公司增值税发票"防伪识别卡"产品十分赞赏，认真询问了产品的有关情况。

1994年2月1日，有关负责人在专门听取汇报的会议上指示：航天的防伪税控系统"先试点，后推广"。有关负责人的这个指示，等于指定康拓公司的研发方案中标。

1995年9月20日，国税总局决定从1996年1月1日起，取消增值税百万元以上的手工发票，全部改用电脑版发票推行增值税防伪税控系统。

1996年1月1日，防伪税控系统在全国大面额增值税专用发票的使用企业中开始试行，运行情况基本正常，防伪功能开始发挥作用，全国再没有发现百万元以上的假增值税发票。

1996年7月30日，国税总局项怀诚局长在全国推广防伪税控系统专业会议上指出："增值税防伪税控系统日趋合理、技术日趋完善、质量日趋稳定，总局下决心大力推广防伪税控系统。"从此十万元版增值税防伪税控系统的推广工作，也在全国开始启动。

1996年10月5日，增值税防伪税控系统"票据防伪开票机和识伪认证机及其防伪识别办法"荣获国家发明专利证书。该项技术的发明人为刘纪原、夏国洪、王雨生、魏庆福、张庆汉、陈志恒、韦红文等同志。增值税防伪税控系统，还获国家级科技进步成果二等奖、航天科技进步成果一等奖。

不久，航天部从康拓公司调走该项目和产品研制负责人魏庆福等

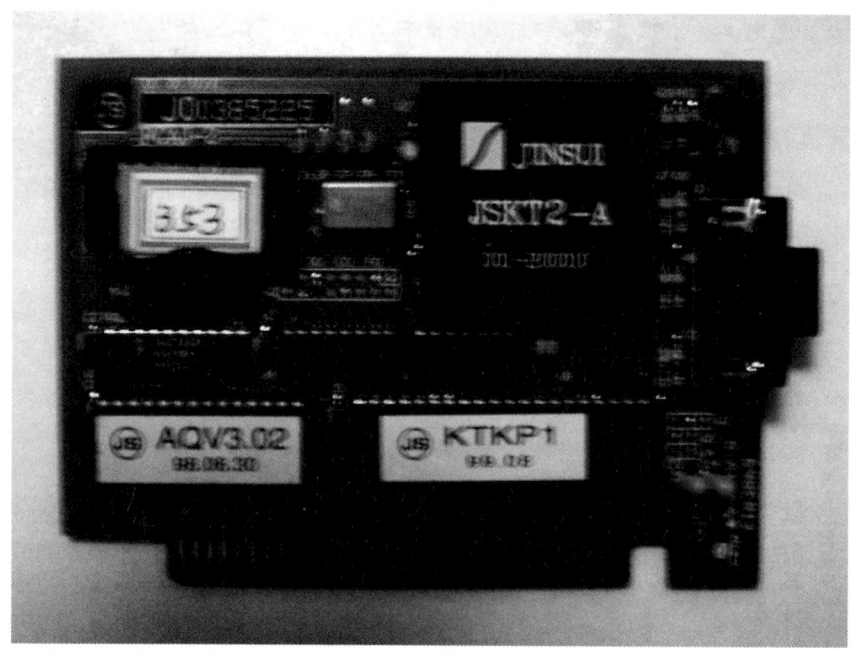

增值税发票"防伪识别卡"。齐忠摄影。

十五名科研人员。

1994年6月30日,在康拓公司的基础上,航天总公司筹措资金五千万元,成立"北京航天金穗高技术公司"。

2000年11月1日,该公司经过股份化改制后,更名为"航天信息股份有限公司"。

2003年7月11日,航天信息股份有限公司在上海证券交易所上市。

2.康拓红外测轴仪

康拓红外测轴仪技术,来自我国航天的红外遥感技术。"红外"是红外线的简称,地球上的全部物体在高于绝对零度时都会辐射出红外线。红外技术利用物体的红外辐射能量,以目标物体的辐射温度,用热图像方式显示出物体的形状,使人在夜间也可看清目标物体。在现代战争片中常常看到,士兵在夜间用红外望远镜搜索目标,这是红外技术最普遍的应用。卫星在升入太空后,也是利用红外扫描热成像仪、红外辐射计、红外相机、红外望远镜等十多种红外设备,对地球的目标进行拍照和探测。

1990年初,广州铁路局要安装康拓红外测轴仪产品,不过要向铁道部申请批准。虽然鉴定会铁道部相关领导没有来,但是铁老大红外市场上出现竞争对手这件事,对他们触动很大。铁道部有关领导很开明,认为是件好事,公开支持市场竞争,他们提出"擂台赛",要求康拓公司、哈尔滨铁路科研所、广汉通讯信号工厂三家生产的红外产品,全部安装在岳阳到武汉的铁路线上进行大比武。比赛的结果是康拓公司的产品各项技术指示名列第一,从此广州铁路局的大门向康拓公司打开。

不久,康拓公司又进军上海铁路局,铁道部有关领导又提出在上海到南京300多公里的沪宁线上再次进行"擂台赛",要求康拓公司、哈尔滨铁路科研所、铁道部成都研究所三家单位把产品安装在无锡这条铁

康拓公司员工在安装康拓红外测轴仪现场。照片来自康拓公司。

路线上，看看谁的产品好。

1990年4月23日，康拓红外产品安装人员正式进驻沪宁线。

三家产品在无锡站安装完毕后开始比武测试，三家领导的心里都是七上八下，眼睛瞪得红红的。大家知道这次擂台赛是铁道部组织的最后一次擂台赛，谁要是夺得第一，谁就是铁路红外市场世袭罔替的铁帽子王，谁要是输了就会自行退出上海铁路局的红外市场，康拓公司是外来户更是输不起。

大比武结束后，铁道部、上海铁路局召开新闻发布会对外宣布结果。上海铁路局的领导在会上还特别点名表扬康拓公司，他说："502所康拓公司的职工是三过硬，技术过硬、作风过硬、思想过硬，我们铁路职工应该向他们学习。"

擂台赛结束后，康拓公司乘胜进军铁路系统的其他红外市场，在济南铁路局、沈阳柳州铁路局也安装上康拓红外产品。

1993年5月21日，康拓公司在香山饭店再次召开康拓红外测轴仪产品鉴定会。铁道部和航天部有关领导都参加了，铁道部有关领导对康拓红外产品给予很高的评价，双方领导在鉴定书上签字，康拓红外产品从此有了进入铁路系统的"身份证"。

1996年我国火车首次大提速，康拓公司马上推出第二代红外产品，这种产品是毫秒级产品，适用于时速二百公里以下的列车。不久公司又推出第三代产品"光敏元件轴温探测系统"，这种产品是微秒级产品，适用于时速三百公里以上的列车，成为我国火车大提速的保护神。

2003年，铁道部还认证康拓公司为北京红外设备配送中心，有关北京铁路运输方面红外线设备的物流由他们全权负责，公司红外产品产、供、销一体化拥有一条龙市场。

康拓公司的康拓红外测轴仪产品，已经在我国铁路线上安装四万多公里，占据铁路红外市场上的半壁江山，直至今天还是康拓公司的主要支柱产品，每年为公司提供巨额的利润。

3. 康拓工控机

原国家计委有关领导,面对我国工控机市场的"老大"康拓工控机发出的感叹是:"有心栽花,花不开。无心插柳,柳成荫。"

国家计委有关领导为什么这样讲,因为在1986年我国开始实施"七五"计划时,开发国产化工业控制机被列入"七五"计划中,为研制工业控制机国家投资研发经费近亿元,结果是没有一个产品在市场走俏和赚钱。而康拓公司仅用5万元军转民事业费,以市场需求为标准研制出康拓工控机,短时间内成为全国工控机制造行业的老大。这种现象怎能不让国家计委有关领导感叹。

康拓工控机的全称为"康拓工业控制机",它是计算机与控制技术给合的产物,也叫工业电脑。康拓工控机技术来源于502所的航天卫星控制系统技术。

1988年7月,康拓公司组织工业电脑部的技术骨干,在短时间内撰写完成70万字的技术专著《STD工业控制机的设计与应用》,由公司总工程师魏庆福任该书的主编。随后康拓公司又与中央电视台联合举办"STD工业控制"电视技术讲座,魏庆福做主讲人,教材就是那本技术专著。

当年计算机技术进入工业控制领域还是新生事物,这项讲座成为全国各行各业争先学习的目标。魏庆福的口才好又有实践经验,使这个讲座特别受欢迎。长达数月的讲座,等于每天给康拓工控机免费在中央电视台打广告。全国各地纷纷来函,有购买教材的,有问工控技术难题的,有订购康拓工控机的,推动了康拓工控机的销售。

1989年,康拓公司销售工控机五百多套,销售额近一千万元,利润近百万元。

1994年8月3日,由原国家科委(注:现为科技部)批准成立的"国家工业控制单元装置及系统工程技术研究中心",在人民大会堂正式宣布成立。该中心主要人员是由康拓公司的人员组成,魏庆福出任中心主任。成立大会很隆重,国家科委副主任黄齐陶、航天总公司副总经理

位于中关村知春路的康拓公司办公大楼。齐忠摄影。

夏国洪、五院常务副院长李祖洪、海淀试验区主任王思红都到场祝贺。中心的成立为康拓工控机的发展奠定坚实的基础,也是康拓公司"军转民"事业的一个顶峰。

秦革简介

秦革,男,1938年2月出生于东北延边地区与朝鲜只有一江之隔的吉林省和龙县。

秦革。齐忠摄影。

秦革是中关村第一代科技企业家,中关村泰山会创始人之一,为中国科技体制改革"军转民"事业,作出巨大贡献。

1956年7月,秦革考入北京水利发电学校。

1958年,该学校更名为北京水利发电学院。同年该院为培养本校自动化系的老师,挑选四个优秀学生到中国科技大学自动化系学习,秦革被选上成为中科大的学生。

1963年9月,秦革作为中科大学首届毕业生,分配到中国科学院自动化研究所工作。

1968年,中科院自动化所已经划归五院,简称"502所",秦革也进入502所工作。

1988年6月14日,502所正式下文件,确定成立"北京海淀康拓科技开发公司",任命秦革为总经理,后任502所副所长。

1993年11月28日,秦革成为中关村泰山会创始人之一,任泰山会副会长。

《创业中国硅谷：我与康拓公司的军转民之路》一书。齐忠摄影。

秦革曾任中国民营科技实业协会副秘书长、北京民营科技实业协会常务理事。

2009年7月，出版自传《创业中国硅谷：我与康拓公司的军转民之路》。

2020年1月5日，秦革在北京逝世，享年81岁。

1988年6月28日——刘长兴创办龙兴公司

1988年6月28日,原一机部计算中心工程师,48岁的刘长兴,辞去公职借款5万元人民币,在海淀区倒座庙23号租赁下4间小平房创办民营科技企业"北京海淀龙兴医疗设备科技开发公司"。刘长兴任公司法人代表兼总裁。(注:以下简称龙兴公司)

1988年9月1日,刘长兴带领科研人员,开发研制出中国第一台具有国际先进水平的"龙兴电脑红外光乳腺癌早期LX—H767诊断仪"。(注:以下简称乳腺癌早期诊断仪)

1988年,从国外引进一台乳腺癌早期诊断仪需要数万美元,中、小型医院无力购买。龙兴公司推出的乳腺癌早期诊断仪,体积小、重量轻,准确度和精确性超过国外同类产品。不仅填补国内一项空白,为国家节约大量外汇,价格还只有国外产品的30%。该产品问世后在国内外引起轰动,成为我国各中、小医院青睐的产品。

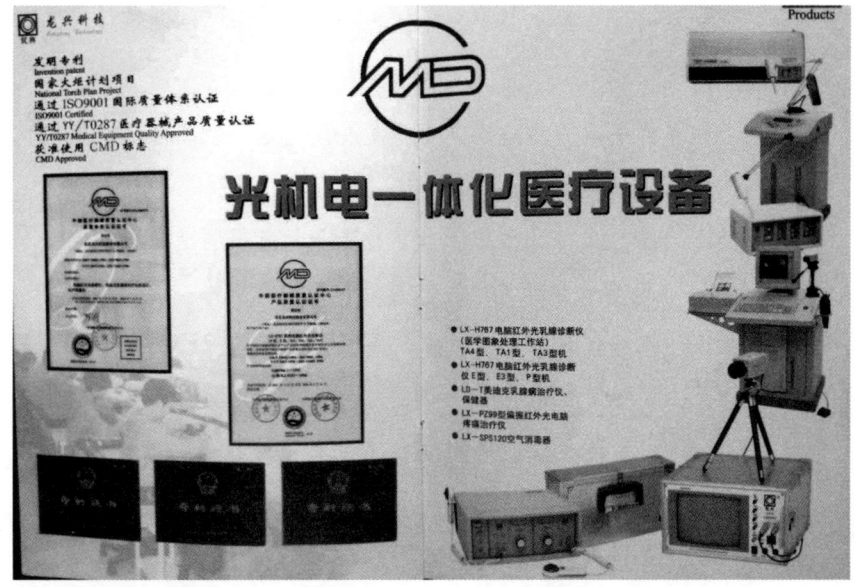

龙兴电脑红外光乳腺癌早期LX—H767诊断仪系列产品。照片来自刘长兴先生。

2003年,联合国有关卫生组织向龙兴公司订购1000台乳腺癌早期诊断仪。

在北京、天津、上海有关妇女健康的调查中,乳腺癌是危害妇女健康的主要疾病,发病率为千分之二,但是该病早期发现后是可以完全治好的。龙兴公司推出的乳腺癌早期诊断仪,为普查妇女乳腺癌作出了巨大贡献,挽救了无数生命。

1989年7月,龙兴公司的乳腺癌早期诊断仪系列产品,获首届北京国际博览会金奖。

1990年,龙兴公司的乳腺癌早期诊断仪系列产品,获北京市科学技术进步奖、"科技之光优秀产品奖",被列入国家级"火炬计划"项目。

1990年10月22日,为推广乳腺癌早期诊断仪,国家科委成果管理办公室,委托龙兴公司在北京举办首届全国乳腺癌早期诊断仪培训班与研讨会。卫生部部长陈敏章、中顾委委员钱信忠出席开幕式并讲话。

刘长兴简介

刘长兴,男,1940年6月15日出生。

刘长兴是北京市及中关村第一代民营科技企业家,民营科技企业优秀代表。

他热心和支持中国民营科技事业的发展,也是北京民协及北京民协内刊《科技之光报》最强有力的支持者。

1960年,毕业于北京无线电工业学校电子计算机制造专业。

1964年,在清华大学计算机系、自动化控制系进修。

历任国家一机部计算中心工程师,国家计委中国工程技术咨询公司工程师。

1988年6月28日,刘长兴创建北京龙兴医疗设备科技开发公司,现任北京龙兴科技股份有限公司董事长。

刘长兴在开发研制电脑红外线乳腺诊断仪及医学图像处理工作站系列产品上曾获得多项发明专利,填补了国家该项技术产品领域的空白,

1988年

刘长兴。齐忠摄影。

该产品获得了国家级新产品证书，被列为国家火炬计划项目，并获北京市新技术产品奖，试验区拳头产品奖。

2000年，在生物工程和现代中药保健产品上进行了开发研制，新产品获得了两项发明专利。

刘长兴曾任北京市海淀区两届政协委员，北京民协常务理事，被评为首届"科技之光优秀企业奖""优秀民营科技实业家"、北京民协"创业英才"奖。

1988年7月1日——北京市新技术产业开发试验区筹备与启动资金和对外正式宣布办公的全面过程

1988年7月1日，北京市新技术产业开发试验区办公室第一任主任胡昭广，采用幻灯片投影方式向北京市委、北京市领导汇报试验区筹办与启动工作，北京市政府领导看了后对试验区的工作非常满意。

北京市政府领导对胡昭广提出五点要求：

1. 要搞大海淀的战略思想，发挥大院、大所、大学的优势，使试验区成为北京市的新技术企业的孵化器。

2. 不许贪污受贿。

3. 遵纪守法，严格执行政策。

4. 勇于拼搏，不断开拓。

5. 抓好100平方公里的发展规划，不要搞乱了。

1988年7月4日，试验区协调委员会成立并召开第一次会议。北京市副市长陆宇澄主持了该会议，该会议主要研究筹集试验区启动资金问题。

会议研究决定，试验区协调委员会各委员单位，先拿出部分资金作为试验区的启动资金，平均每家出资200万元左右。为落实这项工作，陆宇澄决定由首都规划委办公室协助研究制定规划，北京市计委协助专项研究贷款问题，北京市科委协助催办国家科委、国防科工委、国家教委、中国科学院几家的资金问题。

1988年8月5日，北京市新技术产业开发试验区在人民大会堂召开新闻发布会，有20个国家和地区的150多名中外记者参加了大会。（注：以下简称试验区）

试验区主任胡昭广在大会上宣布："第一个国家级高新技术产业开发区'北京新技术产业开发试验区办公室'正式对外办公。"并向参会记者散发了《北京市高新技术产业开发试验区基本情况介绍》的有关资料。该资料主要介绍了试验区的由来和意义、试验区办公室的组织结构、试验区的总体设想及基本工作方针、试验区的优惠政策等，重点宣传的是对新技术企业减免税政策。

试验区总体设想是建立有地方特色的外向型、开放型新技术产业开发区，逐步形成试验区的管理模式和规范；跟踪世界先进水平，建立一批在国内外有影响的"技、工、贸"一体化的高技术、高效率企业；争取在不久的将来，使中关村地区成为在世界上有一定影响力的、高水平的新技术开发区。

试验区基本工作方法是坚持改革，鼓励竞争，发挥中关村地区的智力密集优势，充分利用园区的条件和基础，吸引大批科技人才、科技成果和资金，使科技成果迅速转化为生产力；把经济效益作为试验区成败的根本标志；与国内外建立广泛联系，参与国际交往和竞争，使试验区成为新技术、高技术的辐射源和孵化器。（注：以上数据见采访胡昭广文章《试验出的真经》）

1988年8月5日，美联社报道："中国官员今天宣布，北京西部一个……地区已成为开发中的高科技产品实验区。该实验区负责人胡昭广在一项记者会中宣布，给予位于上述实验区的高科技公司一连串的征税优惠。"随后，试验区办公室不断接到国内外的咨询电话，询问进入试验区的有关政策和手续。办公室也同时进入了正常的、繁忙的认定、接收新技术企业工作。

1988年8月6日，北京市新技术产业开发试验区办公室，在北展剧场召开《北京市新技术产业开发试验区条例》宣讲大会，中科院、北京市、海淀区、试验区领导，中关村科技企业负责人，北京市各大部委有关人士2000多人参加了会议。

试验区企管部部长王素菊在大会上，向与会人士讲解了试验区条例。

2018年8月13日，用友公司总裁王文京回忆创办公司历程时说："那天从单位偷偷跑出来，参加了宣讲大会后决定辞去公职，创办私营用友公司。"

1988年7月1日——清华总公司成立与改组为紫光集团公司的历史过程

1988年7月1日,"北京清华大学科技开发总公司"正式成立,张孝文常务副校长出任公司第一届董事会董事长,王晶宇为总经理,公司注册资金150万元。(注:以下简称清华科技总公司)

1988年4月,清华大学为深化教育和科技体制改革,适应社会主义市场经济发展的需要,充分发挥学校人才和技术密集的优势和潜力,充分利用中关村新技术产业开发区的有利条件,加快学校科技成果向生产力的转化,实现科技成果商品化。

1987—1988学年,清华大学第九次校长工作会议决定,投资150万元创办清华科技总公司。

1988年5月,经国家教委批准,成立清华科技总公司。

当时清华大学要求学校各院、系创办的公司要逐步并入清华科技总

清华紫光办公大楼。齐忠摄影。

公司，今后清华大学各院、系等不再开办公司。要求清华大学各系将自己的技术成果与清华科技总公司合作，由清华科技总公司筹集资金，负责管理，各系只需派出技术人员负责成果的转化与生产过程的技术指导。

在清华大学的大力支持下，清华科技总公司发展迅速。

1989年，清华科技总公司经营收入为1061万元。

1990年，清华科技总公司经营收入为2595万元。

1991年，清华科技总公司经营收入为5158万元。

1992年，清华科技总公司经营收入为11154万元。

在公司发展的大好形势下，为进一步探索我国大学高新技术企业发展壮大的新路，充分发挥企业集团合理配置与利用资金、技术、人才、信息等资源的整体优势，获得与清华大学相般配的更快、更大步伐的发展，清华大学决定以清华科技总公司为核心企业，组建清华紫光集团。

1993年4月，清华大学科技开发总公司改组成立清华紫光（集团）总公司，从全民所有制校办企业改制为有限责任公司，即紫光集团有限公司。

1993年4月12日，国家工商局核准，清华大学紫光集团正式宣告成立。赵伟国任公司法定代表人，张本正任公司总裁，注册资本6700万元人民币。（注：以下简称紫光集团）

紫光集团的"紫光"两字，取意于清华大学校色"紫色"，又取意于祥瑞之光。清华紫光，寓意于清华紫光集团源于清华，属于社会，利于国家。

紫光集团是北京市新技术产业开发实验区首批认定的新技术企业之一，享有外贸进出口权。紫光集团成立后，规模又有了更大的发展。

1993年，紫光集团年经营收入为1.62亿元。

1998年，紫光集团年经营收入为5.74亿元。

1999年，紫光集团因业绩突出，经上级有关部门批准，将其部分优质资产进行股份制改造，成立"清华紫光股份有限公司"。

1999年3月18日，"清华紫光股份有限公司"在北京市工商行政管理局海淀分局正式注册成立。

于英涛任公司法定代表人，张本正任公司总裁。公司注册资本204291.4196万元人民币。

1999年11月4日，紫光股份有限公司在深圳证券交易所上市。公司总股本为12880万股，紫光集团作为紫光股份公司的主发起人与第一大股东，占总股本的62.11%，紫光股份发行流通股4000万股，募集资金4.7亿元。

2007年12月，紫光股份有限公司年经营总收入达39亿元，市值达43亿元。（注：以上数据来自清华大学原产业管理处处长、企业集团副总裁白洪烈等人回忆录《清华大学创办和发展科技产业的概况》）

张本正简介

张本正，男，1940年12月出生于辽宁省营口市大石桥市。

北京及中关村高校科技企业第一代创业者。

1965年，毕业于清华大学工程物理系，毕业后留校工作。

1988年，参与组建清华大学科技开发总公司，任常务副总经理、总经理。

1993年，任清华紫光（集团）总公司总裁。

1997年，获北京民协第三届"科技之光优秀企业家奖"。

1999年，任清华紫光股份有限公司总裁、清华紫光古汉生物制药股份有限公司董事长。

2000年，获香港紫荆花杯杰出企业家成就奖、中国民协"创业英才"奖。

2002年，被评为中关村首批优秀企业家。

曾任北京工商联合会副会长、北京民协副会长等职务。

张本正。齐忠摄影。

1988年8月8日——姜云创办智凯公司

1988年8月8日,原中国银行辽宁省分行副处长姜云,辞去公职,创办民营科技企业"北京西城智凯办公自动化设备公司",姜云出任公司法人代表兼总裁。(注:以下简称智凯公司)

智凯公司以"发展高科技,实现产业化"为目标,形成开发、研制、流水生产、销售服务的完整体系。

1991年,智凯公司开发的国产品牌RICH存折/票据打印机,获首届中国科技之光新产品博览会金奖。

1992年，智凯公司开发的国产品牌 RICH 存折/票据打印机，被列为国家级火炬计划产品优秀项目。国家科技部曾专门发文向国内各行业推荐 RICH 系列打印机。

1993年，智凯公司开发的国产品牌 RICH 存折/票据打印机，荣获优秀国家级火炬计划产品证书。

1993年，智凯公司荣获国家"百强奖"、全国计算机应用成果展览会"优秀硬件"奖。

智凯公司开发的国产品牌 RICH 存折/票据打印机，还荣获北京市科技进步奖、北京市西城区科技进步特等奖，被国家质量检测评为优等奖项。

2002年4月2日，智凯公司扩展为"世纪智凯科技有限公司"，在中关村德胜科技园区正式成立。公司致力于 CAD 系统中先进绘图设备及相应管理软件研发和销售，全年的市场销量超过了历史最高水平；管理效率提高，各项管理成本明显下降；国际合作加强，技术开发和技术支持都取得了新的成绩，RICH 产品获得五项专利及科技进步一等奖，公司被评为先进科技企业及精神文明先进单位。

不久，由北京智凯办公自动化设备有限公司、北京普瑞思科技发展有限公司、北京世纪智凯科技有限公司、河南智凯电子信息技术有限公司、四川成都科博斯数码科技发展有限公司等组成技、工、贸一体的高科技集团公司"智凯集团"。

姜云简介

姜云，男，1946年4月出生。北京第一代民营科技企业家，热爱民营科技事业，是北京民营科技事业强有力的支持者。

1970年7月，毕业于哈尔滨军事工程学院海军工程系。

1970年8月，先后在辽宁省本溪市北台铁矿、辽宁省电子技术研究所、中国银行辽宁省分行工作。历任技术员、工程师、副处长。

1988年8月8日，创办"北京西城智凯办公自动化设备公司"，任

姜云。齐忠摄影。

公司法人代表兼总裁。

2002年4月2日,创办"世纪智凯科技有限公司",任公司法人代表兼总裁。

2008年,创办智凯集团,任公司董事长兼总裁。

姜云曾获"科技之光优秀企业家奖",北京市优秀企业家奖,任北京民协监事。

1988年8月9日——祁魁元创办北京市海淀生命源卫生保健品研究所

1988年8月9日,祁魁元创办民营高新技术企业"北京市海淀生命源卫生保健品研究所",祁魁元任法人代表兼所长。

1992年3月,该所转型为"北京生命源科技有限公司",祁魁元任

公司董事长。公司开始从研发进入市场运营，塑造成为保健品市场中的常青藤。（注：以下简称生命源公司）

1997年9月，生命源降脂胶丸荣获北京市海淀区人民政府颁发的"海淀区科学技术进步二等奖"。

2001年1月，生命源系列产品入选"全民健康工程重点推广产品"。

2002年3月，被中国技术监督情报协会评为"315质量无投诉、服务无投诉诚信企业"。

2003年1月，生命源降脂胶丸入选"《中国医疗改革与医疗保健茶品采购大全》入选品牌"。

2003年3月，公司被北京市海淀区精神文明建设委员会评为海淀区文明单位。

2003年7月，生命源降脂胶丸、免疫调节口服液被中国商业联合会食品安全办公室、商业科技质量中心评为"中国消费品市场保健食品安全放心畅销品牌"。

2007年6月，公司总裁祁魁元被北京市科学技术协会、北京民营科技实业家协会评为第七届"科技之光"杰出创新企业家。生命源公司被评为"百强创新品牌企业"。

几十年来，生命源公司依托现北京大学医学部的科研人才，培养吸收精英力量，相继研制开发出生命源降脂胶丸、生命源益多胶丸、生命源巴迪胶囊、生命源免疫调节口服液、生命源氧气、生命源通脉枕、生命源系列水机、生命源钙片、生命源葛安茶等系列高科技保健品和传统中医保健产品。在心脑血管疾病和免疫系统疾病的保健、预防、辅助治疗等方面独辟蹊径，以产品质量和企业信誉赢得了市场。

祁魁元简介

祁魁元，男，1943年7月1日出生，现任北京生命源科技有限公司董事长、北京心脑血管研究所所长、北京医科大学药学院教授、蒙代尔企业家大学客座教授，毕生致力于欧米伽-3的技术提纯和产品研发，

1988年

祁魁元。齐忠摄影。

是北京及中关村第一代民营科技企业家。

1998年,生命源公司与北京市教委合作,出资50万元设立北京市生命源国家助学贷款担保基金,以实际行动来关爱、帮助贫困大学生。全国人大常委会副委员长许嘉璐出席了基金设立仪式,他说:"生命源公司以实际行动让社会这个躯体得到生命之源。"

2000年10月,祁魁元被北京民营科技实业家协会评为"创业英才"。

2002年11月,祁魁元荣获中华全国工商业联合会、中国民营科技实业家协会联合评定的"中国优秀民营科技企业家"。

2002年12月,祁魁元荣获北京市第五届"科技之光优秀企业家"称号。北京生命源科技有限公司荣获"科技之光信用企业"称号。

2003年参加"防治非典、奉献爱心"捐赠活动,被北京市委统战部门授予"抗击非典先进个人"称号。

1988年8月31日——信通公司推出公司个人股份制改造实施方案

1988年8月31日,信通公司推出公司个人股份制改造实施方案。以下为改造方案的内容:

1. 公司将原来三个投资单位拥有的300万元资金,由每股1万元共300股,改为每股100元共3万股。

2.1988年9月,首次在公司内部发放个人股票5000股共50万元,公司共计划发放2万股共200万元个人股。

3.1989年1月,第二次在公司内部发放个人股票5000股共50万元。公司的全民、集体股共占60%,个人股占40%。凡是在北京到公司工作已过半年的正式职工都可以购买个人股,每人最高额度为30股共3000元。来公司不到半年的正式职工,可在1989年1月份第二次发放时购买。

4. 信通公司的外地子公司,也可分得一定数额的股份向职工发放。个人股票可计息和分红,股息及分红视公司经营情况,准备半年分发一次年终结算。个人股可内部转让,可赠予和继承。个人出资购买的股票满5年后,可转让给公司由公司按相互协议价格收购。

5. 公司发行配予股,重点配予给对公司有突出贡献的人,包括公司外的人。配予股股权仍属公司,配予股是一种"影子"股,持有配予股的个人参加分红,但不计息,不能转让、继承,离开公司后收回。持有配予股的非公司人员,同公司脱离直接工作关系三年后由公司收回。配予股按等级分终职股和期限股两种,前者终身有效,后者有效期为三年。

6. 信通公司个人股发行两期共100万元,在1989—1990年又发行剩余的100万元。

1988 年

当年信通公司员工股金证。信通员工董超英提供。

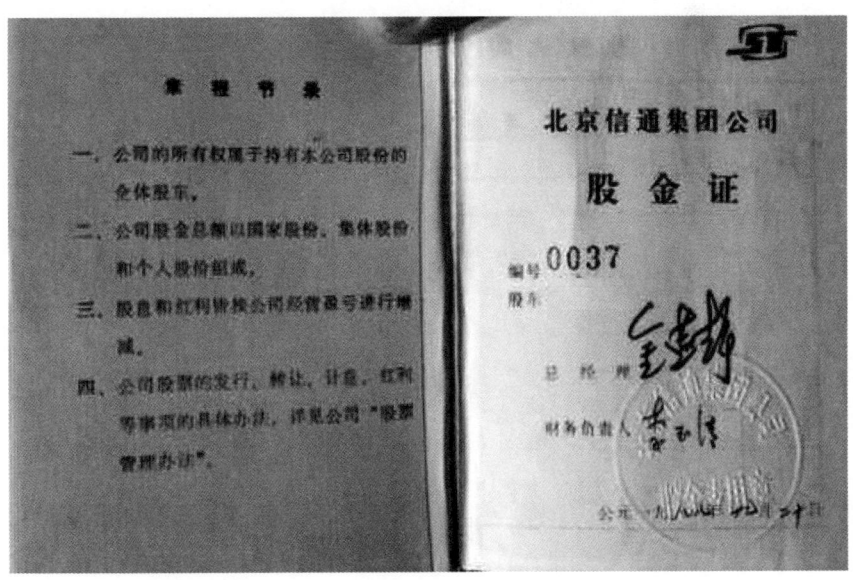

当年信通公司总裁金燕静亲笔签名的员工股金证。信通员工董超英提供。

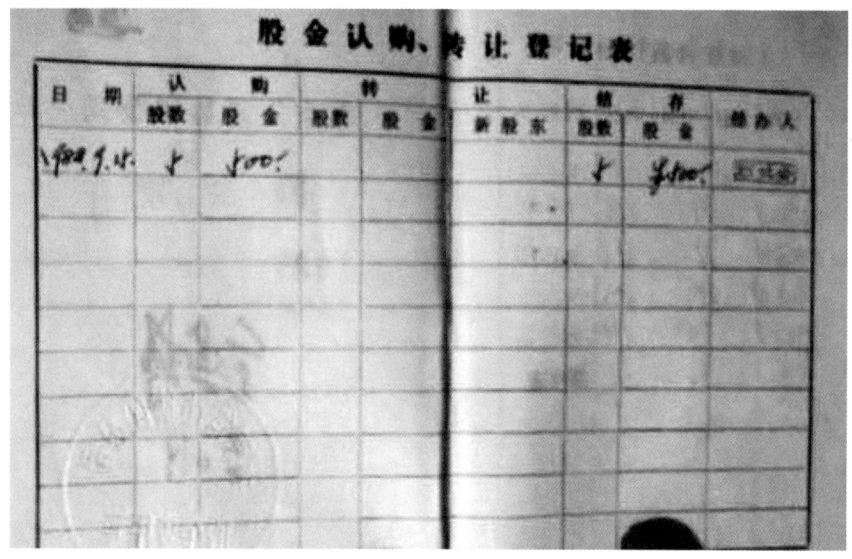
当年信通公司员工认购公司股份证明,信通员工董超英提供。

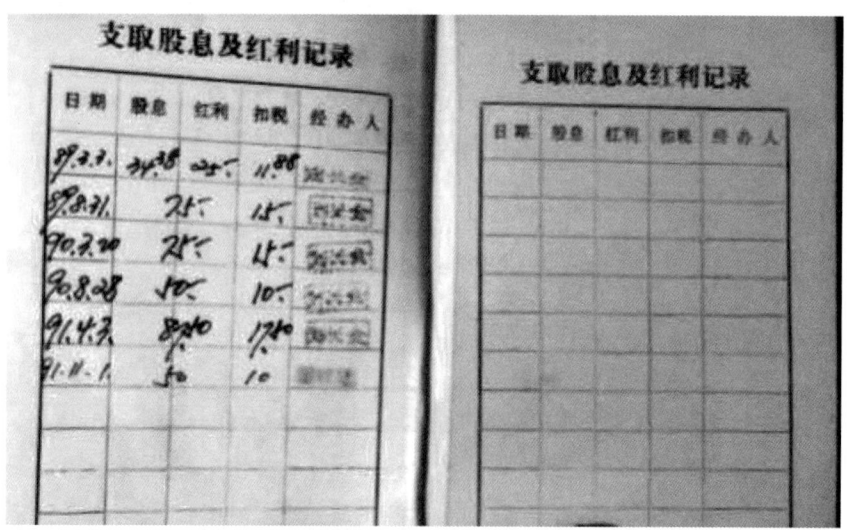
当年信通公司员工股息及分红记录。信通员工董超英提供。

1988年9月8日——试验区首次认定118家新技术企业

1988年9月8日,北京市新技术开发试验区首次认定118家新技术企业,并颁发证书。

这118家新技术企业,民营科技企业四通公司占据19家(注:包括四通公司承包的鹭岛公司),京海公司占据10家,科海公司占据16家,信通公司占据8家,海华公司占据5家,希望公司占据3家。联想公司前身"中国科学院计算所计算机技术公司"也名列其中。(注:本数据来自《北京市新技术开发试验区科技企业介绍》)

《北京市新技术产业开发试验区科技企业介绍》一书。齐忠摄影并收藏。

1988年9月14日——北京及中关村科技企业家获首届全国科技实业家创业奖金奖、银奖

1988年9月14日,由中国新技术创业投资公司(注:以下简称中创公司)、科技日报社联合举办的首届"全国科技实业家创业奖"颁奖仪式,在北京人民大会堂举行。

全国共有10名科技企业家获金奖、31名科技企业家获银奖。获奖者中民营科技企业家占70%。

中关村京海公司总裁王洪德、信通公司总裁金燕静、王码公司总裁王永民、四通公司负责人获首届"全国科技实业家创业奖"金奖。

中关村科海公司总裁陈庆振、联想公司总裁柳传志、希望公司总裁周明陶、北京丰台区北京东升热处理工业炉公司总裁赵东升、北京延庆

1988年9月14日,由中创公司和科技日报社在人民大会堂联合举办的首届"全国科技实业家创业奖"颁奖仪式上,部分金奖获得者合影。前排右一为中关村信通公司总裁金燕静(女),后排左一为中关村京海公司总裁王洪德。照片为京海公司总裁王洪德提供。

县延庆磁疗器械厂厂长耿奎等人获银奖。

时任国家科委主任宋健参加了会议，他代表党中央、国务院讲话，他在发言中称："科技实业家的事业代表体制改革的方向。"

全国各地科技企业家、国家科委、中国科协及各界人士与新闻记者共200多人参加了会议。

1988—1994年，由中创公司出资与科技日报社联合举办的"全国科技实业家创业奖"，是对中国科技企业影响力最大的奖项之一。该奖每两年举办一次，北京及中关村科技企业家中，四通公司总裁段永基、华讯公司总裁戴焕忠、亚都公司总裁何鲁敏、时代公司董事长彭伟民、总裁王小兰（女）、紫光公司总裁张本正、高立软件公司总裁吴妙琳、北京丰台区天安研究所所长吕克健等人都获得过该奖的金奖与银奖。

1988年9月16日——北京海淀牡丹电子工程公司成立

1988年9月16日，北京海淀牡丹电子工程公司成立。该公司是北京市无线电厂开办的"国有民营"科技企业。

张洁（女）出任该公司总裁，是北京及中关村第一代科技企业家中少有的女企业家。在她的带领下，该公司为北京亚运会音响工程作出突出贡献，张洁被称为"音响女王"。

张洁任北京民协理事。

1990年，荣获首届"科技之光优秀企业奖"。

1988年10月1日——北京市政府颁布《关于集体、个体科技机构管理的补充规定》

1988年10月1日，北京市政府为促进集体、个体科技机构的健康发展，颁布《关于集体、个体科技机构管理的补充规定》，以下是有关规定全文。

北京市人民政府关于集体、个体科技机构管理的补充规定

为促进集体、个体科技机构的健康发展，对《北京市集体、个体科技机构管理若干规定》，作如下补充规定。

一、区、县科学技术委员会（以下简称区、县科委）应在区、县人民政府领导下，对本地区集体、个体科技机构积极扶持，加强管理。集体、个体科技机构较多的区、县，可根据实际需要与可能，在不增加编制的原则下，建立对集体、个体科技机构开展有偿服务的服务组织。

二、区、县科委在组织实施《北京市集体、个体科技机构管理若干规定》中，应认真履行下列职责：

（一）向集体、个体科技机构宣传贯彻有关政策、法律、法规和规章，指导和监督集体、个体科技机构合法经营。

（二）按规定组织鉴定或协助有关主管部门鉴定集体、个体科技机构的科技成果。

（三）协助集体、个体科技机构办理有关优惠待遇和涉外事宜。

（四）依法审批集体、个体科技机构的开办、合并、歇业以及其他变更事项。受理集体、个体科技机构加入科研生产联合体的申请，并在批准后协助办理有关事宜。

三、集体、个体科技机构的名称，应与其经营范围、规模等条件相适应，在条件适合的情况下，可以称研究所、中心或公司。

名称冠以"北京"或"北京市"字样的，须经所在区、县科委审查、市科学技术委员会（以下简称市科委）批准后，按国家规定到所在地的区、县工商行政管理机关申请注册登记。

四、集体、个体科技机构的技术性收入，应与其他收入分别记账。技术性收入占总收入中的比例连续三年低于20%的，不得享受集体、个体科技机构的优惠待遇。

五、集体、个体科技机构聘任专业技术人员担任专业技术职务，应按国家规定的各系列进行；需要评定高级、中级专业技术职务资格的，可向市、区、县科委提出申请，由受理申请的科委按有关规定组织评定。

六、集体、个体科技机构二次开发的新产品，属于国家定价的，经市科委或市经济委员会认定，可自定试销价格，新产品正式生产后，报物价机关制定正式价格；属于放开价格的，可自定销售价格。

七、集体、个体科技机构在调剂外汇及出口创汇留成方面，享受与全民所有制科研单位同等待遇。

八、集体、个体科技机构应按期向当地税务机关报送财务会议报表，并按下列规定享受税收优惠待遇：

（一）新开办的集体、个体科技机构，从实现利润的年度起，免征所得税二年。

（二）集体、个体科技机构研制的新产品列入市科委、市经济委员会新产品试制计划的，经税务机关批准，可从取得销售收入之日起，一至二年内免征产品税或增值税。

（三）集体科技机构技术出口收入暂免征营业税。

上述规定的减税、免税期满后，纳税仍有困难的，应按税收管理的有关规定办理。

减免的税款应专项用于技术开发，不得挪作他用。

九、本规定执行中的具体问题，由市科学技术委员会负责解释。

十、本规定自1988年11月1日起施行。

1988年10月15日——王文京创办私营科技企业用友公司

1988年10月15日，24岁的王文京辞去国务院机关事务管理局财务司的职务，他向26岁的苏启强借款5万元人民币，创办"北京海淀

用友财务软件服务社"。企业性质为"个体工商户",企业所有制为"私营"。(注:以下简称服务社)

王文京任服务社法人代表,服务社第一年的营业额是8万元人民币。王文京也是中关村电子一条街科技企业第一代创业者中最年轻的。

王文京解释"用友"名称时,他说:"有一天我在《经济参考报》上看到,美国市场上有一种软件用户容易学、容易用,深受用户欢迎,号称'用户之友'软件。我一看与自己想要创办的公司产品思想很一致,就决定把企业取名为'用友'。"

王文京辞去公职到中关村创业,并不是一时心血来潮。

1988年8月6日,北京市新技术产业开发试验区(注:以下简称中关村试验区)在北展剧场召开《北京市新技术产业开发试验区条例》宣讲大会。24岁的王文京从单位溜了出来参加了这次大会,他回忆说:"参加了这个大会后,得知试验区推出的18条政策,鼓励科技人员在中

1990年11月13日,在中关村白石桥的北京用友电子财务技术有限公司。照片由用友公司提供。

1988 年

王文京与用友公司的编号为"SY0001"的"高新技术企业"证书。照片来自用友公司。

试验区颁发的用友公司新技术企业认定铜牌。齐忠摄影。

关村试验区创业，更坚定了创业的决心。"

1990年4月6日，服务社更名为北京市用友电子财务技术有限公司，王文京任公司董事长兼总经理。

1993年6月29日，中关村试验区对外宣布，中关村私营科技企业"北京市用友电子财务技术有限公司"被认定为"高新技术企业"。并颁发了编号为"SY0001"的"高新技术企业"证书。用友公司不仅成为中关村，也是中国大陆首家被认定为"高新技术企业"的私营科技企业公司。

原中关村试验区企管部负责人、海淀科技园副主任邵欣平回忆该事时说："用友公司的高新技术企业证书的编号是我设计的，'SY'是'私营'汉语拼音'Si Ying'的第一个字母，'0001'是指中关村试验区第一家私营高新技术企业的意思。"

认定私营科技企业为高新技术企业，是中国改革开放中科技体制改革伟大的探索和创举！

1995年1月18日，北京用友软件（集团）有限公司成立，王文京任公司董事长兼总裁。

1999年12月，北京用友软件股份有限公司成立，王文京任董事长。

2001年5月18日，北京用友软件股份有限公司在上海市证券交易所成功上市。王文京以50亿元市值的身价成为"中国软件首富"。

2015年初，"用友软件股份有限公司"正式变更为"用友网络科技股份有限公司"。在公司名称完成变更登记手续后，公司向上海证券交易所申请将公司证券简称"用友软件"变更为"用友网络"。

王文京简介

王文京，男，1964年12月15日出生于江西省上饶县。

王文京是北京及中关村民营科技企业最年轻的第一代创业者。

1979年，15岁的王文京考入江西财经大学，外人说他是个"神童"，他自己认为是因为当时中小学学制短。

1983年7月,王文京毕业后,分配到国务院机关事务管理局财务司工作。那年他19岁。

1988年12月6日,24岁的王文京与苏启强辞去公职,在中关村创办个体、私营所有制性质的"北京海淀用友财务软件服务社"。

1990年11月23日,被评为首届"科技之光优秀企业奖"。

1992年,任北京民协理事。

1993年1月,任北京市用友电子财务技术有限公司董事长。

1993年2月,当选北京市政协常委。

1994年,任海淀区私营企业协会副理事长。

1994年9月,被评为"中国优秀民营企业家"。

1995年2月,任用友软件(集团)有限公司董事长兼总裁。

1998年2月,当选第九届全国人大代表,并连任第十届、十一届、十二届全国人大代表。

王文京还担任过全国工商联副主席等职务。

1988年10月27日——张征创办北京市顺义节能耐火材料应用技术研究所

1988年10月27日,张征创办民营科技企业北京市顺义节能耐火材料应用技术研究所。该所注册资金为30万元,张征任法人代表、所长、总工程师。

张征是北京市民营科技企业第一代创业者,也是北京顺义郊区民营科技企业的一面旗帜。

张征以自己研制发明的两项科研成果,"微膨胀可塑料"和"多功能灌浆料"为拳头产品,迅速打开市场。两项科技成果的问世和应用为建材品种更新、质量升级、替代进口、节约外汇方面直接产生重要效能,功绩卓著,成为电力工业领域设计院典型工程选用材料目录清单中

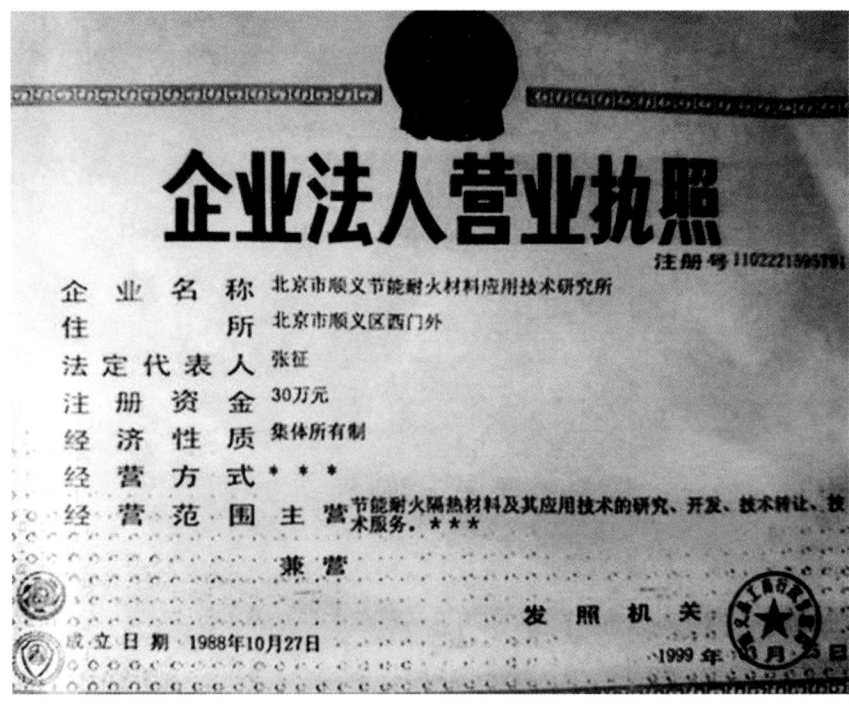

1988年10月27日，工商局颁发的北京市顺义节能耐火材料应用技术研究所营业执照。照片来自张征先生。

"微膨胀可塑料"和"多功能灌浆料"产品，在登封电厂的应用。照片来自张征先生。

1988年

1991年，北京市顺义节能耐火材料应用技术研究所、北京市征成耐火建材厂的办公地。照片来自张征先生。

首荐优质科技新材料，被人们称为"东方神泥"，其产生的作用和意义深远，带动我国大江南北一座座全新优质建筑工程，一批批密封节能环保产业，涌现出一支支新建材施工就业大军。

1990年以来，研究所及张征连续获得"科技之光优秀科技企业""科技之光优秀科技产品""科技之光优秀科技企业家"荣誉嘉奖。

1991年8月21日，张征又创办了北京市征成耐火建材厂，任法人代表兼厂长，实现了科研产品产业化。

张征简介

张征，男。1944年6月出生于北京市顺义，教授级高级工程师，共产党员，是20世纪80年代北京市顺义郊区早期著名的民营科技企业家。

1964年8月，参加工作，在"国家水电部电力建设科学技术研究所"任建筑结构工程材料专业主任工程师。

1990年12月，创业初期的张征。照片来自张征先生。

1978年3月，先后进行开发火力发电厂粉煤灰综合利用环保科研课题，发现了"空心微珠"新资源；在承担筹建国家电力工业系统第一个耐火材料检测中心实验室的同时，负责起草编制水电部颁布的火电厂耐火材料技术标准，是该项技术标准原创版的编著人。

1983年9月，自选创立一项新型节能可塑耐材科研课题，并被列入部所重点科研项目，张征任该项目课题组长。

1988年10月27日，张征创办民营科技企业"北京市顺义节能耐火材料应用技术研究所"，任法人代表、所长、总工程师。

1991年8月21日，张征创办"北京市征成耐火建材厂"，任法人代表兼厂长。

1990—1997年，张征发明的科研成果——中国"微膨胀可塑料"和"多功能灌浆料"，被人们称赞为"东方神泥"和"现代填料"，先后荣获首届"科技之光优秀科技产品奖""科技之光优秀科技企业奖"、北京"优秀科技产品奖"、"科技成果金奖"、中国首届专利新技术新产品博览会"金奖"等。

张征还担任北京民协理事等多种社会职务。

1988年11月28日——戴晓钟创办北京天然香妆品研究所

1988年11月28日，浙江省杭州市著名民营科技企业家戴晓钟，在四通公司的帮助下，从宋庆龄儿童基金会借款20万元人民币，在中关村创办民营科技企业"北京天然香妆品研究所"，并且被新技术试验区认定为北京市"高新技术企业"。戴晓钟任该所法人代表兼所长。（注：以下简称香妆品研究所）

消息传出后，广泛引起中国民营科技企业家、社会各阶层人士的关注。因为戴晓钟是一位闻名全国的民营科技企业传奇人物，因所谓"投机倒把罪"入冤狱887天，该案列入1988年最高人民法院编印的全国十大冤假错案的第二大案件。

戴晓钟案，不仅反映出改革开放初期民营科技企业家、民营科技企业创业的艰难，也反映出当年有些人对民营科技企业的偏见与歧视。现将戴晓钟案再现给读者，还原历史的真相。

1982年1月，很有名气的"杭州业余交叉技术应用研究所"被有关部门查封。为此《光明日报》以整版的篇幅发表了国务院科技领导小组、国家科委、中国科协、光明日报社四单位对此事的联合调查报告，公开批评杭州市某些领导不支持民办科研的错误做法。

不久，根据联合调查组的建议，由杭州业余交叉技术应用研究所分管化工课题的戴晓钟牵头，经请示浙江省委的一位副书记及省科协的领导，在杭州市郊集资创办了民营科技企业"精细化工研究所"，戴晓钟出任该所负责人。

1984年，该所挂靠在"中华国际技术开发总公司"。

1985年7月，"精细化工研究所"脱离"中华国际技术开发总公司"，经国家科委、浙江省科委、杭州市财贸办先后同意，"精细化工研究所"更名为"浙江精细化工研究所"。（注：以下简称精化所）

1985年，浙江精细化工研究所经营状况良好，资产达到上千万元。先后在全国首届技术成果交易会、乡镇企业成果交易会获得三个大奖。还参与合办了全国公开发行的《乡镇企业信息报》。

可是浙江精细化工研究所被当地工商部门拒绝登记和颁发营业执照。戴晓钟到当地工商部门十次，都没有领到营业执照。更有甚者，一份份对精化所带有偏见的《工商简报》，寄往各地决策者。

1985年8月，国家科委派出综合局副局长王瑞明与浙江省科委等人，到杭州市有关部门疏通，再三向工商局讲明，精化所是探索科技体制改革比较成功的民办研究所，在全国首届技术成果交易会上，得到中央好几位领导及部门的肯定，应以扶持。对于他们存在的问题，可以及时批评指出，不要采取派调查组、工作组的形式。

可惜，国家科委的意见没有得到重视，反而向中央告状。杭州市某领导在一份《工商简报》上批示"精化所的情况为何如此大出入，请市科委和工商局认真查明"。

1985年8月底，一个庞大的调查组进驻精化所，弄得戴晓钟与精化所无法工作。

1986年春，戴晓钟向中央写信，反映调查组的17个问题，引起中央领导人的重视，并派出中央调查组到杭州市调查。中央调查组对精化所的方向及成绩作出肯定，对某些不尊重地方的做法提出批评，要求杭州市通过调查整顿，帮助精化所搞得更好。

当中央调查组走后，杭州市调查组马上升级，首先发了一份颠倒是非的"内参"，随后又发了〔86〕114号文件。该文件宣布精化所解散，财产没收，并又查封精化所合办的，经中宣部、国家科委批准，全国公开发行的《乡镇企业信息报》。

1986年5月5日，杭州市检察院批准逮捕戴晓钟，并在杭州市电视台反复播放逮捕戴晓钟的录像。（注：以上数据来自1988年11月12日，《民主与法制》杂志第11期）

戴晓钟被五花大绑押上卡车，在杭州市游街示众，但是他并没有屈服，他在卡车上大声疾呼："改革开放万岁，抓我有罪。"他在首次法庭开庭时也同样疾呼："改革无罪，抓我有罪。"

在杭州市中级人民法院首次法庭开庭时，办案人员用撤回起诉、补充侦查的理由，长期关押戴晓钟887天。

1988年6月13日，杭州市中级人民法院再次开庭，公诉人与被告戴晓钟及律师辩论长达7天。

戴晓钟案，不仅引起民营科技企业人士的关注，也引起社会各界人士的关注。

1988年，原中国科学院生物物理研究所副研究员、中国科技大学教授、安徽省副省长、安徽省人大常委会副主任、致公党中央常务副主席、中国致公党中央委员会原名誉副主席、全国人大常委会委员杨纪珂等24名全国人大常委会委员联名提出《请内务司法委员会对杭州市两院行使监督权的议案》，全国人大常委会副委员长兼内务司法委员会主任习仲勋要求对该案组织调查："不要以权压人，以法律为准绳，查清案情。"

2014年2月27日，在中国人大网刊登的，全国人大原常委会内务司法委员会主持工作的副主任委员邹瑜的回忆录《邹瑜忆习仲勋在全国人大的日子》，记录下这段历史。

邹瑜在回忆录中写道："仲勋同志是这样说的，也是这样做的。'戴晓钟案'的平反就是一个具有重大影响的案例。戴晓钟是杭州市浙江精细化工业研究所所长，因被认定有投机倒把罪，于1986年4月被杭州市公安局执行逮捕，并超期羁押。1988年，杨纪珂等24名全国人大常委会委员联名提出《请内务司法委员会对杭州市两院行使监督权的议案》，全国人大常委会委员长会议决定交付内司委审议和调查。习仲勋副委员长于当年主持召开内司委主任委员办公会议并作重要讲话，指出：
'所提议案很重要，一定要认真对待，组成小组抓紧调查，争取在年底前向委员长会议提出报告，请李瑞山同志负责。一定要客观公正，实事求是，不要感情用事，不要以权压人，以势压人，坚持以事实为根据，以法律为准绳，查清案情。此案情况复杂，涉及面广，影响较大，但不要怕……'会后，习仲勋同志又嘱咐邹瑜说：'你在北京主持工作，如果在调查中遇到阻力要及时向我汇报，要向人大常委会作书面报告，和最高人民法院、最高人民检察院、公安部协商，克服困难，查明真相，依法处理。'接着，李瑞山率领部分人大常委会委员、内司委委员谷景生和内司委顾问、法律专家余叔通等同志于1988年11月26日起经过近两个月的调查，终于查明案情，提出处理意见。杭州司法机关对戴晓钟羁押时间达两年多，不仅超期羁押，而且认定戴晓钟行为构成投机倒把罪。经杭州市中级人民法院二次开庭审理，于1988年8月19日宣判'戴晓钟在直接负责参与技术转让中不构成投机倒把罪'。至此，戴晓钟得以宣告无罪释放。调查组向浙江省市领导同志和浙江省市法、检、公安机关作了汇报。他们对调查组的意见完全同意。受害人后来得以平反，有关责任人受到了严肃处理。内司委及时将调查结果向习仲勋同志和人大常委会委员作了报告。仲勋同志指示，一定要从此案中吸取经验教训，进一步提高司法人员的法制观念，提高对维护公民人身权利的认识。一定要学习经济、科技新知识，才能更好地为改革开放提供法律保障。当调查组汇报到戴晓钟提出的赔偿金额无法可依和民办科技市场的活动缺少法律规定时，仲勋同志说，要向全国人大常委会建议加快国家赔偿法的立法步伐。对戴晓钟案的平反，习仲勋同志倾注了大量的心血。"

1988年8月19日，杭州市中级人民法院又公开审判，宣判"戴晓钟有欺骗违法行为，但不构成投机倒把罪"。关了戴晓钟887天，没收他们公用房产和个人财物，许多业余科技人员得的报酬都作为赃物没收了，这些遗留问题，没有解决。

1988年8月20日，新华社报道此案，新华社在文章中指出"戴晓钟蒙冤入狱887天以后，被判无罪。再也不要干这种亲者痛仇者快的傻事了"。

1988年8月20日，上海《文汇报》，以及《科技日报》《民主与法制》等各大报刊纷纷对戴晓钟案给予报道。

1988年9月8日，出狱只有20天的戴晓钟只身一人，手提一个小包连夜坐火车来到中关村试验区，并在中关村试验区、四通公司的支持下，重新创办北京天然香妆品研究所，并获得新技术企业认定，从此东山再起。

戴晓钟还创办正式公开发行的《中国科学美容》杂志，出任社长兼总编。

戴晓钟患有十分严重的糖尿病，该病引发他的眼睛病变和肾衰，晚年几乎双目失明。但是他仍然不惜身体忘我工作。直到他去世前一天，还在考虑科学美容研修班毕业事宜。

2003年3月20日，戴晓钟突发脑溢血逝世，享年66岁。

2009年第十一届全国人大十次会议通过决议，正式删除了从事技术市场活动等"投机倒把罪"。

戴晓钟简介

戴晓钟，男，1937年出生。中国民营科技企业第一代创业者。

1982年1月，戴晓钟在"杭州业余交叉技术应用研究所"工作。

1983年，戴晓钟任"杭州精细化工研究所"所长。

1986年5月5日，戴晓钟以"投机倒把"罪，被杭州市检察院批准逮捕。

1988年8月19日，杭州市中级人民法院公开审判，宣判戴晓钟"有欺骗违法行为，但不构成投机倒把罪"。戴晓钟被释放。

1988年9月8日，戴晓钟来到中关村新技术产业试验区。

1988年11月28日，戴晓钟在四通公司的帮助下，从宋庆龄儿童基金会借款20万元人民币，在中关村创办民营科技企业"北京天然香

戴晓钟。齐忠摄影。

妆品研究所",并且被新技术试验区认定为北京市"高新技术企业"。戴晓钟任该所法人代表兼所长。

戴晓钟创办了《中国科学美容》《中国化妆品》,如今这两本杂志成为美容业的知名行业杂志。

戴晓钟曾任全国工商联美容化妆品业商会第一届会长、《中国科学美容大典》主编、北京民协理事,获首届"科技之光优秀企业家奖"。

2003年3月20日,戴晓钟突发脑溢血在北京逝世,享年66岁。

1988年12月15日——北大新技术公司首次推出"北大华光电子出版系统"

1988年12月15日,北大新技术公司在未名山庄举行"北大华光电子出版系统汇报推广会"。(注:北大新技术公司是北大方正公司前身)

北大校长丁石孙,副校长陈佳洱、谢青,王选院士,北大科技开发部主任花文廷、副主任陆永基,北大新技术公司总裁楼滨龙,以及全国几十家报社社长参加了会议。

国家重大装备办公室负责人到会讲话,王选院士在会上介绍北大华光电子出版系统、激光照排系统的技术,北大新技术公司在3天的会议期间拿到1800万元订单。

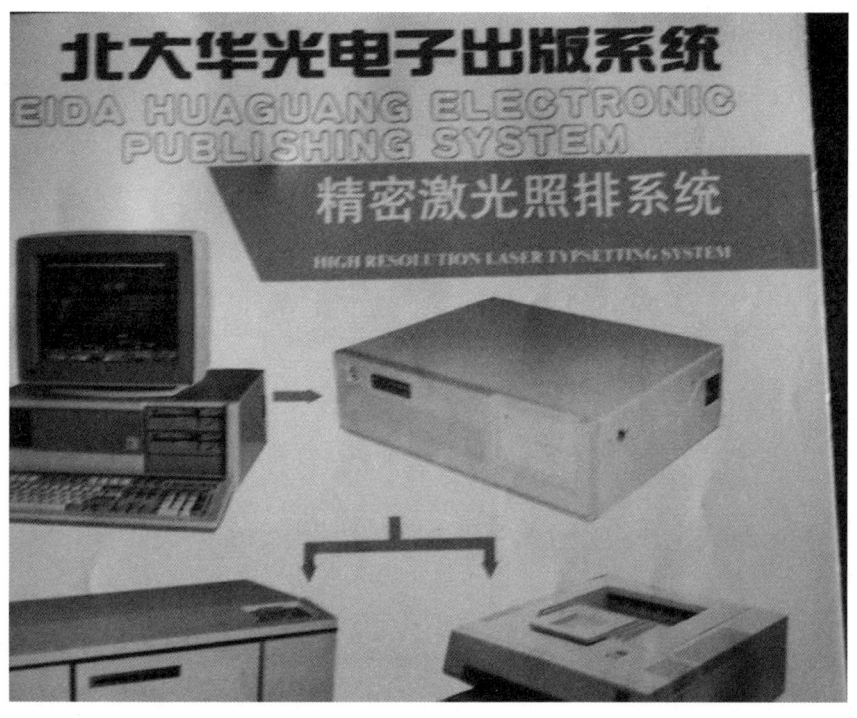

北大华光电子出版系统、激光照排系统海报。齐忠摄影。

1988年北京及中关村民营科技企业概况

1988年5月10日，北京市新技术产业开发试验区在海淀建立，为科技企业创造出良好的生存与发展氛围，试验区在短时间内分三次，认定424家新技术企业，掀起北京及中关村创办新技术企业的高潮。海淀区大院大所、高校纷纷创办"国有民营"科技企业。例如502所创办的康拓公司，北京理工大学与王殿儒联合创办的钛金公司，北京无线电厂创办的北京海淀牡丹电子工程公司等。

一些海淀区以外的民营科技企业，纷纷到海淀区重新创办新技术企业，例如亚都公司等。

大批国家机关和科研院所知识分子、科研人员从原单位辞职，在海淀中关村创办民营科技企业，例如王文京创办的用友公司、刘长兴创办的龙兴公司等。

1988年，北京及中关村民营科技企业的产品化特色十分明显。例如，四通公司的四通打字机、京海公司的京海UPS电源、联想公司的联想汉卡、北大新技术公司的北大华光排版系统、钛金公司的钛金镀膜机、龙兴公司的红外乳腺癌早期诊断仪等。

北京及中关村民营科技企业的产品，还首次涉及计算机软件领域，其软件专利还被国外跨国公司购买。例如，王码公司推出的五笔字型计算机输入法，不仅占有中国计算机输入法市场90%以上的份额，还被美国数字公司购买其专利使用权。

用友公司推出的用友财务软件，是中国首个财务软件产品。

1988年，北京市新技术产业开发试验区科技企业，年销售额为14亿元人民币左右。

1988年，北京及中关村民营科技企业发展势头迅猛，民营科技企业遍及北京市所有区县，达到2000家左右，提供就业职位4万个左右，年销售额在14亿元人民币左右。

相关参考资料：

《北京市新技术产业开发试验区科技企业介绍》《中国民办科技实业名录》《中国民营科技型企业名录》《希望的火光》《北京民办科技实业大事记 1980—1990》《铺路石》。

1989 年

北京·中关村民营科技大事记(上卷) 1980—1990

1989年1月7日——石景山科委召开民办科技企业家座谈会

1989年1月7日,北京石景山区科委召开集体、个体民办科技企业家座谈会,总结1988年的工作,传达学习京政发〔1988〕88号文件《关于集体、个体科技机构管理的补充规定》,推动石景山区民办科技企业的发展。

1989年4月12日——试验区工商所正式对外办公

1989年4月12日,海淀工商局批准成立的"试验区工商所"正式对外办公。

但是按照国家工商局的规定,工商所是不能办企业执照的,海淀工商局协调北京市工商局,给"试验区工商所"刻了一个企业登记二科的公章,授权"试验区工商所"办理北京市新技术产业开发试验区新技术企业从受理、复审、核准、发照的一切手续。

1989年5月10日——宋健听取试验区汇报 肯定新技术企业"四自"模式

1989年5月10日,国务委员、国家科委主任宋健听取北京海淀试验区工作汇报。

宋健充分肯定试验区新技术企业利用民营科技企业"自由结合、自主经营、自担风险、自负盈亏"的"四自"运行模式,并强调试验区18条政策不会改变。

1989年5月10日——郑建国创办私营高科技企业北京利国电子技术有限公司

1989年5月10日，科研人员郑建国、刘卡利，在海淀区创办私营高科技企业"北京利国电子技术有限公司"。郑建国任公司法人代表兼总裁。

郑建国是北京及中关村民营科技企业第一代创业者。

该公司是北京市政府认定的高新技术企业，主要致力于视频信号处理、广播电视、计算机多媒体显示控制等领域的产品设计、开发和生产。

郑建国曾任北京民协副会长，为北京市及中关村民营科技企业的发展作出巨大贡献。

1989年5月24日——姜鹏明博士创办绿创公司前身"北京市科华环境科学新技术公司"

1989年5月24日，北京理工大学博士姜鹏明创办绿创公司前身"北京市科华环境科学新技术公司"，并获得海淀试验区新技术企业认定。（注：以下简称科华公司）

姜鹏明任科华公司法人代表兼总裁，公司注册资金40万元人民币，资金来自北京市科学技术研究院，企业性质为全民所有制，公司办公地点在海淀区紫竹院公园西侧紫竹院甲壹号，一个农家小院。

1990年，北京要举办亚运会，继而申办奥运会，其最大障碍是北京的空气质量。

1983年，姜鹏明在北京科学技术研究院劳动保护研究所攻读硕士学位。

1986年，姜鹏明在北京理工大学攻读博士学位期间，承担了北京

1989年，初创时期科华公司办公地点，墙上挂满了公司获奖证书。这是姜鹏明作为总经理、法人代表在谈第一笔生意时的照片。照片来自姜鹏明先生。

汽车排放污染控制的课题，从北京市环保局大气处申请了3000元经费，任课题组组长。

1985年，姜鹏明针对在用车改造方面的"汽车净化消声器"申报了国内第一批系列专利，获得了科技进步奖，并靠技术转让给北京科学技术研究院劳动保护研究所挣了不少钱。（注：1985年中国开始实行专利保护制度）

1988年，为将此项科研成果应用于日益紧迫的北京市汽车污染控制，在北京市科委主任、副市长陆宇澄，北京科技研究院院长龚保、劳保所所长车荣芳鼓励批准下，1988年底，姜鹏明开始创办公司。

1989年5月24日，获得"北京市科华环境科学新技术公司"营业执照，同年6月在银行开立了公司账户。

1997年6月18日，科华公司将仪器设备和全部资金收回，将全

1989年

1990年5月24日，纪念科华公司成立一周年，在公司主管单位劳保所门前集体照。北京市科学技术研究院院长龚堡、劳保所所长车荣芳出席。前排右二为姜鹏明。照片来自姜鹏明先生。

部无形资产作股，按照开始实施的《中华人民共和国公司法》组建成立"北京绿创环保科技股份有限公司"，姜鹏明成为公司控股股东。（注：以下简称绿创公司）

绿创公司成立初期的董事会成员有：董事长兼总裁姜鹏明、晏懋洵（注：北大方正公司原总裁）、耿晓音，独立董事为著名经济学家、北京大学教授萧灼基，顾问齐燕。经过几十年的不懈努力，现已发展成为"北京绿创环保集团有限公司"，拥有国内7家子公司，并在英国、德国、丹麦、澳大利亚及我国香港地区成立了8家子公司及机构，其中两家为股份有限公司。

在噪声与振动控制工程领域，绿创公司及海外的IAC子公司已经成为全球的领军企业，在发电、输电、核电、航天、航空、化工、石油、海油、钢铁、轨道交通、医疗器械等各个领域有较高的市场占有率。在VOCs、三元催化，尤其是在有机固废处理处置领域，具有领先数十年的原创技术，并创造出符合生态经济循环的大型成套装备。

姜鹏明简介

姜鹏明，男，北京及中关村第一代民营科技企业家。

姜鹏明毕业于清华大学工程力学系流体力学专业。

北京科学技术研究院劳动保护科学研究所安全工程学理学硕士。

英国BATH大学机械工程系、北京理工大学车辆工程学院工学博士。

2008年，毕业于中央党校"中关村企业家班"春季班。

职称：北京市科学技术研究院研究员。

姜鹏明现任中关村民营科技企业家协会会长（注：原北京民营实业家协会），联合党委书记，中关村环都绿色产业联盟理事长，中国环保产业协会常务理事，噪声、大气、水污染控制委员会副主任，海淀区人民法院人民陪审员，北京市归侨联合会常委，北大光华管理学院客座教授，首都经贸大学环境系教授。

姜鹏明曾获得：

省部级科技进步二等奖、三等奖3项；

北京十大青年科技奖；

第一届航天长征奖；

首届"中关村十大优秀创业者"称号；

姜鹏明。照片来自姜鹏明先生。

首届中国企业"未来之星";

中国环保产业优秀企业家;

全国侨联优秀归国留学人员奖;

优秀中国特色社会主义事业建设者。

1989年6月3日——长城钛金公司产品等离子镀膜机首次出口美国

1989年6月3日,中关村民营科技企业长城钛金公司总裁王殿儒教授发明的等离子镀膜机,以每台30万美元的价格首次出口美国。

同年5月,美国多弧离子镀第一发明人、具有600多项发明专利的权威专家A. Snaper先生,曾到北京访问长城钛金公司,对长城钛金公司的等离子镀膜机作出了高度评价。

1989年6月24日——华讯公司创办北京首家民营BB机寻呼业务

1989年6月24日,北京华讯集团公司在北京创办首家民营科技企业BB机寻呼业务,推动了我国民营BB机寻呼市场的发展。

1988年12月6日,北京华讯集团公司的前身北京华讯通信技术公司成立,戴焕忠任公司法人代表兼总裁。注册地址为:海淀大泥湾九号,现为北大附中北门。

该公司后更名为:北京华讯通讯发展总公司、北京华讯集团公司。(注:以下简称华讯公司)

华讯公司创办了全国首家中文寻呼系统、股票信息系统、期货信息系统。全国首家组建800M集群通信系统,全国首家开发超短波本地环路通信系统，组织开发的 900 兆无中心多信道通信系统等产品具有国际先进水平。

1992 年，华讯公司被评为北京经济百强企业。

1992—1995 年，华讯公司被评为北京市新技术企业 20 强。

1993 年，华讯公司被评为火炬计划国家高新技术先进企业。

1994 年，华讯公司工业总产值 5000 万元，营业总额 19800 万元，利税总额 1032 万元。

1993、1994、1995 年，华讯公司被评为中国高新技术百强企业。

首届、第二届摩托罗拉杯北京地区寻呼台优质服务评比最佳之首。

戴焕忠简介

戴焕忠，男，1941 年 9 月出生在安徽巢湖。北京及中关村第一代民营科技企业家。

1959 年 1 月，在上海警备区第 11 师服役。

戴焕忠。齐忠摄影。

1960年1月,在重庆通信兵技术学院学习、工作。

1966年4月,在沈阳通信兵学院学习。

1970年3月,任第四机械工业部部长秘书。

1975年10月,任总参通信部主任秘书。

1979年11月,任国家无线电管理委员会参谋。

1985年3月,任北京市无线电管理委员会办公室副主任。

1988年12月6日,北京华讯通信技术公司成立,任公司法人代表兼总裁。后任北京华讯集团董事长、总裁。

1992—2020年,历任北京市民营科技实业家协会副会长、监事长、党委常务书记,北京有机产业现代技术联盟主席,北京中关村开放基金管理中心主席,中关村大健康产业委员会顾问主席,中国通信学会数字集群专委会理事长,中国战略新兴产业数字技术联盟顾问主席,欧盟中国委员会副主席等。历任北京市海淀区四届人大代表;曾荣获"中国第三届科技实业创业奖"金奖,及中国优秀民营科技企业家、北京市优秀民营科技企业家、北京市劳动模范称号。

1989年9月10日——求伯君推出计算机中文文字处理系统软件WPS1.0版

1989年9月10日,求伯君推出计算机中文文字处理系统软件《WPS(Word Processing System)1.0》,简称WPS1.0版。

1986年,求伯君进入中关村四通公司,负责打印机软件打印驱动程序的工作。不久,求伯君调入四通公司开发部,在四通打字机发明人王缉志的领导下,进入四通2402打字机开发小组。王缉志非常相信求伯君,把四通2401打字机所有软件原代码交付给了他,使求伯君大开眼界,也为他开发WPS软件奠定基础。

1988年,求伯君应香港金山公司负责人张旋龙邀请加入香港金山公司，在深圳从事 WPS 办公软件的开发。

1989 年 9 月 10 日，求伯君开发出计算机中文文字处理系统软件 WPS1.0 版，为中国办公自动化作出巨大贡献。

求伯君简介

求伯君，男，1964 年 11 月 26 日出生于浙江新昌县。被人们称为"中国计算机软件第一程序员"。

1984 年，毕业于中国人民解放军国防科技大学信息系统专业，被分配到河北省徐水县石油部物探局仪器厂工作。

求伯君。齐忠摄影。

1986年，从仪器厂辞职，加盟北京四通公司。

1987年，调入深圳四通公司。

1988年，加入香港金山公司，从事WPS办公软件的开发。

1989年，成功开发出WPS1.0，填补了我国中文文字处理软件的空白。

1994年，求伯君创办珠海金山电脑公司，任董事长兼总裁。

1998年，联想公司注资金山电脑公司，求伯君出任副董事长兼总裁。

2000年，求伯君担任金山股份公司董事长。

2000年底，担任金山公司执行董事及董事会主席。

2011年10月24日，求伯君正式退休。

求伯君曾获荣誉：

1995年，获得珠海市科技重奖特等奖。

2000年，当选CCTV中国十大经济年度人物。

2001年，当选2001年度中国IT十大风云人物。

2008年，入选"2008年度中国游戏产业最具影响力人物"。

2008年，入选"中关村十大创新先锋"。

2008年，获"2008年度中国游戏行业优秀企业家"殊荣。

2009年，荣获"2009年度中国游戏产业最具影响力人物"。

2003年12月，获得GameSpot China评出的"2003年度游戏新闻人物奖"。

1989年9月25日——北京民协举办庆祝新中国成立四十周年献礼大会

1989年9月25日，北京民办科技实业家协会（注：以下简称北京民协）在海淀北太平庄远望楼酒店召开"庆祝新中国成立四十周年献礼大会"。

北京民协推选出20多家协会会员单位的80多项新技术产品，作为庆祝新中国成立四十周年献礼，向北京市各界人士展示。上海、安徽、西安、武汉等地民营科技协会、民营科技企业家纷纷发来贺信、贺电，祝贺北京民协举办的"庆祝新中国成立四十周年献礼大会"获得成功。

北京市副市长陆宇澄参加该会并讲话，他肯定了北京民办科技的功绩。他说："有的人担心政策变，我想明确地告诉大家，对民办科技实业的方针不变。北京市委、市政府已经传达给北京市新技术产业开发试验区，也同样适用于北京民办科技实业界。我们坚持历史唯物主义，坚持辩证法，坚持实践是检验真理的标准。民办科技实业是十一届三中全会及改革开放的产物。北京民办科技实业已成为北京科技战线上的第六路大军，并在首都建设中发挥了积极作用，应予充分肯定。"

陆宇澄副市长的讲话，坚定了北京民营科技企业继续前进的信心。这次会议在北京和全国民营科技企业界产生强烈的反响。

献礼大会会场。照片由齐忠提供。

1989 年

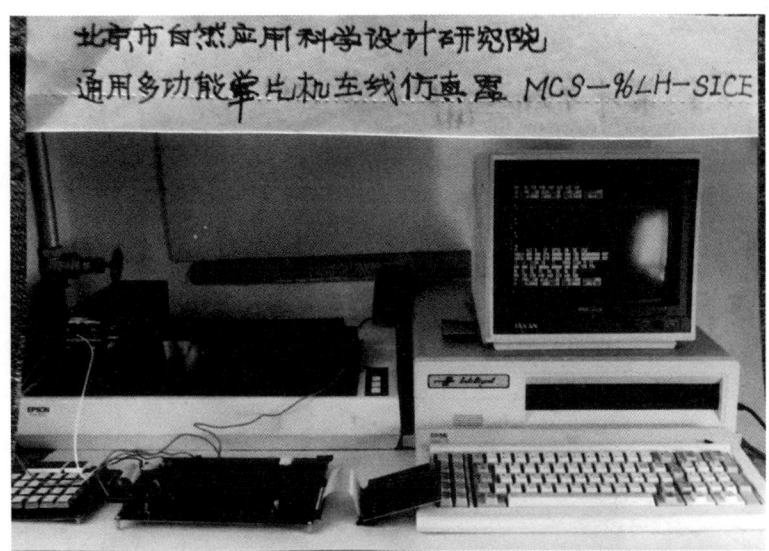

北京市自然应用科学设计研究院的献礼产品——"单片机仿真器"。照片由齐忠提供。

四通公司献礼产品——"四通 4S 高级科技文献书刊编排系统"。照片由齐忠提供。

信通公司献礼产品——"信通 ST—286H 微机"。照片由齐忠提供。

1989 年 11 月 8 日——海淀区清理整顿公司过程与结果

1989 年 11 月 8 日，根据北京市清理整顿公司领导小组的工作要求，海淀区政府重新调整了清理整顿公司领导小组，海淀区区长史定潮（女）任组长。

1989 年 11 月 8 日，海淀区政府召开了区属各委、办、局、处、街道、乡及有关社会团体负责人会议，部署了海淀区进一步清理整顿公司的实施方案。

1989 年 11 月 10 日，海淀区召开了全区清理整顿公司动员大会，区属各部门领导、驻区各公司的法人代表和上级主管部门领导共 2000 多人参加了大会。

一、海淀区公司基本情况

1989 年，海淀区有公司 1289 家，占北京市公司总数 5677 家的

22.7%。

1289家公司中，隶属中央各单位的552家，由中央各部门负责清理整顿，并将撤并、保留意见报全国清理整顿公司领导小组办公室审批。

军队公司28家，由军队领导小组负责清理整顿，并将撤并、保留意见报全军清理整顿公司领导小组办公室审批。

北京市属公司246家，由北京市属各单位负责清理整顿，并将撤并、保留意见报北京市清理整顿公司领导小组办公室审批。

海淀区负责清理整顿的公司463家。其中外省市在京办23家，民办企业13家，联营128家，海淀区属公司299家。按行业分，生产性公司59家，商业和物资供应性公司156家，科技开发性公司216家，其他公司32家。

海淀区负责清理整顿的463家公司中，初审保留的328家，改为非公司的37家，合并2家，撤销96家，其中生产性公司11家、科技性公司33家、商业性公司45家、其他类7家。

撤销96家公司的原因分别为：无资金、无场地、无从业人员的41家，无经营活动的5家，上级主管部门主动提出撤销的37家，其他原因撤销的13家。按撤并程序，撤销公司的名单首先通知税务、银行等有关部门，然后再通知被撤公司的上级主管部门负责所属公司的资产清算。

对于无主办单位的民办公司由海淀区集体经济办公室牵头，会同工商、税务、审计等部门联合进驻清算资产。被撤的民办公司已经办理完税证明的22家，办理了公司注销手续的12家，大部分被撤公司的资产正在清算中。

海淀区属党政机关办的公司14家，除海淀区妇联办的"北京市海淀区现代家庭用品公司"、海淀区团委办的"青年实业公司颐和园照相部"，因情况复杂正在按上级有关精神进行清理整顿外，其余12家公司分别已歇业、吊销了营业执照或与上级单位在人、财、物上办理了脱钩。海淀区属党政机关干部在企业兼职的6人，离退休干部在公司任职的4人，均按京发〔88〕11号文件精神，辞去了一头或办理了相应的手续。

对于海淀区商业批发性公司的清理整顿，根据北京市清理整顿公司领导小组办公室文件精神，由海淀区商委牵头，成立了相应的清理整顿领导机构。

对海淀区商业批发性公司，国营的由上级主管部门负责清理整顿，集体的由海淀区商委负责清理整顿，提出撤并留意见。由海淀区商委汇总，送海淀区清理整顿领导小组审核后，报北京市商委审批。海淀区商业性批发公司117家，初审保留80家，其中撤销批发经营方式的11家，改名称19家，撤销18家，其中4家为机构调整、4家为亏损、不具备条件5家、合并2家、上级同意撤销3家。

为加强对流通领域的全面治理整顿，对海淀区的321户经营部、经理部、门市部、供应站进行摸底调查工作。

海淀区属经营重要生产资料的公司12家，初审保留10家，撤销2家，其原因是没有直属直供企业、重复设置及严重超范围经营。

二、关于海淀科技公司的清理整顿

海淀区有科技公司551家（注：不含新技术产业试验区公司）。其中252家公司，按隶属关系由中央、军队和市属单位负责清理整顿的159家，由海淀区属单位和部门负责清理整顿的80家，由海淀区科委负责清理整顿的13家。无主管部门的民办公司，通过逐户调查摸底审查，初审保留的5家，改名称2家，撤销6家。

撤销的原因分别是：资金来源不符合规定的1家，无经营能力的4家，因资产纠纷、管理混乱无法经营的1家。

三、关于新技术产业开发试验区公司的清理整顿

1989年12月，新技术产业开发试验区共有企业857家，其中公司561家。由中央、部队等单位负责清理整顿的公司411户，市属单位负责清理整顿的35家，海淀区属单位负责清理整顿的123家。为了使清理整顿工作有的放矢，顺利进行，首先通过对有代表性的30家公司抽

样调查、分析，决定试验区公司的清理整顿工作分三步进行：

1. 第一步公司自查

要求各公司按照国家有关法规政策及注册登记条款内容，认真自查，填写"公司情况自查表"，在1989年11月初结束。

2. 第二步复查阶段

根据企业自查情况，由试验区组织有关部门复查。对公司资金、人员、场地、组织机构、生产经营情况、分配形式、隶属关系、档案资料等方面逐一复核。

海淀区负责清理整顿的123家公司中保留103户，撤销14家，合并6家。撤销的主要原因是机构调整。试验区内中央和市属公司的进一步审核工作需等各主管部门提出撤并留意见，分别报全国清理整顿公司领导小组和市清理整顿公司领导小组批准后再进行。

3. 第三步对初审保留的公司进行重新审核登记

在清理整顿基础上，将对初审保留的公司进行重新审核登记，结合换发营业执照，对原有档案进行清理，重点是清理资产所有权归属不明确、法律关系含糊的登记材料。

四、清理整顿公司查处的大案要案

1988年8月至1989年12月，海淀区共结案171起，其中单位案件116起，个人案件55起；公司案件42起，占结案总数的25%；共罚没款690多万元，其中公司案件的罚没款439多万元，占总罚没款的63.2%。移交司法机关案件10起，为20多个单位追回被骗款574万元。

从查处案件情况看，反映出一部分公司存在许多问题，主要表现在：

1. 有的党政机关干部，包括离退休干部利用手中的权力和关系经商办企业，从事违法经营活动，非法牟取暴利。

2. 有些公司政企不分，既有行政权又从事经营活动。

3. 一些公司采取各种手段违法经营，有的公司买空卖空利用假合同进行诈骗。

4. 一些企业违反财务管理制度，加大费用、行贿索贿，还有的经营假冒伪劣商品，严重损害消费者利益。

5. 一些外埠的公司在京设立代办处或租借旅馆无照经营，长期在京非法盗卖重要生产资料和紧俏耐用消费品。

（注：以上数据来自原海淀区副区长王纪平《关于我区进一步清理整顿公司情况的报告》）

1989年12月14日——中科院计算所新技术发展公司更名为联想公司

1989年12月14日，"中国科学院计算技术研究所新技术发展公司"，正式更名为"北京联想计算机集团公司"，并在北京召开了成立大会。这是在中国内地首次把"联想"作为企业和公司的名称，倪光南担任该公司董事兼总工程师。

倪光南简介

倪光南，男，1939年8月1日出生于浙江省宁波市镇海区。

1950年，在上海复兴中学读书。

1956年夏，考入南京工学院无线电系（注：现更名为东南大学）。

1961年7月，分配到中国科学院计算技术研究所工作。

1974年，作为计算所代表参加国家"748"工程相关会议。

1981年8月，由中科院派出到加拿大国家研究院（NRC）工作学习。

1984年6月，在中科院计算所所长曾茂朝的协调下，中关村信通公司、中航深圳工贸中心联合投资，由倪光南组织课题组，开发出联想汉卡。

1984年11月9日，中国科学院计算所创办中国科学院计算所计算机技术公司。不久,倪光南应邀出任公司总工程师,并将联想式汉卡的全部技术都带入了公司。

1989年11月14日,"中国科学院计算技术研究所新技术发展公司",正式更名为"北京联想计算机集团公司",倪光南担任该公司董事兼总工。

1994年,倪光南当选中国工程院首批院士。

1995年,被解除联想总工程师和公司董事的职务。

1999年,被联想集团解聘。

2011年12月4日,倪光南获得中国中文信息学会终身成就奖。

2011年12月6日,倪光南被中国软件协会评选为"中国软件产业

倪光南院士。齐忠摄影。

十大功勋人物"。

2015年，倪光南获得中国计算机学会终身成就奖。

2018年，倪光南获得中宣部、科技部和中国科协"最美科技工作者"称号。

1989年12月28日——试验区制定"八五规划"

1989年12月28日至1990年10月，试验区办公室制定出《"八五"新技术产业发展规划》。（注：以下简称"八五规划"）

试验区在"八五规划"中，提出试验区新技术企业对新产品开发的指导思想，新产品开发、生产的重点领域，新技术产品生产发展原则，总结了"两头在内，中间在外"的新技术企业产品开发模式。（注："两头在内，中间在外"，即产品的开发与组装、销售在本企业内，产品部件的生产采用委托加工等方式进行）

试验区在"八五规划"中，提出建立一批具备规模生产能力的生产基地。规划提出大开发区的发展战略观念。

试验区在"八五规划"中，明确了新技术企业"自筹资金、自由组合、自主经营、自负盈亏、自我约束、自我发展"的"六自"原则。

试验区在"八五规划"中，提出试验区要成为我国发展高技术产业的综合改革试验区的努力目标，在几个方面有所突破：

1. 要力争在推进新技术企业实行股份制上有所突破。
2. 新技术企业在发展外向型经济、组建跨国集团方面有所突破。
3. 新技术企业在建立生产要素市场，新的管理体制方面有所突破。

1989年北京及中关村民营科技企业概况

1989年，由于全国进行的第二次清理整顿公司及其他原因，在全国出现对民营科技企业姓"社"还是姓"资"的质疑。北京及中关村民营科技企业发展出现缓慢态势。

但是，以四通公司、京海公司为首的北京及中关村民营科技企业，仍然保持惊人的增长业绩，在为国家上缴大量利税的同时，也为社会提供大量的就业机会。

1989年，北京及中关村民营科技企业，仍在1800家左右。

1989年，北京及中关村民营科技企业，年销售额仍保持在14亿人民币左右，为社会提供4万个左右的就业岗位。

1989年，四通公司仍位居我国民营科技企业第一名。

1989年，四通公司下属各类企业42家。其中独资企业21家、合资企业13家（注：国内合资9家，中外合资4家）、合作企业2家、承包企业3家、海外企业3家（注：中国香港地区、北美、澳大利亚各一家）。

四通公司下属的42家各类企业，分布在全国17个省、市、自治区和海外三个国家和地区。四通公司在北京有正式职工725人，再加上外地分公司人员和试用、临时聘用人员，共有职工近2000人。

四通公司在北京地区的正式职工中，大专以上文化程度的有450人，其中硕士、博士研究生毕业的有36人，高中文化程度的有176人，初中及初中文化程度以下的有99人。

1989年，四通公司的销售收入占当时全试验区新技术企业技、工、贸总收入25亿元人民币的46%，产值占试验区的40%，上缴税金约占试验区财政税收收入的50%。

1989年，四通公司现有的流动资金近2000万元。

相关参考资料：

《北京民办科技实业大事记 1980—1990》《北京市新技术产业开发试验区科技企业介绍》《中国民办科技实业名录》《中国民营科技型企业名录》《铺路石》《对四通公司清查工作的回忆》。

1990 年

北京·中关村民营科技大事记（上卷）1980—1990

1990年1月10日——华海大楼建成使华海公司成为首家拥有房地产的北京民营科技企业

1990年1月10日,北京华海新技术开发公司出资建造的"华海大楼"竣工。该楼位于海淀区五道口暂安处,建筑面积5500平方米,价值1200多万元人民币。

该楼的建成,使北京华海新技术开发公司成为北京民营科技企业、海淀试验区新技术企业中首家拥有自己房地产的企业。

1990年3月5日——联想公司推出286微机

1990年3月5日,联想公司研制生产的"联想286微机"诞生,并获得第一年生产5000台的生产许可证。

1990年3月9日——宋健写信给京海公司总裁王洪德支持和鼓励民营科技企业

1990年3月9日,国务委员、国家科委主任宋健,亲笔写信给中关村民营科技企业京海集团公司总裁王洪德,表示支持和鼓励民营科技企业的发展。

宋健在信中写道:"全国科技界都为'京海'过去几年所取得的成就而受到鼓舞,衷心祝愿集团公司的全体同志在90年代取得更大的成就,只有把中国的高技术产业推向世界市场的前沿,中国的振兴才有希望。'京海'应继续发挥先驱者的作用,矢志不移,奋勇向前。"

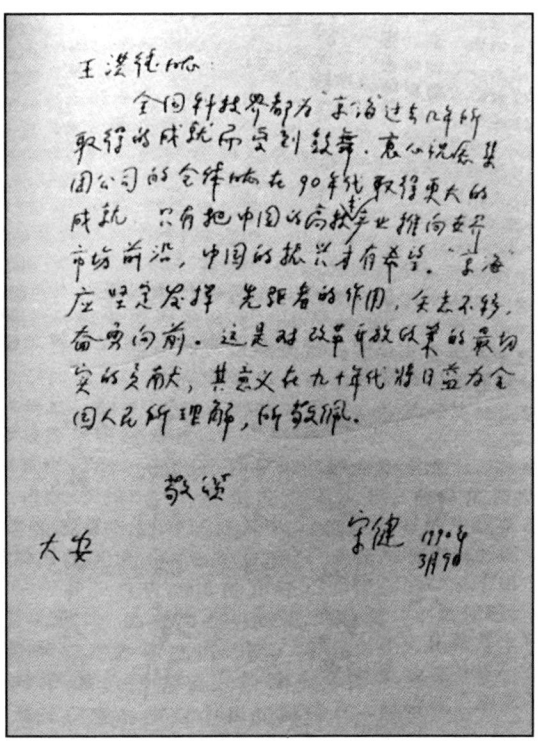

宋健的亲笔信。照片来自王洪德先生。

1990 年 4 月 20 日——纪世瀛任北京民协会长，成为我国首位出任民协会长的民营科技企业家

1990 年 4 月 20 日，北京民办科技实业家协会举行全体会员大会，举行北京民协会长换届选举。（注：以下简称北京民协）

北京及中关村民营科技企业创始人之一、北京市自然应用科学设计研究院院长纪世瀛，当选北京民协会长，成为我国首位出任民营科技协会会长的民营科技企业家。

北京民协是我国成立最早，规模最大，会员最多的省、市级地方民营科技实业家协会。北京民协是北京及中关村民营科技企业的喉舌，是民营科技企业家合法权益最有力的保护和推动组织，是民营科技企业

1990年4月20日，北京民办科技实业家协会举行北京民协会长换届选举。照片来自纪世瀛先生。

与社会各界人士沟通最好的桥梁，也是向社会展示民营科技企业最好的窗口。

北京及中关村民营科技企业创始人之一陈春先，中国民营科技企业家中唯一的老红军徐可倬，四通、信通、京海、科海、用友等著名民营科技企业，全是北京民协会员。

在这次会议上还选举出北京民协名誉理事长、顾问、副理事长、常务理事等。

北京民协名誉理事长：封明为，北京市原副市长、北京市政协常务副主席。

北京民协顾问：裴丽生，中国科协顾问；周平，国家科委副主任；陈明绍，全国人大常委会常委；冯之浚，中国民盟副主席；邹祖烨，北京市科委主任；高原，北京市自然基金会会长；于维栋，中共中央办公厅调研室局长；胡海棠，中国科技信息研究所所长；段瑞春，国家科委体改司司长；赵绮秋（女），北京市科协副主席。

北京民协副理事长：徐可倬，北京未来科学研究所所长；陈庆振，科海公司总裁；赵东升，北京东升热处理工业炉总公司总裁；胡定淮，试验区副主任；邵欣平，试验区副主任；田志强，四通公司副总裁。

北京民协秘书长：彭树堂。

封明为简介

封明为，男，1929年12月7日出生于浙江绍兴。

1948年3月，封明为加入中国共产党地下组织，开始革命工作。

1949年，毕业于中法大学经济系。

封明为。照片来自纪世瀛先生。

1949年2月，历任中共北京市西四区委宣传部干事、副部长，区委常委、组织部部长；中共北京市西城区委组织部副部长，区委常委、组织部部长。

1972年8月，恢复工作后，任中共北京市西城区体委党委书记。

1984年7月，任北京市副市长，政协北京市第七届委员会党组副书记、副主席，政协北京市第八届委员会副主席。

1990年4月20日，任北京民协名誉理事长。任职期间，为北京及中关村民营科技事业、北京民协的发展作出巨大贡献。

2005年5月20日9时10分，在北京逝世，享年75岁。

1990年5月17日——试验区召开表彰大会颁布60项新技术企业拳头产品

1990年5月17日，北京市新技术产业开发试验区举行成立两周年表彰大会。

国务委员、国家科委主任宋健，北京市市长参加了表彰大会，并为试验区13家优秀新技术企业、17项科技进步奖、60项拳头产品颁发证书。

试验区评选出的科技企业60项拳头产品中，有四通公司的四通打字机、京海公司的京海UPS电源、北大新技术公司的北大华光电子排版系统等。1988年，试验区曾对外公布评选出的科技企业30项新技术拳头产品。

1990年

北京市新技术产业开发试验区对外公布的新技术企业60项拳头产品宣传册。齐忠摄影并收藏。

1990年6月1日——北京民协创办会刊《科技之光》

1990年6月1日,北京民办科技实业家协会会刊《科技之光》创刊,全国人大常委会副委员长、中科院原副院长严济慈为会刊亲笔题写刊名"科技之光"。北京民协会长纪世瀛任《科技之光》总编。

1990年10月31日,《科技之光》更名为《科技之光报》,齐忠任《科技之光报》编辑。

1991年1月15日,《科技之光报》正式获得北京市新闻出版局内部刊物准印证"zo158—93130"。

1992年3月11日,《科技之光报》由四开改版为对开,每周一固定出版。(注:《北京晚报》为四开报纸,《北京日报》为对开报纸)

1992年,《科技之光报》在头版头条连续发表厉以宁教授三篇有关

科技之光

严济慈题

一九九〇年四月廿四日

全国人大常委会副委员长、中科院原副院长严济慈为会刊亲笔题写刊名"科技之光"。照片来自纪世瀛先生。

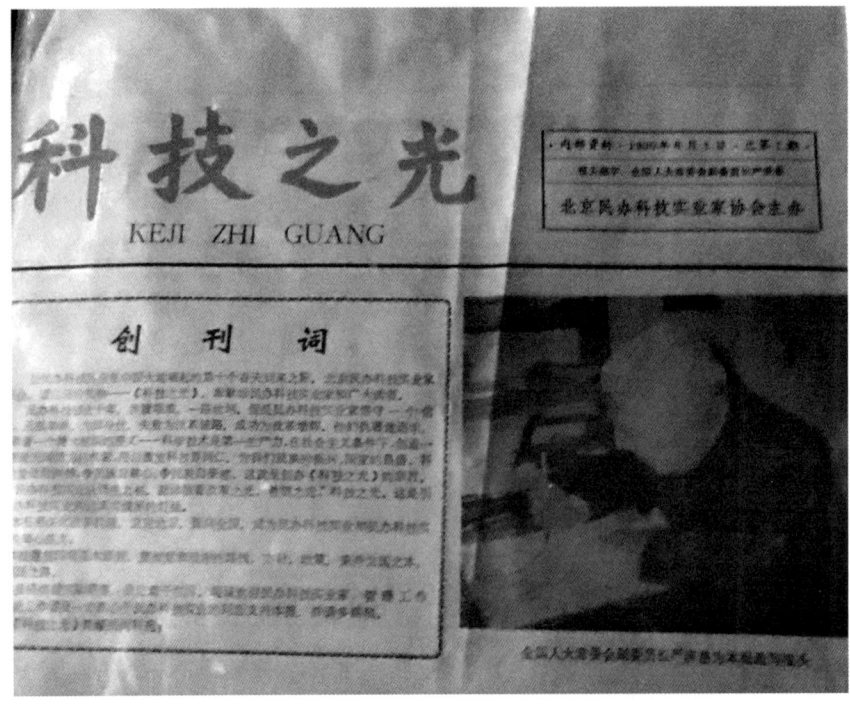

《科技之光》第一期。齐忠摄影。

中关村企业股份制改造的文章,在中关村各企业之间引发极大的关注。

1992年1月21日,《科技之光报》与四通公司联合举办四通杯《中国民办科技实业发展阶段理论研讨征文》专栏。北京民协会长纪世瀛为四通杯亲笔撰写《新里程的思考》一文。

四通杯是中国民营科技企业界首次对民营科技企业面对不同时期、不同环境、在理论上进行跨世纪的探讨,也是中国新闻界唯一对中国民营科技企业的发展在理论上的探讨,为推动中国民营科技企业的发展作出巨大贡献。

1992年1月21日到2004年3月,四通杯在12年里共发表622篇理论研讨文章,达三百多万字,12年来四通公司为四通杯共赞助20多万元。

1992年11月27日,《科技之光报》在一版重要位置,独家报道了中国首家软件知识产权侵权案。

1992年5月31日,《科技之光报》发表《亚都兼并启事刊登以后》,报道民营科技企业亚都公司刊登要兼并其他企业的广告,以及一家国有企业负责人上书北京市有关领导,要求帮助寻找其他企业,把自己的企业兼并的消息。

新华社北京分社高级记者黄威女士、《经济参考报》记者范明先生在这篇报道的基础上,再次深入采访。黄威女士把这篇文章作为新华社通稿向全国播发。新华社通稿是新华社向全世界和全国各报刊播发的通用新闻稿,往往会被其他报刊转载,具有很大的影响力。

范明先生也在《经济参考报》重要位置发表了这篇文章。这些报道在中关村、北京市、全国引起很大轰动。

1993年4月23日,《科技之光报》推出大型系列报道《洋电脑围剿中关村》。该系列报道成功奠定了《科技之光报》在中关村的地位,使该报成为社会各界了解北京民营科技企业、中关村电子一条街的首选媒体。

1994年,跨国软件公司首次在中国大陆境内进行打击盗版软件活

1992年5月31日,《科技之光报》发表《亚都兼并启事刊登以后》。齐忠摄影。

动。美国微软、莲花公司开始在中关村取证,并向北京市中级人民法院状告中关村五家公司。齐忠通过采访北京市、海淀试验区有关单位,中关村涉案的三家公司,微软公司聘请的美国包恒律师,北京市中级人民法院等,获得大量的一手资料,写成《微软状告中关村五公司》新闻报道。齐忠又与新华社高级记者黄威女士合作,使该文章发表在新华社"内参"上。当年该"内参"曾被欧、美等国家的多家新闻媒体,以及中国多家媒体转载。

1994年,《科技之光报》发行量高达15万份,成为中国民营商会中

《科技之光报》更名后的《北京科技报·中关村园区》。齐忠摄影。

发行量最大的会刊。

1995年3月5日,北京民协会长纪世瀛与北京市科协达成协议,《科技之光报》并入北京市科协下属的《北京科技报》,更名为《北京科技报·民营产业》,每周一出版。由北京民协、北京科技报社双重领导,经济自负盈亏。齐忠任《北京科技报·民营产业》主编。

1997年6月1日,《北京科技报·民营产业》更名为《北京科技报·中关村园区》,每周一出版共对开八版。齐忠出任《北京科技报·中关村园区》主编。

北京·中关村民营科技大事记（上卷）1980—1990

1999年3月22日，《北京科技报·中关村园区》刊登中国民协副理事长、北京民协会长纪世瀛的文章《建立中关村知识经济战略区》。齐忠摄影。

1999年3月18日，《北京科技报·中关村园区》首次出版为彩色版。

1999年3月22日，《北京科技报·中关村园区》刊登中国民协副理事长、北京民协会长纪世瀛的文章《建立中关村知识经济战略区》，引起社会各方面的关注。

2004年5月17日，北京青年报社正式代管北京科技报社、中学生科学报社，《北京科技报·中关村园区》因此正式停刊。

1990年6月1日，《科技之光报》创刊，2004年1月15日，《科技之光报》停刊。

14年来，《科技之光报》以"科技之星"专栏的形式，向广大读者介绍了511位中关村及北京民营科技企业家。

1992年4月27日,《科技之光报》首次推出"中关村电子一条街的故事",成为社会各界人士了解中关村的主要"窗口"。

《科技之光报》记录下中关村各公司的动态。例如,1993年5月17日,中关村私营科技企业家原永民研制开发出中国第一架私人飞机。

1993年7月14日,中关村试验区加大改革开放的力度,用友公司终于被认定为"高新技术企业",颁发了编号为"SY0001"的"高新技术企业"证书。这是中国首次认定私营企业为"高新技术企业"。

1993年8月16日,中关村民营科技企业四通公司,在香港证券市场上市,以及中关村联想公司、北大方正公司、用友公司的上市情况等。

《科技之光报》还推出"外企在中国"专栏,向读者介绍了IBM、AST、SUN、Digital、英特尔、康柏、惠普、微软、奥多比、苹果、摩托罗拉、松下、索尼、诺基亚等多家跨国公司驻中国公司的动态。

14年来,北京民协创办的《科技之光报》,不仅记录下中关村电子一条街各公司、北京市各区县民营科技企业的动态,成为中关村和北京民营科技企业的日记,还是北京市及中关村民营科技企业不可代替的宣传窗口,为推动中关村、北京市及全国民营科技企业的发展,作出巨大贡献。

1990年6月15日——北京市科委、市科协、试验区、北京民协四家联合举办纪念北京民办科技实业创业十周年暨"科技之光"奖评选活动的全部过程

1990年6月15日,北京民协会长纪世瀛向北京市科委主任邹祖烨汇报工作时,他说:"1980年10月23日,北京及中关村首家民办科技实业成立,1990年10月23日,是北京及中关村首家民办科技实业创办十周年庆祝日,为了推动北京及中关村民营科技企业健康发展,北京民

1990年11月23日，在人民大会堂举行的庆祝北京民办科技实业创业十周年暨首届"科技之光"奖颁奖大会会场。齐忠摄影。

协建议由北京市科委、市科协、试验区、北京民协四家联合举办纪念北京民办科技实业创业十周年暨首届'科技之光'奖评奖活动。"

（注："科技之光"，是由纪世瀛的老师、我国科学泰斗、全国人大常委会原副委员长严济慈亲笔为北京民协所题。"科技之光"四字，来自于徐悲鸿与严济慈去法国留学时，徐悲鸿给严济慈画的素描像上用法文的题词"科学之光"）

北京市科委主任邹祖烨，听取了北京民协关于纪念北京民办科技企业创业十周年暨首届"科技之光"奖评选初步设想的汇报后，他决定由北京市科委、市科协、试验区、北京民协四家联合举办这项活动。北京民协作为承办单位，负责全部组织、评选、颁奖及全部活动经费。

1990年7月21日，北京民协在北京图书馆剧场，召开纪念北京民办科技实业创业十周年暨首届"科技之光"奖评选活动全体会员动员大会，400名有关领导、北京及中关村民营科技企业代表参加了大会。

1990年11月23日，在人民大会堂举行的庆祝北京民办科技实业创业十周年暨首届"科技之光"奖颁奖大会上，陈春先（右一）与纪世瀛（右二）合影。齐忠摄影。

北京民协顾问裴丽生、北京民协名誉理事长封明为、中国民协理事长陈绳武、北京市科委主任邹祖烨、北京市科协副主席王兆雄、试验区主任胡昭广等，在大会上作了重要讲话。

纪世瀛在大会上作了动员报告，他动情地说："今年10月23日，是北京民办科技实业创业十周年大喜的日子，北京市科委、市科协、试验区、北京民协四家决定联合在人民大会堂举办'庆祝北京民办科技实业创业十周年暨首届科技之光奖颁奖大会'。大会召开的日期定在11月23日，为什么定在11月，因为北京市主管科技的陆宇澄副市长现在出国了，我们无法得到相关手续在人民大会堂开会，我们这次大会一定要在人民大会堂召开，让北京民办科技企业登上大雅之堂。"

纪世瀛指出："这是北京及中关村民营科技企业，首次在人民大会堂开庆祝大会，我们一定要办好这次大会，以饱满的精神参加这次大会。这次大会对北京民办科技发展肯定会起到极大的推动作用，为了做好宣

1990年11月23日，在人民大会堂举行的，庆祝北京民办科技实业创业十周年暨首届"科技之光"奖颁奖大会上，获奖代表合影。齐忠摄影。

传工作，北京民协决定购买在中国科技界最有影响力的《科技日报》整版广告版面，刊登荣获'科技之光优秀企业奖''科技之光优秀产品奖'名单。我也恳请在座的各位民营科技企业家，要像过自己的生日一样对待这次活动。我请求北京市各区县民营科技企业，在10月23日那一天，挂出'庆祝北京民办实业创业十周年'的横幅，还要连挂三天，向全市人民展示改革开放的硕果——北京民营科技企业，到了那一天，我会亲自登门观看诸位挂出的大红横幅，希望大家别忘了。"

纪世瀛的讲话，引起北京市各区县民营科技企业家们阵阵掌声。

1990年10月23日，北京市各区县民营科技企业，纷纷在企业的大门口挂出"庆祝北京民办实业创业十周年"的大红横幅，丰台的东升公司、朝阳的未来所等多家企业还配上彩旗、鲜花、企业介绍的展板等，

1990年

北京市科委、市科协、试验区、北京民协在北京举行的北京民办科技实业创业十周年暨首届"科技之光"奖评选活动新闻发布会。齐忠摄影。

喜庆气氛如同过节。

10月23日，纪世瀛亲自到北京市各区县重点民营科技企业观看，在中关村看到某民营企业没有挂出庆祝横幅，他马上登门要求该企业挂出庆祝横幅。

这是北京市各区县民营科技企业的首次庆祝展示，为庆祝十周年活动营造出了良好的氛围。

1990年11月19日，北京市科委、市科协、试验区、北京民协在北京举行新闻发布会，向北京新闻界介绍有关纪念北京民办科技实业创业十周年暨首届"科技之光"奖评选活动的情况。新华社、《人民日报》《科技日报》《北京日报》《光明日报》等北京二十多家媒体的新闻记者参加了新闻发布会，为宣传纪念北京民办科技实业创业十周年暨首届"科技之光"奖评选活动起到良好的作用。

1990年，北京民协资金非常困难，账上只有3万元，仅够员工开支，没有钱租赁办公用房，只好向会员单位农科院四海农村研究所借房办公。而整个"庆祝北京民办科技实业创业十周年暨首届'科技之光'奖颁奖大会"活动费用需要10万元，相当于2020年的100万元。

北京民协会长纪世瀛语重心长地对协会员工说："资金上的困难，大家不要害怕。我们向会员单位讲明协会的困难，让他们出资金支援协会一下。相信会员单位明白我们这样做是取之于民、用之于民！"

在会长纪世瀛的鼓励下，协会员工纷纷上门向会员单位讲明协会的困难，会员单位慷慨解囊支持协会工作。

当年作者齐忠向用友公司老板王文京讲述协会的困难后，王文京当即出资1000元。

四通公司副总裁田志强说："我非常理解北京民协，众人拾柴才能火焰高。四通公司将负责这次活动的一半费用。"

北京民协在会员帮助下，很快就筹集到了该活动的全部资金。

当年租用人民大会堂开会，有关部门规定"必须有副部级的介绍信才能租用"。北京民协会长纪世瀛嘱托副秘书长吴芸荃到市政府去找陆宇澄签发介绍信，陆副市长去郊区开会，吴又赶到怀柔，找到在那里开会的北京市主管科技的副市长陆宇澄说明情况，拿到陆宇澄的批示，才拿到北京市政府的介绍信。

1990年11月23日，庆祝北京民办科技实业创业十周年暨首届"科技之光"奖颁奖大会在人民大会堂隆重召开。

全国人大常委会副委员长严济慈、中国科协顾问裴丽生、国家科委副主任周平、全国人大常委谢明绍、北京市政协主席白介夫、常务副主席封明为、中国民协理事长陈绳武、北京市副市长陆宇澄、试验区主任胡昭广、北京市科委主任邹祖烨等出席了大会。

甘肃、安徽等全国各省、市民营科技企业协会负责人，民营科技企业家，北京及中关村民营科技企业代表，共500多人参加了大会。

北京民协会长纪世瀛主持大会，他向来宾介绍了北京民办科技实业发展的历程。

1990年

1990年11月23日，在人民大会堂举行的庆祝北京民办科技实业创业十周年暨首届"科技之光"奖颁奖大会主席台。前排右起，中国科协顾问裴丽生、全国人大常委会副委员长严济慈、国家科委副主任周平、全国人大常委陈明绍。后排右起，京海公司总裁王洪德、科海公司总裁陈庆振。齐忠摄影。

北京市科委主任邹祖烨在大会上作了《光彩的十年 光明的前程》的报告，该报告总结了北京民办科技实业创业十年的光辉历程。

邹祖烨在报告中说："目前北京民办科技机构已发展到2100多家。分布于全市18个区县，从业人员4万多人，其中科技人员2万多人。1989年北京民办科技产业的总收入达14亿元，占全国23.3%，今年将超过18亿元，继续保持高速增长，成为我国民办科技实业的一支主力军。"

邹祖烨在报告中指出："1989年，试验区排列技、工、贸总收入500万元以上的新技术企业，前50家中集体所有制新技术企业占到一半；在总收入1000万元以上的28家新技术企业中，集体所有制新技术企业有16家，占61%；在5家技、工、贸总收入超过亿元的企业中，集体所有制技术企业有4家。其中四通集团公司今年技、工、贸总收入已超过10亿元，利润总额5500万元，继续位居试验区各企业之首。"

北京·中关村民营科技大事记（上卷）1980—1990

1990年11月23日，在人民大会堂举行的庆祝北京民办科技实业创业十周年暨首届"科技之光"奖颁奖大会上，纪世瀛在主持大会。齐忠摄影。

1990年11月23日，在人民大会堂举行的庆祝北京民办科技实业创业十周年暨首届"科技之光"奖颁奖大会上，北京市科委主任邹祖烨在大会上作《光彩的十年　光明的前程》的报告。齐忠摄影。

1990年11月23日，在人民大会堂举行的庆祝北京民办科技实业创业十周年暨首届"科技之光"奖颁奖大会上，四通公司总裁段永基代表北京及中关村民办科技企业在大会上发言。齐忠摄影。

1990年11月23日，在人民大会堂举行的庆祝北京民办科技实业创业十周年暨首届"科技之光"奖颁奖大会后，代表合影。左起：纪世瀛、陈春先（已故）、科海公司总裁陈庆振、信通公司总裁金燕静（女，已故）、海华公司总裁倪振伟（已故）。照片来自纪世瀛先生。

邹祖烨在报告中还指出："回顾十年来，中央采取的一系列重大改革步骤和措施，对民办科技实业发展都起到了积极引导和推动的作用。特别是党中央对第一家民办科技机构的明确支持；在民办科技实业发展到'电子一条街'时，党中央、国务院又审时度势，决策建立新技术产业开发试验区，给予了更优惠的扶持政策；在治理整顿深化改革中再次明确，扶持和引导民办科技机构健康发展，将是一项长期不变的政策，使民办科技实业受到鼓舞。"

1990年12月，根据宋健同志的批示，北京市科委和国家科委将邹祖烨的报告，作为正式文件转发到北京市及全国各省、市、自治区。

四通公司总裁段永基，代表北京及中关村民办科技企业在大会上作了发言。

大会表彰了122项"科技之光"优秀产品和52家"科技之光"优秀企业，并向这些获奖企业颁发了证书。

通过北京市科委、国家科委文件的转发，《科技日报》等多家北京新闻媒体的报道，此次活动在全国民营科技企业中引发巨大的轰动，不仅把处于低潮的全国民营科技企业，推向新的高潮，也彻底解决民营科技企业这面旗帜能够打多久的问题，给北京及全国民营科技企业营造出良好的生存氛围，使他们迎来新的春天。（注：《光彩的十年　光明的前程》报告见附件一）

邹祖烨简介

邹祖烨，男。原北京市科委主任，蒙代尔国际企业家大学国际项目管理研究院院长、教授。

邹祖烨。齐忠摄影。

1990年11月2日——北京民协撰写《北京民办科技实业大事记》

1990年11月2日，北京民协会长纪世瀛决定由北京民协编撰《北京民办科技实业大事记》（注：以下简称大事记）一书。大事记采用"志"的编写形式，时间定为1980—1990年。

1990年12月3日，北京民协向北京市各区、县民营科技企业家协会及北京民协161家会员单位发出编撰《北京民办科技实业大事记》一书的材料征集函。

1991年8月1日，大事记形成初稿。北京民协将大事记初稿以邮寄的形式，发给北京市各区、县民营科技企业家协会，北京民协161家会员单位，北京市政府有关领导，北京市科委、市科协、试验区，全国各省、市民协负责人，征求大家的意见。

1992年5月15日，大事记形成第二稿，北京民协召开大事记研讨会，参加会议的有北京市科委、市科协、试验区、北京民协负责人。

北京民协出版的《北京民办科技实业大事记 1980—1990》。

1993年10月28日，大事记最后定稿，由北京民协出资委托中华工商联合出版社出版。

1994年4月10日，大事记正式出版。

北京民协撰写的《北京民办科技实业大事记1980—1990》一书，记录了北京市各区、县民营科技企业的成立与发展历史，也是目前中国民营科技企业界首部史志，被称为北京民营科技企业历史的字典，弥足珍贵。

1990年11月16日——郑福双创办北京市海淀区新奥特电子技术公司

1990年11月16日，郑福双借款几千元，创办民营科技企业"北京市海淀区新奥特电子技术公司"，郑福双任公司法人代表兼总裁。（注：以下简称新奥特公司）

郑福双创办新奥特公司后，领导技术人员在国内尚无人涉足的Windows平台上开发出国内领先的字幕机，多年来承担了中央台几乎所有重大国际国内比赛的体育直播。他组织了三十家省市电视台与新奥特联合技术攻关，研制成功出有自主知识产权的非线性编辑系统。他领导新奥特公司与国防科技大学合作研制成功的国内第一个通过国家测试的真三维虚拟演播室，国内市场占有率达60%。中央电视台首次成功将其运用于雅典奥运直播。

1994年，郑福双与国家奥林匹克体育中心签订了租赁经营价值逾亿元的英东游泳馆合同，投资2000万元改造增项，使其成为北京最大的健身娱乐场所，不但扭转了每年需国家补贴350万元的亏损，而且累计上缴国家租赁、能源费近8000万元，安排了200多人就业。

1995年，郑福双创办北京新奥特集团公司，任董事长。

1999年，海淀区煤炭公司为其面积近4万平方米的"胡子工程"四源大厦寻求合作伙伴，找了17家企业，未果。最后与郑福双一拍即合，签订了30年租赁经营合同，郑福双投资8000万元，将其改造成为中关村人气最旺的电子市场之一——北京硅谷电脑城。

2004年，郑福双又以1.2亿元收购了北京硅谷电脑城（四源大厦）70%的股权。

2004年9月28日，郑福双投资3亿元，在中关村西区建立的近5万平方米的易中芯数码大厦投入试运营。这是该地唯一的民营科技企业投资项目。

郑福双。齐忠摄影。

郑福双简介

郑福双，男，1965年11月2日出生于浙江磐安县。

郑福双是北京及中关村第一代创业者。

1985年，毕业于国防科技大学，获学士学位。

1988年，在中科院电子所获硕士学位。

1988年10月至1990年1月，任黎明电子技术公司销售部经理。

1990年1月—10月，任北京奥特电子技术公司应用技术部经理。

1990年11月16日，郑福双借款几千元，创办民营科技企业"北京市海淀区新奥特电子技术公司"，郑福双任公司法人代表兼总裁。

1993年，新奥特研制出 NC4000 字幕机，荣获国际博览会金奖。

1995年，创办新奥特集团，任董事长至今。

郑福双及研制的字幕机曾荣获"科技之光优秀企业家奖""科技之光优秀产品奖"。担任北京民协常务理事。

1990年12月12日——中关村柳传志等人获第二届全国科技实业家创业奖

1990年12月12日，"第二届全国科技实业家创业奖"颁奖大会在人民大会堂召开。党和国家领导人李瑞环、田纪云、严济慈、宋健等同志出席并向获奖者颁奖。在43名获奖者中民营科技实业家20名，占46.5%。

北京民营科技实业家获奖人数最多，占总数18.6%。联想公司总裁柳传志获金奖，四通公司总裁段永基、长城钛金公司总裁王殿儒、海通公司总裁蒋大年、华海公司总裁冯忠潜、康拓公司总裁秦革、高立公司总裁吴妙琳获得创业奖银奖。

最早从事民营科技事业的华夏硅谷公司总裁陈春先、北京天然香妆研究所所长戴晓钟，被授予特别奖。

1990年12月26日——四通公司召开"庆祝四通公司打字机销售十万台大会"

1990年12月26日，四通公司在北京饭店贵宾楼召开"庆祝四通公司打字机销售十万台大会"。

北京市、海淀区、试验区有关领导，中关村科技企业代表，新闻记者共300多人参加了大会。

1990 年 12 月 26 日，四通公司在北京饭店贵宾楼召开"庆祝四通公司打字机销售十万台大会"，会上四通打字机的功臣合影。右起，王缉志先生，打字机的发明人，四通原总工程师；日本三井公司的中入先生，三井是四通打字机的合资方，没有三井的风险投资不可能有打字机；时任四通公司总裁段永基先生，他为制造生产打字机立下汗马功劳；四通公司原副总裁李玉琢先生。齐忠摄影。

四通公司总裁段永基在大会上发表了讲话，并向合作伙伴日本三井公司赠送镀金四通打字机一台，表示感谢！

1990 年，一台四通打字机市场零售价为 13600 元人民币，十万台四通打字机，为四通公司创造了十多亿元的产值。

1990 年北京及中关村民营科技企业概况

1990 年初，北京及中关村民营科技企业，因经过两次公司的清理整顿及其他原因，处于低谷时期。

1986 年，全国清理整顿公司，北京及中关村民营科技企业缩至 400 家。

1990 年 6 月，全国第二次清理整顿公司结束后，北京及中关村民营科技企业再次缩减，使北京及中关村民营科技企业不仅进入姓"社"、姓"资"的误区，甚至有不少人怀疑民营科技企业是否能够继续存在。

1988年，党中央、国务院审时度势，决策建立新技术产业开发试验区，给予试验区更优惠的扶持政策。

1990年，党中央、国务院在治理整顿深化改革中再次明确，扶持和引导民办科技机构健康发展，将是一项长期不变的政策，使民办科技实业受到鼓舞。

1990年，四通集团公司技、工、贸总收入超过10亿元，利润总额5500万元，仍居全国民营科技企业首位和计算机企业第一名。

1990年，北京及中关村民营科技企业已发展到2100多家。分布于全市18个区县，从业人员4万多人，其中科技人员2万多人。1989年北京民办科技产业的总收入达14亿元，占全国23.3%，1990年超过18亿元。

1990年初，北京及中关村民营科技企业中，集体所有制占90%，个体科技机构占9.5%，私营科技机构不到0.5%。

附件一

光彩的十年　光明的前程

庆祝北京民办科技实业创业十周年暨首届"科技之光"奖
颁奖大会上的报告
北京市科学技术委员会主任邹祖烨
1990年11月23日

过去的十年，对在社会主义改革中诞生的民办科技实业，是不寻常的十年，是艰苦创业的十年，探索与思考的十年，也是光彩的十年。站在历史的高台上，冷静地回顾和总结过去，树立和表彰我们事业的榜样，满怀信心地去筹划和开辟未来，应当是对十年创业最好的纪念与庆祝。

一、在改革的大潮中搏进，为现代化事业作贡献

党的十一届三中全会吹响了我国社会主义改革的号角，极大地激发了亿万人民建设有中国特色的社会主义的积极性、主动性和创造精神。中国的科技界也在激荡，在思考着自己的历史责任。

1980年10月，中国科学院物理研究所研究员陈春先和其他几名科技人员决心探索出一条在我国条件下扩散技术、为四化建设服务的新

路。他们走出高楼大院，在中关村创办了北京先进技术发展服务部，种下了北京民办科技实业的第一棵小树。它在人们不解与怀疑的目光中，在种种争论与非议中，经受了创业的磨炼与考验。1983年1月，陈春先等人的事业方向和开拓精神得到了中央领导同志旗帜鲜明的支持，北京民办科技机构如雨后春笋般生长起来。包括科海、京海、四通、信通、海华公司在内的一批民办科技企业，连成了著名的"中关村电子一条街"，随后，民办科技机构又由中关村向城近郊区扩散。

从1984年起，民办科技机构随着改革的大潮涌动，搏进。

1984年10月，中共中央关于经济体制改革的决定公布，北京出现了"民办科技机构热"，达到374家。

1985年3月，中共中央关于科学技术体制改革的决定发表，民办科技机构猛增到703家。

1986年，全国清理整顿公司，民办科技机构缩至400家。

1987年初，国务院发布进一步推进科技体制改革的若干规定，民办科技机构再次增加到538家。

1988年5月，国务院批准建立北京市技术产业开发试验区，全市民办科技机构飞跃增长到1803家。在波澜壮阔的改革大潮中，大部分民办科技机构拼搏、进取，取得了成功；一部分企业经不住考验和挑战，退出了舞台；更多的新生力量又涌现了出来。民办科技实业正是在这种新陈代谢、优化重组中成长壮大。目前北京民办科技机构已发展到2100多家。分布于全市18个区县，从业人员4万多人，其中科技人员2万多人。1989年北京民办科技产业的总收入达14亿元，占全国23.3%，今年将超过18亿元，继续保持高速增长，成为我国民办科技实业的一支主力军。

十年来，北京民办科技实业坚持改革开放搞活的方针，着力探索科技与经济紧密结合的新路，为祖国的四化建设作出了积极的贡献，主要表现在：

1. 使一大批科技成果转化为生产力，创造了可观的社会经济效益。

民办科技实业以市场为导向,以效益为核心,以技术和知识为依托,多方位、多层次地为社会经济各领域服务。十年来研究开发科技成果3000多项,形成产品1600多项。例如,边缘科技新产品制作所的多元微肥被列入国家重点科技成果推广计划,使用面积7000多万亩,增产粮食13亿斤,农民得益5.3亿元。科海公司开发成功的重油掺水乳化燃烧钢技术在全国冶金行业推广应用,新增效益数亿元。海通传热技术公司三年里帮助100多个企业进行了汽改水暖的节能技术改造。该公司的地冷节水新技术成套装置使应用厂家节约大量水和燃料资源。东升热处理工业炉总公司研制的精密铜带光亮退火强循环罩式炉,达到国外名家先进产品的水平,价格仅是进口设备的1/5,有力地帮助了重点企业的技术改造;华远工程设计软件公司首次开发成功 Hoose 软件,大大提高了建筑设计的效率与质量。四通公司开发、生产的2401打字机,已覆盖国内市场的85%以上,为提高办公自动化水平作出了贡献。

2. 促进了北京市技术产业开发试验区的建立,推动了高技术新兴产业的发展。

民办科技机构,特别是位于中关村智力密集区的民办科技机构,具有研究、开发高新技术及其产品的突出优势。作为其代表的中关村电子一条街的产生与发展,为进一步开发中关村的智力资源,探索适于我国发展高技术新兴产业的路子提供了重要的启示,成为国务院批准建立北京市新技术产业开发试验区的重要依据和基础,民办科技实业则是其先锋和骨干。在试验区认定的900多家新技术企业中,集体所有制的新技术企业占50%以上。民办科技实业的可贵经验已经被吸入试验区的规章。

1989年试验区排列技、工、贸总收入500万元以上的新技术企业,前50家中集体所有制新技术企业占到一半;在总收入1000万元以上的28家新技术企业中,集体所有制新技术企业有16家,占61%;在5家技、工、贸总收入超过亿元的企业中,集体所有制技术企业有4家。其中四通集团公司今年技、工、贸总收入已超过10亿元,利润总额5500

万元，继续位居试验区各企业之首。一些企业正在形成规模经济和规模效益的企业集团。新技术企业的发展有力地促进了产业结构和技工贸比例的调整，除主导的电子信息产业外，生物工程、激光、新材料、新能源、光机电一体化等新技术产业竞相发展起来。多数民办科技机构的技、工、贸三者比例大体各占 1/3，技术性和工作性收入显著增长。

3. 走外向型发展道路，增强了国际市场竞争力。

许多民办科技实业都有参与国际竞争与合作、发展为外向型企业的强烈意识和进取精神，他们努力开发并扩大新技术产品的出口，现在已有一批计算机、机电产品、精密仪器、生物制品等进入了国际市场，它们没有国家补贴，还为企业赢得了良好效益。如科海公司开发成功的高效抗生素——妥布霉素，性能达到英美等先进国家药典指标，已出口到美国。信通公司的 286H 高档微机在有 30 余家国外和国内著名的计算机企业参加的世界银行招标中一举中标。海华公司的 AT-1204 微机系统，元器件国产化率达 90%，已两次大批出口苏联。天安所的"天安 851"营养液与日本签订了 1000 万美元的销售合同。延庆磁疗器厂的康乐磁远销 10 多个国家。龙兴公司的电脑红外光诊断系列产品打入了西德和新加坡市场。

有些民办科技实业积极引进外资，创办合资企业。如四通公司与日本某公司合资的索泰克公司，1989 年总产值 1.9 亿元，人均产值 112 万元，人均实现利润 6 万元，创北京市生产性合资企业人均效益最高纪录。有些民办科技实业为增强国际市场竞争力，已在沿海特区建立了以出口为目标的产业基地，有的还在境外设立了合资企业或分支机构，呈现出加速进入国际市场的态势。

4. 冲击了旧观念、旧体制，促进了科技体制和经济改革的深化。

随着民办科技体制和经济体制改革的深化，现在的民办科技实业是指以科技人员为主体，不要国家人事编制，不要政府财政拨款，按照自筹资金、自愿结合、自主经营、自负盈亏的原则成立的，从事技工贸、技农贸一体化经营的科技机构和科技先导型企业。民办科技实业的出现和发展，对于旧传统、旧观念和科技经济相脱节的旧体制是一个有力冲击，它标志着我国的科技事业除了依靠国家计划投资的主渠道外，又多了一条群众办科技的重要补充渠道，这是我国科技体制的一个结构性的变化，它有助于我国的科技进步事业。

其次，民办科技实业的灵活高效的运行机制对全民所有制的科研机构，特别对大院大所是一个启示，一个促进。许多大院、大所在科技体制改革中，借鉴了民办科技实业的机构，走出研究院所创办新技术企业，从事高新技术及产品的开发、生产和经营，取得了良好的效益。两年来已有140个科研院所、高等院校以自主经营、自负盈亏的运行机制，进入试验区创办新技术企业。试验区中由大院大所、大学、大中型企业和军工单位创办的新技术企业已占企业总数的77%。民办科技实业作为科技体制改革的一个突破口，作出了可贵的贡献。

5. 调动了科技人员的积极性，造就了一个崭新的人才群体。

在十年民办科技实业发展的实践中锤炼了一批具有良好文化素养、专业特长和经营管理才干的科技实业家，他们大多数是民办科技实业的创业者。我国经济的振兴，高技术产业的发展，迫切需要造就一大批这样的科技实业家。在首届全国科技实业家创业奖评选结果中，民办科技实业家京海公司总经理王洪德、信通公司总经理金燕静荣获金奖；民办科技实业家科海公司总经理陈庆振、东升公司总经理赵东升、延庆磁疗器厂厂长耿奎获银奖。前不久，在第二届创业奖获奖人选中，四通公司第一副总裁段永基、长城钛金公司总经理王殿儒、海通传热技术公司总经理蒋大年等获银奖；北京民办科技实业的开拓者陈春先和戴晓钟荣获特别奖。他们已成为北京民办科技实业的优秀代表。

二、探索中的可贵启示

北京民办科技实业在改革中创业，在探索中前进。十年风雨，生生不息，不仅求得了自身的发展，而且从中给了我们许多有益的启示。主要是：

1. 改革开放的大气候和良好的政策环境是民办科技实业得以产生和健康发展的前提条件。

十年来，北京民办科技实业的发展从总体上看是平稳的、健康的，这首先是由于社会主义初级阶段的理论和改革开放的好政策的指引。回顾十年来，中央采取的一系列重大改革步骤和措施，对民办科技实业发展都起到了积极引导和推动的作用。特别是党中央对第一家民办科技机构的明确支持；在民办科技实业发展到"电子一条街"时，党中央、国务院又审时度势，决策建立新技术产业开发试验区，给予了更优惠的扶持政策；在治理整顿深化改革中再次明确，扶持和引导民办科技机构健康发展，将是一项长期不变的政策，使民办科技实业受到鼓舞。

市委、市政府和各区县党政领导对民办科技实业的一贯方针是"积极支持、加强引导、完善管理、搞好服务"。1986年，在清理整顿公司时，一度具体政策界限不够明确，市政府经过全面认真调研，制定了《北京市集体、个体科技机构管理若干规定》，确立了民办科技实业的合法地位。各区县与民办科技实业联系密切，也各自在政策余度和自主权的范围内改善民办科技实业的创业环境。由于上下方针政策一致，使得北京民办科技实业在得到持续发展的同时，坚持了公有制为主体的社会主义方向。现在民办科技实业中，集体所有制占90%，个体科技机构占9.5%，私营科技机构不到0.5%。

2."两不""四自"原则是民办科技实业活力之本。

"两不"（不要国家人事编制，不要政府财政拨款），"四自"（自筹资金、自愿结合、自主经营、自负盈亏），其最大特点是自担风险，自加压力，扔掉铁饭碗，铲除坐吃社会主义的意识，而核心的一环则是自主决策，少环节、高效率、高效益的优化决策机制，这是企业管理体制上重要变革。"两不""四自"反映了民办科技实业家高度的主动精神和风险意识。有助于搞活企业，有助于人才的磨炼与成长，也将给企业带来显著的效益。从改革与社会进步的意义看，则是国家依靠人民群众的智慧与力量，充分挖掘出社会人、财、物的潜力，来创办科技先导型经济实体，依靠科技进步振兴经济，于国、于民、于企业都是有益的，这也是民办机制所蕴藉的深邃内涵。

3. 以市场为导向，科技为依托，技工贸相结合的经济运行机制是民办科技实业取得高效率、高效益的根本保证。

民办科技实业自负盈亏、自担风险，决定了它必须着力于把科研成果尽快转化为市场适销对路的商品，并获得稳定、持久的高效益，因而要有强烈的竞争意识和灵活的应变能力。华海公司在做水泥行业市场调查时，发现自身的技术特长原子核技术和计算机技术可以开发出一种"水泥成分分析系统"，而用户却只要求解决动态稳重问题。他们及时适应需求调整开发项目，很快搞出了核子秤，两年时间销售400多台，为用户创造经营效益近亿元。在当前市场疲软的形势下，许多民办科技企业就依靠这种机制及时捕捉市场信息，快速反应，快速开发，快速投产、销售，以一个个新产品开拓了企业的新局面。

4. 重视弘扬企业精神，大力加强社会主义精神文明建设，是保证企业健康发展的关键。

北京民办科技实业在积极创造物质文明的同时，日益重视社会主义精神文明建设。民办科技实业家们珍视改革者的形象，讲求职业道德，努力培育企业精神，建设企业文化，并将思想政治工作寓于其中，增强企业凝聚力。天安研究所的企业精神是"为了天下人民幸福平安"，逢年过节第一个得到所长祝福和拜年的是看门的老工人；当陌生患者危难时天安所无偿送去营养液。四通公司要求实现四通人"高效率、高效益、高境界"。京海公司提出"信誉第一、质量第一、服务第一"。原纺织研究所所长、红军干部徐可倬，现年74岁，以"满目青山夕照明"

的精神境界创办了民办科研所，取名"未来"，并自拟《陋所铭》："所不在大，利国则名；钱不在多，求贤则灵；斯是陋所，探索未来。"未来科学技术研究所已创办六年，它面向乡镇企业，在用科学技术支援、振兴乡镇企业上作出了贡献，这次被评为"科技之光"优秀企业。北京市华都新技术研究所前所长为研究开发新产品，而辞世于岗位上，为事业奉献，直到生命最后一刻。

民办科技实业是由民来办，因此对于与人民群众息息相关的社会公益事业十分关注。在前不久开展的"国际扫盲年"活动中，北京民办科技实业界积极参加"金秋科技之光义务咨询日"。在参加活动的单位中，北京民办科技实业占四分之一，民国科技工作者细心地向咨询群众广泛宣传科技意识，介绍科技成果和新产品，密切了群众与民办科技实业的联系，加深了社会对民办科技实业的理解。位于海淀区的民办科技实业积极支持圆明园遗址公园的建设，参与科技灯会等活动。在共青团中央主办的"希望工程"中，四通公司捐资 100 万元，扶助贫困地区和革命老根据地的教育事业。在"迎亚运科技活动"中，北京民办科技实业界捐款 200 万元。亚运精神，亚运意识，其中包括了北京民办科技实业界的一片心意。这也充分体现了民办科技队伍的思想觉悟。

十年来，民办科技实业在科技发展与改革方面都取得了可喜的业绩，为了展示北京民办科技实业创业 10 年的丰硕成果，进一步推动北京民办科技实业健康发展，北京市科委、市科协、北京新技术产业开发试验区和北京民办科技实业家协会等 4 个单位决定联合举办首届"科技之光"优秀企业、优秀产品奖评选活动，这是北京市政府部门第一次在全市奖评民办科技实业，引起了广泛的影响。评选活动历时 4 个多月，经过各区县科协和试验区认真初评和推荐，根据评委会的评选，正式评出"科技之光"优秀企业 52 家，"科技之光"优秀产品 122 项。

在获奖的优秀企业中，既有经历坎坷的民办科技实业的开拓者，又有崭露头角的新兴科技企业；既有实施"火炬"计划的高技术企业，又有以科技兴农为宗旨的"星火"示范企业。在获奖的企业中试验区的新技术企业占41%，其产品占43%，充分表明了民办科技实业在促进与发展高新技术产业上是可以大有作为的。被表彰的优秀产品更是异彩纷呈，许多产品都属于高新技术产品，具有广阔的市场前景。这次获奖的企业及其产品所产生的经济效益占全市民办科技实业的80%以上。

本届"科技之光"奖树立起一批标杆，他们既是先进典型，又是北京民办科技实业的缩影。我们希望也坚信在民办科技实业发展的第二个十年中，将产生出更多的"科技之光"优秀企业和优秀产品，迎接更加光明的未来。

三、坚持社会主义方向，发扬艰苦创业精神，把民办科技实业提高到一个新水平

我们在充分肯定民办科技实业创业十年所取得的可喜成绩及其社会进步作用的同时，也必须冷静地、清醒地看到存在的问题和面临的挑战，提高自觉性，增强驾驭事业发展的能力。

民办科技实业是改革大潮中涌现的新生事物。江河奔流总要夹带泥沙。在民办科技实业队伍中，也确有鱼目混珠者、钻营私利者、品格低下者，甚至堕落变节者，大浪淘沙，他们终将因沉沦而被清洗。新生事物还处在生长期，还不成熟、不完善，总体上说发展还不平衡，不少企业管理不严格，行为不太规范，需要努力提高自身素质。支持民办科技实业发展的软环境和硬环境也还有待进一步配套、完善和强化。

90年代是北京民办科技实业发展史上的一个新阶段，我们要在80年代创业开拓的基础上，认真抓好治理整顿，积极稳妥地推进改革，进一步改善环境条件，使民办科技实业在产业规模、经济效益与企业素质上都提高到一个新水平。

为此，北京民办科技实业界、地方各级政府管理部门和社会各界要共同努力，做好下列工作：

1. 牢牢抓住发展社会生产力这一中心，大力推动科技先导型产业的发展，形成规模经济，创造出明显高于传统产业的劳动生产率。

发展科技先导产业有两重任务：一是要大力发展高技术新兴产业；二是要以高技术、新技术产品帮助传统工业企业向科技先导企业转变。

高技术及其产业化是中华民族兴旺的科学之光，是我们自立于世界民族之林的希望所在。发展高技术新兴产业要坚持两条腿走路，一条腿靠政府投资组织，另一条腿是寄希望于以科技人员为主体，具有灵活高效运行机制的民办科技实业界。过去十年的改革与发展表明，一批民办科技实业已经发展成为高技术企业，以至企业集团。他们在发展高技术新兴产业中发挥了主导、辐射的作用。并且正以更大的气魄走向世界，朝着外向型高技术集团的目标前进。以目前的情况看，在发展我国高技术新兴产业中，民办科技实业这一条腿的步子可以迈得更大些。

90年代要鼓励扶持更多的民办科技机构参与火炬计划发展高技术产业，瞄准国际市场，研究开发出更多的高技术产品，形成产业规模，参加国际竞争与交换。广大的民办科技机构还应面向工农业经济建设和城市现代化建设，以自己的技术和产品为传统产业的技术改造、技术进步，为产品结构、产业结构的调整作出积极的贡献。

2. 下力量抓好企业内部管理，提高企业综合素质。

目前不少民办科技机构缺乏管理人才和管理经验，内部管理规章制度比较薄弱，特别是财务会计制度不健全，透明度不够，造成管理混乱，这既不利于企业的健康发展，也损害了民办科技实业的形象和声誉。各单位一定要下功夫充实管理力量，培训有关人员，加强内部基础管理制度，按国家规定建立健全财务会计制度，完善人事劳动管理，改进企业民主管理，使人财物、产供销等各项管理走向规范化轨道，使整个企业管理工作迈上一个新台阶。

3. 积极稳妥地继续深化改革试验，探索搞活企业的新路子。

民办科技实业，因其民办、科技与实业三位一体，改革的内容是丰富的，并且随着民办科技实业的发展而深化。对于民办科技实业的改革要积极慎重地进行试验。试验的基本要求是要有利于调动广大科技人员和职工的积极性,激发创新精神,为他们施展才能、增长才干创造环境条件;要有利于促进生产力的发展,促进科学技术的进步;要有利于增强在国际市场的竞争力;要有利于巩固和发展社会主义公有制。

今后一个时期民办科技实业改革的主要工作是:

(1)要坚持壮大公有制经济,重点扶持真正的公有制科技企业;要进一步从理论和实践上明确企业的产权关系,对于在企业中已经形成的国有资产,可根据保值、增值、不被侵蚀的原则,进行新的改革试验。

(2)要继续坚持并完善"两不""四自"等一整套的灵活高效的运行机制,警惕出现新的"大锅饭""铁锅饭",保持和发扬企业艰苦创业精神和活力。

(3)要自觉地探索计划经济与市场调节相结合的路子,积极探索与试验民办科技机构在其技术扩散、转让和合作中与国营企业的结合模式。

(4)要正确处理积累与消费的关系,保证集体积累和投资的主导地位,防止企业内部的消费冲动,而使消费超期、超额。同时要认真探索适合于民办科技实业的社会保障制度。

(5)要切实加强企业内部思想教育和党内组织建设,探索在民办科技实业中开展思想政治工作,进行思想道德教育,带好队伍的新经验。

4. 加强国家对民办科技实业的扶持与引导。

中央和国务院多次强调,扶持和引导民办科技机构健康发展是我国一项长期不变的政策。全面地、正确地贯彻这一基本政策,需要我们在民办科技实业发展的过程中,逐步采取相应的具体政策和措施。

当前的主要工作是:

(1)保持现有的对民办科技机构的扶持政策稳定不变。

(2)地方各级政府要为民办科技实业在实现技术产业化方面提供更大的帮助和支持。

(3)加强有关科技立法工作,从法律上保障民办科技实业的地位与权益。

（4）经市政府批准，在各区县科委建立科技企业管理办公室，健全政府的宏观管理，改进对民办科技机构的服务。

（5）对不符合有关规定的非民办科技机构进行整顿。

（6）继续组织政府有关部门、理论界和民办科技实业开展政策理论研究，及时总结经验支持民办科技实业改革与发展的实践。

（7）加强对民办科技实业经验与成就的宣传报道工作，定期组织"科技之光奖"的评选与表彰。

（8）支持北京民办科技实业家协会的工作，发挥它联系民办科技实业与党和政府的纽带与桥梁作用。

民办科技实业是我国科技界的知识分子在我们党领导的社会主义改革和现代化建设事业中的一个重大创造，它顺应时代的潮流、符合国家和民族的利益，得到党和政府的重视、关怀与支持，有着光明的前程。

在隆重庆祝北京民办科技实业创业十周年之际，让我们更加振奋斗志，坚持"一个中心，两个基本点"，弘扬爱国主义精神，坚定社会主义信心，团结进取，以对祖国社会主义现代化的更大奉献去书写90年代的金色篇章！

附件二

《北京·中关村民营科技大事记》若干问题考证

《北京·中关村民营科技大事记》执笔人　齐忠

一、北京及中关村首家民营科技公司考证

近四十年来，中国大陆、北京、中关村民营科技企业研究学者，以及相关学术界分为三派阵营，对中国大陆、北京、中关村首家民营科技公司"到底是哪家""是谁创办的"问题争论不休。

一派认为，1980年10月23日，中科院物理所研究员、北京市等离子体学会副理事长陈春先（已故），工程师纪世瀛，崔文栋创办的"北京等离子体学会先进技术发展服务部"（注：以下简称服务部），是中国大陆、北京、中关村首家民营科技公司。

一派认为，服务部因为有相关负责人的批示，名气大一些，但是服务部不是北京及中关村首家民营科技公司，因为服务部没有在工商局注册。

再有服务部是科研机构不是公司，理由是1990年11月，北京市高法判定由服务部衍生出的"北京华夏新技术研究所"，不是公司是科研机构，因此无权签订经营合同。

还有一派认为，中国大陆首家民营科技公司，应该是1982年1月，杭州民营科技企业家戴晓钟开办的"杭州业余交叉技术应用研究所"。

至今，谁是中国大陆、北京及中关村首家民营科技公司这个问题纷争不断。

我作为北京及中关村首家民营科技大事记的执笔人，花了大量的资金购买相关资料，采访了众多当事人，用了数年时间的考证，终于弄清了这个问题，给了一个了断。中国大陆、北京及中关村首家民营科技公司是"北京等离子体学会先进技术发展服务部"。

1.服务部有董事长这个公司的特征

1980年10月23日，服务部成立大会的参加者、原北京市等离子体学会秘书长、后任长城钛金公司董事长王殿儒回忆说："服务部的董事长，由中科院力学所谈镐生院士出任，陈春先任副董事长。谈镐生先生在美国留学时期接触过公司，他在会议上介绍了公司的运行模式和管理架构，使在座的科研人员首次得到公司有关知识。"

服务部的创办人之一、原北京市科协副主席赵绮秋女士在回忆录中也写道："谈镐生院士参加了服务部会议。"

从服务部有董事长这个事实，就不难证明服务部是公司。

1988年3月12日，《人民日报》在一版刊登"中关村电子一条街"调查报告文章中，也认定："先进技术发展服务部是中关村电子一条街科技企业最早的雏形"。

至于服务部没有在工商局注册，这种现象在1980年很普遍，如北大总公司成立后，从来没有在工商局注册，科海公司成立后，一年多也没有在工商局注册。（注：见北大方正公司首任总裁楼滨龙回忆录《北大方正创业回忆》，《中关村改革风云纪事》中科海公司首任总裁陈庆振的回忆录"创办科海公司"）

对于1990年11月，北京市高法判定由服务部衍生的"北京华夏新技术研究所"不是公司是科研机构，这个情况是一种误区。

1988年，北京市新技术产业开发试验区认定的第三批新技术企业名单中，就有"中国科学院计算技术研究所"，计算所这个国家堂堂二级研究所都是企业、是公司，"北京华夏新技术研究所"怎能不是公司？

第一节　中关村电子一条街

一、首家民营科技企业

1978年和1980年，中科院物理研究所研究员陈春先两次访问美国，并获准参观波士顿128号公路技术扩散区和加利福尼亚州的硅谷。硅谷的科技与产业结合模式触动了陈春先。回国后，他在中科院物理所和北京市等离子体学会多次介绍美国硅谷和波士顿128号公路"技术扩散"模式，并提出在中关村搞试验，移植美国硅谷经验的设想。他的想法得到北京市科学技术协会（简称"市科协"）的支持，同意他们用等离子体学会的名义办一个服务部。服务部由市科协批准，并借给服务部一张500元支票（按银行要求，必须有单位支票才能建立独立账号）在工商银行东升分理处建立了独立账号。

1980年10月23日，陈春先在北京等离子体学会常务理事会上宣布成立北京等离子体学会先进技术发展服务部（以下简称"服务部"）。陈春先为服务部的主要领导，并建立了服务部管理小组，成员包括纪世瀛、崔文栋等6名

《中关村科技园区志》第21页。

（注：见1989年3月出版的《北京市新技术产业开发试验区科技企业介绍》）《中关村科技园区志》也明确肯定这一点，在"志"的第21页，第一节中关村电子一条街，第一条就是"首家民营科技企业"，"1980年10月23日，陈春光在北京等离子体学会常务理事会上，宣布成立北京等离子体学会先进技术发展服务部"。

2. 关于戴晓钟

1988年11月12日，《民主与法制》杂志第11期，发表关于戴晓钟的文章，内容为"1982年1月，很有名气的'杭州业余交叉技术应用研究所'被有关部门查封。为此《光明日报》以整版的篇幅发表了国务院科技领导小组、国家科委、中国科协、光明日报社四单位对此事的联合调查报告，公开批评杭州市某些领导不支持民办科研的做法。不久，根据联合调查组的建议，由杭州业余交叉技术应用研究所分管化工课题的戴晓钟牵头，经请示浙江省委的一位副书记及省科协的领导，在杭州市郊集资创办了民营科技企业'精细化工研究所'，戴晓钟出任该所负责

人。1984年,该所挂靠在'中华国际技术开发总公司'"。

以上资料,否定了戴晓钟开办了中国大陆首家民营科技公司。

时光如流水,只有认真去考证、去研究,才能还原历史真相。

二、联想最初名称与成立日期考证

为了撰写《北京·中关村民营科技大事记》一书,本着准确、严谨、经得住历史推敲的准则,对每一件大事都进行严格的考证,联想公司就是一例。

1. 联想公司最初名称

联想公司最初名称是什么?是"中国科学院计算技术研究所新技术发展公司"(注:以下简称新技术发展公司),还是"中国科学院计算所计算机技术公司"(注:以下简称计算机技术公司),这个问题不仅复杂,还需坚实的资料证据才能还原历史真相。作者阅读了大量的有关资料,进行了认真、负责的考证,现将考证结果公布,以飨读者。

联想公司认为是新技术发展公司。以下有关资料也是这样记载的。

1986年8月,中国科学院计算技术研究所出版的《中国科学院计算技术研究所三十周年》一书中,第212页写道:"1984年11月,成立计算技术研究所新技术发展公司。"

1989年,出版的《中国硅谷指南:中关村电子街企业名录》一书中,第160页写道:"1984年11月1日,中国科学院计算技术研究所新技术发展公司成立。"

2001年,中国科学院计算技术研究所出版的《中国科学院计算技术研究所45周年》一书中,联想公司首任总经理王树和写道:"1984年,中国科学院计算技术研究所新技术发展公司成立,是联想公司的前身。"

2004年3月,中国科学院高技术产业发展局撰写的《中国科学院促进高技术产业发展大事记1983—2002年》一书,第2页写道:"1984年

11月，计算技术研究所成立新技术发展公司（即联想集团控股公司的前身）。"

以上资料似乎可以肯定，联想公司最初名称就是新技术发展公司，作者撰写这段历史的任务也可以完成。

但是，作者心中有个疑惑，因为在1988年，北京市新技术产业开发试验区成立以前，北京及中关村科技企业很少用"新技术"这三个字作为企业名称，大多数用"技术""技术开发"作为企业名称，试验区成立以后，企业才采用"新技术"这三个字作为企业名称。这是一条研究判断北京及中关村民营和国有科技企业，成立时间与初期名称历史的准则。

2019年10月5日，作者购买到一本由北京市新技术产业开发试验区官方在1989年3月出版的《北京市新技术产业开发试验区科技企业介绍》一书，第24页中写道："中国科学院计算所计算机技术公司，成立于1984年11月。"

更令人吃惊的是，该书第122页刊登的北京市新技术产业开发试验区认定的三批新技术企业名单中，第一批名单中有"中国科学院计算所计算机技术公司"，而整体三批新技术认定企业名单中，没有"中国科学院计算技术研究所新技术发展公司"。

中国科学院计算技术研究所新技术发展公司，如果作为联想公司最初的名称和前身，为何不争取列入新技术企业行列中？

1988年5月，出版的《希望的火光：中关村电子一条街调查》一书中，第193页中写道："中科院计算所公司，1987年年营业额7014万元。"

如果书中"中科院计算所公司"指的是"中国科学院计算技术研究所新技术发展公司"，该公司可以凭借"联想汉卡"和7014万元年营业额稳获新技术企业认定。当年任何企业领导人都不会放弃这个认定机会，因为得到新技术企业认定，企业可获得三年免缴纳"企业所得税"，三年减半上缴"企业所得税"。

例如，企业在六年中每年赚了 100 万元，每年就要缴纳 30% 的"企业所得税"，就是 30 万元，六年就是 180 万元。新技术企业可以三年免缴纳，三年以后，还可以在三年中只上缴 15%，即 15 万元"企业所得税"。从这方面看，新技术企业这个优惠税收政策非常诱人。

从这个数据中推定，联想公司最初的名称是"中国科学院计算所计算机技术公司"。

不久，作者又得到 1999 年 10 月国务院发展研究中心企业研究所课题组撰写的《联想发展研究专题报告汇编》，该汇编第 11 页写道："1987 年 4 月，成立新技术发展公司，控股 60% 的联营企业计算所技术公司。"

从这份资料来看，新技术发展公司是在计算机技术公司之后成立的。

作者从自己资料照片中，又找到中国科学院计算所计算机技术公司开会的照片。

2. 联想公司前身最初成立的日期

联想公司对外宣称，联想公司前身最初成立的日期，是 1984 年 11 月 1 日，但是，1994 年 2 月 14 日，联想公司在香港证券交易所上市公告中，以及其他资料都写明，联想公司前身最初成立的日期，是 1984 年 11 月 9 日。

三、联想汉卡与联想公司名称考证

联想汉卡不仅是联想公司起家的法宝，也是中关村著名的科技产品，所以联想汉卡是大事记一书重点考证对象。

1. 联想汉卡起源于信通公司

2001 年 9 月，中国科学院计算技术研究所出版的《中国科学院计算技术研究所 45 周年》一书中第 85 页，联想汉卡发明人、联想公司原总工程师倪光南院士写道："1984 年 6 月，在信通公司和中航技深圳工贸中心的支持下，我们进行了将 LX-80 移植到 PC 成为联想汉卡的开发工作，到年底已经基本完成。1984年11月，计算所决定由王树和、柳传志、张祖祥等组建计算所公司，倪光南在12月就任公司总工，汉卡的全部技术也都带入了公司。"

在该书第85页，倪光南院士写道："因为有联想功能，因此命名为'联想式汉卡'，全称是'联想式汉字微型机系统LK-PC'。"

倪光南院士所称联想汉卡的"联想功能"，是指人们在使用联想汉卡时，如打出一个"中"字，会联带出中心、中国等词组供选用，这在1984年，是汉卡中先进的技术。

倪光南院士所称"微型机""PC"，是指我们人人都在使用的计算机。

1984年，人们对个人使用的计算机有多种称呼，有"微机""桌上电脑""PC机"等，"PC"是英文"个人电脑"的称呼。

2. 关于联想公司名称考证

联想公司是中国、北京、中关村著名的民营科技企业，大事记一书对联想公司历史的描写必须要忠于历史事实，正本清源。

首先要对"联想公司"这个名称的来历进行考证，这个事情看起来简单，做起来却复杂万分。联想公司有"香港联想公司""北京联想公司""联想集团公司""联想控股公司""联想电脑公司"等，让大多数人看上去眼花缭乱。

1994年2月14日，联想公司在香港证券交易所上市公告中显示"1988年6月23日，'香港联想电脑有限公司'在香港成立，柳传志任公司董事长"。这就是首家联想公司，"联想"两字来自联想汉卡。

2011年9月，由中关村科技园区管理委员会编撰的《中关村30年大事记》一书第62页写道："1989年12月14日，中国科学院计算技术研究所新技术发展公司，正式更名为'北京联想计算机集团公司'，并在北京召开了成立大会。这是在内地第一次把'联想'作为企业和公司的名称。"

1991年8月，联想公司出版的《联想之路》一书第4页，在图片中也证实了这件事。

从此在中国内地所有与"中国科学院计算技术研究所新技术发展公司"有关的公司名称，开头全部更名为"联想"。

四、张大中成为一次性缴纳个人所得税中国第一人考证

1982年4月7日，张大中先生创办大中电器公司前身"张记电器加工铺"。2008年5月28日，成为一次性缴纳个人所得税中国第一人，是北京及中关村民营科技企业的骄傲，也是大事记一书最光彩的篇章之一。

2008年5月29日，《京华时报》、中国新闻网报道："记者从北京市地税局昨天举行的'表彰个人所得税代扣代缴先进单位和荣誉纳税人座谈会'上获悉，大中电器创始人张大中一次性缴纳个人所得税5.6亿元，成为市地税局所了解到的国内一次性缴纳个人所得税最多的纳税人。北京市地税局局长王纪平表示，张大中这次及时按国家规定所缴纳的个人所得税税款，比2007年度青海省全年的个人所得税税款4.17亿元还多1亿多元，非常值得表彰。市地税局方面还透露，这笔一次性缴纳的个人所得税5.6亿元，是该局所了解到的国内一次性缴纳个人所得税最多的一次。虽然这次缴纳的税款数额巨大，但张大中挂念的却是当年自己创业时所缴纳的第一笔税款。张大中说，28年前，他在甘家口一家农贸市场里卖出了8个自制的落地灯。按照规定，他缴纳了自己的第一笔税款，2.4元。"

2020年10月23日，是北京及中关村民营科技企业创办四十周年，张大中先生的事迹，不仅再现四十年来北京及中关村民营科技事业艰难曲折发展之路，也向人们证明，民营科技企业不要国家一分钱投资，还为国家提供巨额税收及大量的就业机会，推动了我国国民经济的快速发展，为中华民族走向富强作出了不可替代的贡献。

作者声明

作者声明：本书版权及文章中图片的版权，除图片注明出处的，全部归属于纪世瀛及齐忠，文章中注明年、月、日的事件都真实可信，可以引用。欢迎大家把文章转发到朋友圈。公众号转载须授权，不得用于公众号外平台。没有经过作者的同意，任何形式的转载、抄袭，将受到法律的追究。

合作请联系中关村创业文化工作室。微信：qizh666；邮箱：qizh666@hotmail.com；电话：13901063290。